U0589025

守望
数学课堂

刘贤虎◎主　编

吉林人民出版社

图书在版编目(CIP)数据

守望数学课堂 / 刘贤虎主编. -- 长春：吉林人民
出版社，2019.10

ISBN 978-7-206-16469-9

Ⅰ.①守… Ⅱ.①刘… Ⅲ.①小学数学课—课堂教学
—教学研究 Ⅳ.①G623.502

中国版本图书馆CIP数据核字（2019）第250258号

守望数学课堂
SHOUWANG SHUXUE KETANG

主　　编：刘贤虎　　　　　　　封面设计：姜　龙

责任编辑：王　斌

助理编辑：崔剑昆

吉林人民出版社出版发行（长春市人民大街7548号　　邮政编码：130022）

印　　刷：北京虎彩文化传播有限公司

开　　本：787mm×1092mm　　1/16

印　　张：17.75　　　　　　　字　　数：320千字

标准书号：ISBN 978-7-206-16469-9

版　　次：2022年6月第1版　　印　　次：2022年6月第1次印刷

定　　价：45.00元

如发现印装质量问题，影响阅读，请与出版社联系调换。

编 委 会

主　编：刘贤虎

副主编：何晓瑜　刘业生

编　委：程　卫　黄　帆　高艳丽　卢　俊

目录 CONTENTS

上篇　教学实录

下篇　教学论文

上 篇

教学实录

　　我们倡导"问题解决"的数学课堂，它关注问题的驱动性、提问的有效性和建模的科学性。

　　问题的驱动性——让学生在自主探究中发展思维。

　　本原性问题的驱动性即激发学生投入学习，是顺利进行"问题解决"的动力，只有把握住学生认知起点在哪里、困惑在哪里，教学才可能真正驱动学生的自主学习行为，学习才可能真正发生。

　　提问的有效性——在答疑思辨中完善思维。

　　提问的有效性"问题解决"的另一个指标，应该思考课堂中问题串的提出是否利于学生实现知识的自我建构，能否激发思维，让学习真正发生。

　　建模的科学性——在动手动脑中思维可见。

　　"问题解决"的学习过程其实就是对知识的建构与反思的过程，有利于学生进行知识建模，有助于学生"问题解决"的活动设置更具有科学性。

　　"问题解决"注重学生发现问题、提出问题、分析问题、解决问题的全过程，注重透过数学现象追问数学知识本质，提升教学的效度；注重让学生在分析、评价、思辨的过程培养团队的协作意识，培养学生的有效沟通能力，提升教学的温度；注重培养学生解决复杂问题的能力和批判性思维，发展高阶思维。

　　数学课堂需要有空间的问题，激活学生的思维；需要聚焦重点和难点的问题，凝聚课堂的完整结构；需要有生长性的问题，既顾及当下，还能着眼未来。

前后联系　一以贯之

——"比的应用"教学实录

东莞松山湖中心小学　刘贤虎

【教学内容】

北师大版数学六年级（上册）第六单元第74页"比的应用"。

【教学目标】

（1）能运用比的意义解决按照一定的比进行分配的实际问题。

（2）进一步体会比的意义，感受比在生活中的广泛应用，提高解决问题的能力。

（3）沟通前后知识的内在联系，感悟一一对应的思想方法，促进学生构建认知结构。

（4）培养良好的学习兴趣，学会联系和应用，提升数学学习的自信。

【教学重点】

（1）理解按一定比例来分配一个数量的意义。

（2）根据题中所给的比，掌握各部分量占总数量的几分之几，能熟练地用乘法求各部分量。

【教学过程】

（一）创设情境，提出问题

1. 出示改编后的课本主题图

师：老师买来一筐橘子，打算分给1班和2班，你准备怎么分？

生：我把橘子平均分给两个班，这样分比较公平。

2. 出示补充信息

1班30人，2班20人。

师：看到这些信息后，你现在认为怎么分合理？

生1：1班要分得多一些，2班要分得少一些。

生2：1班要分30个，2班要分20个。

师：你认为如果有50个，1班就应该分30个，2班分20个。也就是说大家认为现在平均分是不合理的。可是我们不知道这个筐装了多少个橘子，请同学们想一想，如果不是50个，你认为怎样分合理？说一说你的想法。

生3：我认为可以按人数的比来分，30：20=3：2，把橘子按3：2来分。

师：这里的3是指3个橘子吗？

生4：3不是橘子的数量，而是指分得橘子的份数。

3. 板书课题

（评析：比的应用学生有一定的生活经验和认知基础，本节课从学生已经知道的入手，激发学生学习的欲望。）

（二）操作体验，感悟分配

1. 动手操作，初步感知

出示要求：这筐橘子按3：2应该怎样分？

（1）小组合作操作（用小棒代替橘子，实际操作）。

（2）记录分的过程，并与同伴交流分的过程和结果。

（3）各小组汇报自己的分法。

1班	2班
30个	20个
6个	4个
3个	2个
……	……

师：第1小组的分法我看明白了，每个班有多少人，就分多少个，这样就让每个人都分得1个。但是第二组的我不太明白，1班分6个，2班分4个，这是为什么？

生：如果橘子的数量比较少，不能让每个班的同学都分得1个时，只能按人数的比来分，1班与2班人数比是3：2，1班分得6个，2班就要分4个，正好是3：2。

师：如果1班分90个，那2班必须分多少个？

生：2班分60个。

师：虽然每组汇报1班和2班分得的数量各不相同，但不变的是什么？

生：橘子数量的比都是3：2。

（评析：北师大教材"比的运用"这个知识点的设计意图，注重学生操作活动。通过学生的动手操作、自主探究、合作交流，对"分的过程"积累丰富的感性认识和一定的活动经验，在此基础上充分理解按比分配的意义。因此，教学中要让学生充分经历这个过程。）

2. 解决问题，发展思维

出示题目：如果有140个橘子，按照3：2又应该怎样分？

学生独立解决。教师呈现学生不同的方法。

方法一：

1班	2班
30个	20个
30个	20个
12个	8个
12个	8个

方法二：

$3+2=5$
$140÷5=28$（个）
$28×3=84$（个）
$28×2=56$（个）

方法三：

$3+2=5$

$140×\dfrac{3}{5}=84$（个）

$140×\dfrac{2}{5}=56$（个）

答：1班分84个，2班分56个。

方法四：

解：设每份橘子是x个，那么1班分$3x$个，2班分$2x$个。
$3x+2x=140$
$5x=140$
$x=28$
$3x=3×28=84$
$2x=2×28=56$

师：上面这些方法，谁读懂了？

生1：方法一是先按班级人数分，后面数量不够时，先分给1班12个，2班只能分8个。这时还剩下20个，1班再分12个，2班就分8个，正好分完。再把这几次分的数量分别加起来。

生2：方法二是先算出一共有多少份，求出一份是多少。再根据份数×每份数=对应的数量，算出1班和2班分得的个数。

生3：方法三同样是先算出一共有多少份，再根据每部分占总数的分率×总数=各部分的数量。

生4：方法四是先设每一份是x，再根据各部分之和等于总数列出方程。算出一份是多少，接着乘对应的份数就可以算出每部分的数量。

师：大家觉得他们读懂了吗？方法二和方法三有什么不同？

生1：方法二是先算出每一份是多少，再算出对应的份数是多少。方法三是先算出每部分占总数的分率，再用总数×对应的分率＝对应的数量。

生2：方法二是用整数的方法来算。方法三是转化成分数问题来解决。

生3：前面是把比转化为份数，后面是把比转化为分数。

小结：同学们能用以前学过的知识解决新问题，非常了不起。刚才大家把这四种解题的思路读懂了，而且抓住了这些解题方法的区别与联系，既可以转化为归一问题，也可以转化为分数乘法问题，理解得非常透彻。

（评析：前一个环节正是因为没有给出橘子的数量，学生没有办法算，逼迫学生思考怎么分，促进学生深入理解按比分配的意义。因此这一环节再给出数量，学生解答比较轻松，知其然也知其所以然。可见，在问题解决教学时需要让学生对涉及的概念有充分的认识和理解。）

3. 前后联系，形成结构

师：如果1班和2班都是30人，140个橘子应该怎么分？

生1：应该平均分，因为他们的人数相等。

生2：人数都是30人，也就是人数的比是1∶1，那就是140÷（1＋1）＝70（个），再算70×1＝70（个）。

师：是呀，以前我们学过的平均分就是"比的应用"的一种情况特殊，正好是1∶1。如果是分给5个班，人数都相等，那么应该用140除以几呢？

生齐答：5。

4. 学以致用，及时反馈

出示习题：一座水库按2∶3放养鲢鱼和鲤鱼，一共可以放养鱼苗25000尾。其中鲢鱼和鲤鱼的鱼苗各应放养多少尾？

师：你能用我们刚才的方法解决这个问题吗？

生独立解决，师生共同评析。

小结：遇到新问题，可以转化为旧问题。在解决生活中的实际问题时，要认真分析数量关系，根据知识之间的联系，可以灵活选用多种方法解答。

（评析：数学知识不是孤立存在的，教师要善于沟通新旧知识之间的联系，让学生感觉新知不新，适时顺应，改变内部图示，以适应现实问题，促进学生形成良好的认知结构。同时，还需要及时练习，进行强化。）

（三）巩固练习，形成结构

1. 变式练习

（1）一种什锦糖是由奶糖、水果糖和酥糖按照2∶5∶3混合成的，要配制这样的什锦糖500克，需要奶糖、水果糖和酥糖各多少克？

（2）六（1）班和六（2）班订《少年科学》的人数比是3：4，六（1）班有21人订，两个班一共有多少人订？

师：这两道题与前面的题有什么不同？

生1：第（1）题里面有三个部分的量，这里的比是三个数量的比。第（2）题21人不是总数，不能像前面那样用21÷（3+4），而只能用21÷3=7（人），这就是这道题的每份数。

生2：第（1）题的总数要除以三个比的和，或者用总数乘每个数量占总数的几分之几。第（2）题也可以用21×（7/3），或者21（3/7）。

师：前面的同学认为第（2）题不能用21÷（3+4），为什么？

生3：因为21人不是总数，就不能除以总份数。

师：你认为21人对应的份数不是（3+4），而是3，所以21只能除以3。也就是说数量和份数只有对应才能进行计算。你看问题很准确。实际上，这样的对应关系在我们小学阶段一直都存在。

2. 沟通练习

（1）小明买了4本故事书和3本绘画书，其中买故事书一共花了96元。平均每本故事书多少钱？

（2）求下面平行四边形的面积，正确列式是_____。

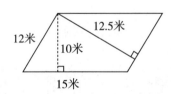

生：第（1）题96÷4=24（元），第（2）题15×10=150（平方米）或者12×12.5=150（平方米）。

师：第（1）题为什么不用96÷3，第（2）题为什么不用15×12.5，这也是底×高呀？

生：因为96是故事书的总价，与绘画书没有对应关系。15、12.5虽然是底和高，但是它们不是对应的。

师：对比以上几道习题，你对解答比的应用这一类问题有什么新的想法？

生：它们都存在一一对应的关系，都需要找准相对应的量。

3. 发展练习

（1）用48厘米的铁丝围成一个长方形，这个长方形长和宽的比是5：3，这

个长方形长和宽各是多少?

师: 48÷（5+3）=6（厘米），6×5=30（厘米），6×3=18（厘米）。有同学这样解答，大家同意吗?

生: 我不同意。48是长方形的周长，包括2个（长+宽），所以48对应的是2个（长+宽），48÷2÷（5+3）=3（厘米），3×5=15（厘米），3×3=9（厘米）。

[评析: 这里安排三个层次的练习。变式练习第（2）题有少数学生容易按照惯性除以总份数，不能把这种错误归结于"粗心没看清题目"，更多的是因为没有找准对应关系。接着的沟通练习看似与"比的应用"没有关系，其实蕴含的数学思想却是一脉相承，对学生把握问题的本质价值更大，这样处理让学生获得的数学思想方法更具有迁移性。发展练习更具有欺骗性，需要利用错误的资源让学生自己去交流、辩论、倾听、思考、判断，引导学生去探究、反思，培养发散性思维能力，激发学生学习的积极性。课堂上学生的收获与喜悦是通过争辩获得的，是学生成功的自我肯定和情感共鸣。学生充分经历辨别说理的过程，自然"错着错着就对了"。]

（四）课堂小结，概括提升

（1）学生看书总结这节课所学的内容。

（2）学生提出还有疑惑的问题，老师板书设计。

📖 板书设计

比的应用

方法一:

1班	2班
30个	20个
30个	20个
12个	8个
12个	8个

方法二:

```
3+2=5
140÷5=28（个）
28×3=84（个）
28×2=56（个）
```

方法三:

$3+2=5$

$140 × \frac{3}{5} = 84$（个）

$140 × \frac{2}{5} = 56$（个）

答: 1班分84个，2班分56个。

方法四:

```
解: 设每份橘子是x个，那么1
班3x个，2班2x个。
3x+2x=140
    5x=140
     x=28
3x=3×28=84
2x=2×28=56
```

全课评析

美国教育心理学家布鲁纳主张教学的最终目标是促进学生对学科基本结构的理解。结构是指知识构成的基本架构，学科的基本结构是指学科的基本概念、基本原理。布鲁纳认为，如果教材的组织缺乏结构或者学生缺乏认知结构的基本知识，发现学习是不可能产生的。因此，布鲁纳认为，应把学科的基本结构放在设计课程和编写教材的中心地位。

可见，在教学中要让学生从现实的问题出发，在问题解决的过程中，发现和建构知识，充分地感悟和体验知识之间的内在的、关联的结构存在，逐步形成学习的方法结构。

数学知识之间的联系是非常紧密的，如果让这些知识孤立地存在，学生就建立不了一种有生长力的结构。因此，本节课从"一一对应"的思想方法入手，沟通了小学阶段解决问题的联系，如同让原来分散学习的知识的一棵棵树，变成了一片树林。当然，也可以从方程思想等方面去沟通组织教学。教师要善于打通知识之间的联系，为学生的整体把握做好铺垫。

参考文献

布鲁纳.教育过程［M］.邵瑞珍，译.北京：文化教育出版社，1982.

从生活中感悟　在分配中建构

——"比"教学实录

东莞市黄江镇中心小学　卢改云

【教学内容】

人教版数学六年级上册第54页例2及相关练习。

【学情分析】

小学六年级学生心理特点趋向成熟，有一定的自学及交流展示能力。前两个单元已经学习了分数乘法、除法的问题，学生已经初步积累了分数应用题的解题方法，让学生通过独立思考、合作交流，自主探索归纳出按比例分配的应用题也可以转化为分数应用题解答。教师在教学过程中可以大胆放手，留给学生更充足的时间和空间，让他们综合应用已有的经验解决问题。

【设计理念】

故事导入，可以激发学生的学习兴趣，本课以《西游记》四师徒为故事主线，激起学生探索新知的兴趣。学生动手操作演示，轻松理解稀释液及1∶4的含义。自主学习，合作交流，大方展示，给学生足够的时间和空间让学生成为学习的主人，体会学习的快乐，感受成功的喜悦。分层练习，我在练习设计中注重练习的层次性，面向全体，由浅入深，让不同层次的学生的思维都得到发展。特别是动手操作题"创造比"不仅训练了学生的动手能力和语言表达能力，更发挥了他们的想象力，培养了学生的创造性思维。

【教学目标】

（1）能在实例的分析中理解按比分配的实际意义，掌握按比分配问题中的数量关系。

（2）培养学生从不同角度思考问题，初步掌握按比例分配解决问题的策略及方法，提高他们灵活运用所学知识解决生产、生活中按比分配问题的能力。

（3）在解决问题中，让学生体会按比分配在生活中的价值，感受数学是一种文化，激发学生学习数学的兴趣。

【教学重点】

理解按比分配的意义，能运用比的意义解决按比分配的实际问题。

【教学难点】

自主探索解决按比分配实际问题的策略，能运用不同的方法多角度解决按比分配的实际问题。

【教具、学具准备】

烧杯、量筒等，导学案、颜色笔、蛋糕图片及多媒体课件。

【课前准备】

浓缩液和水。

【教学过程】

(一) 创设情境，引入课题

复习平均分：

师：同学们你们喜欢听故事吗？

生：喜欢！

师：有一个小故事，唐僧四师徒去西天取经途中，孙悟空和猪八戒突发奇想，一起合作制作"西游蛋糕"。孙悟空和猪八戒一共做了8个蛋糕，卖出后赚得160元。猪八戒一看到赚了钱，就急着要分钱。同学们，请你想想，如果要分钱，那应该怎么分呢？（播放课件动画）

生：160÷2=80（元）。

师：为什么要用除法？

生：把160平均分成两份，求每份是多少用除法。

师：同学们说得很有道理，但是，孙悟空却不同意这样分，为什么呢？请接着往下看！如果孙悟空做了7个蛋糕，猪八戒只做了1个蛋糕，卖出后也赚得160元。

（1）孙悟空和猪八戒做蛋糕个数的比是（　　）。

（2）孙悟空做蛋糕个数占蛋糕总个数的（　　）。

（3）猪八戒做蛋糕个数占蛋糕总个数的（　　）。

师：他们平均分配这160元钱合理吗？为什么？

生：因为他们做蛋糕的个数不一样，平均分这160元也就不合理了。

师：在实际生活中并不是所有事物都能按平均分配来处理，有时要用到按比分配。

板书课题：按比分配。

（评析：由学生喜闻乐见的故事导入，结合生活实际中的按劳分配，让学

生真切感受到并不是所有分配都能按平均分配来解决问题，从而自然地引出"按比分配"的新知，即时板书课题使得学生尽早明确本课学习内容。）

（二）探究交流，促进建构

1. 介绍按比分配

师：在工农业生产和日常生活中，常常需要把一个数量按照一定的比来进行分配，这种分配方法通常叫作"按比分配"。比的应用在生活中非常广泛，除了分配劳动报酬外，还有很多，如做蛋糕要按一定的比来做，食用油里的各种脂肪酸是按1：1：1来调配的，各种化学试剂也是用各种不同的比来配制的。有了按比分配我们的生活更多姿多彩！（课件演示）

鸡蛋、糖与面粉 　　各种脂肪酸的 　　化学试剂按各
的比为2：1：1 　　比是1：1：1 　　种比配制而成

（评析：建构主义的学习观认为，对学生的学习，必须赋予"真实性"。列举生活中按比分配的例子，让学生知道本节课的内容广泛应用于实际生活中，驱动学生迅速产生学习的需要。）

2. 理解例题含义

师：看！小明在帮妈妈清洁的时候也遇到了按比分配的问题。（播放课件）

（出示P54例2）我按1：4的比配制了一瓶500毫升的稀释液，其中浓缩液和水的体积分别是多少？

浓缩液和水的比是1：4

师：从题中你发现了什么？

生1：我发现了1：4。

生2：我知道要配制500毫升的稀释液。

板书：学生发现的关键的量1：4及500毫升的稀释液。

师：什么是稀释液？

生1：就是原来的洗洁精太浓了，要加些水，让它变得稀一些。

师：你对稀释这个词讲得形象生动！

师：那1：4表示什么？

生1：1：4表示浓缩液与水的比。

师：你真会观察思考！

生2：1：4表示1份浓缩液和4份水。

师：你的话让老师一听就懂！

板书：浓缩液水。

师：谁想上来按这样的比来配制稀释液？有请这两位同学。（教师特意多放两杯水）

师：为什么不把那两杯水也倒到量杯里？

生1：因为我们是按1：4配制稀释液的，如果把这两杯水也倒到量杯里就是1：6了。

师：你的理由让人心服口服！

（评析：理解什么叫稀释液及1：4的含义是学好本节课的基础，让学生讲1：4的含义，拓展其他稀释比例的含义，让学生真真正正弄懂稀释比例。）

3.分享促进建构

（1）学生先独立解决问题，小组再合作学习：请根据信息用图表示浓缩液与水的关系，并列式计算。

师：要求先独立解决问题，小组再交流：说说你是怎样想的。

（2）学生上台展示两种不同的计算方法。

方法一：

1+4=5（份）

每份是：500÷5=100（毫升）

浓缩液有：$100 \times 1 = 100$（毫升）

水有：$100 \times 4 = 400$（毫升）

方法二：

1+4=5（份）

浓缩液有：$500 \times \frac{1}{5} = 100$（毫升）

水有：$500 \times \frac{4}{5} = 400$（毫升）

（评析：课堂以学生的学为核心，让学生自主学习，合作交流，展示成果，能最大限度地尊重学生的自我满足感。学生在解决问题的过程中获得生命力的情感体验。）

（3）比较这两种方法的异同。

师：这两种方法有什么相同点和不同点？

生1：相同点是都要算出总份数。

生2：不同点是方法一先算出每份是多少，方法二先求各部分占总数的几分之几。

（评析：教师引导学生多角度思考问题、解决问题，培养学生的发散思维和创新意识。）

4. 检验完善思维

师：怎样才能确定我们的解答是否正确呢？

生1：浓缩液100毫升+水400毫升=稀释液500毫升，符合题意。

生2：浓缩液和水的比是100：400=1：4，符合题意。

（评析：回顾与反思是新教材非常提倡培养的良好习惯，让学生认识到检验的目的不仅仅是验证解答正确与否，更重要的是培养学生良好的学习习惯和负责任的人生态度，有助于学生形成辩证的唯物主义观。）

（三）巩固练习，归纳提高

师：刚刚我们学会了按比分配的本领，你能帮他们解决分钱的问题吗？

师：回到引入题（如果孙悟空做了7个蛋糕，猪八戒只做了1个蛋糕，结果卖出后也赚得160元），应该怎样分才合理呢？

师：沙僧看到孙悟空他们卖蛋糕卖得那么开心，也一起来做蛋糕。如果他们做的蛋糕的个数比是5：6：4，卖出后一共赚得300元。他们各分得多少钱？

（1）有一个长方形的花坛，周长200米，长与宽的比是3：2。这个花坛的长和宽分别是多少米？

（2）小结归纳按比分配应用题的解题方法。

师：今天我们学习了什么？谁愿意分享一下？

生1：我知道了1：4就是1份和4份。

生2：按比分配的问题，首先要计算出总份数，接着看看各部分占总数的几分之几，然后用分数乘法解决问题。

师：你理解得真透彻！

（四）拓展延伸，创造应用

（1）根据12根蜡烛创造比，再按你创造的比涂色。

红、黄和蓝蜡烛的比	红蜡烛（根）	黄蜡烛（根）	蓝蜡烛（根）
（　）:（　）:（　）			

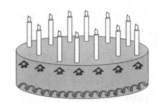

（2）某妇产医院上个月新生婴儿303人，男女婴儿人数之比是51：50。上个月新生男女婴儿各有多少人？

（3）学校把栽70棵树的任务按照六年级三个班的人数分配给各班，（1）班有46人，（2）班有44人，（3）班有50人。三个班各应栽多少棵树？

（评析：学习的目的就是为了应用，有效地应用所学知识解决问题，实现了学习数学的价值。分层练习让不同的人在数学上得到不同的发展。最后的实践活动，不仅培养了学生的动手操作能力，还发展了学生的创造力。）

（五）全课总结，回顾反思

师：这节课我们学习了什么？你有什么收获？

生1：我知道不是什么东西都是平均分的。

生2：我学会了按比分配的方法。

板书设计

比的应用

浓缩液：水=1：4　　　500毫升稀释液

500毫升稀释液

浓缩液1份　　　水4份

方法一：先求每份是多少
4+1=5（份）
每份有：500÷5=100（毫升）
浓缩液有：100×1=100（毫升）
水有：100×4=400（毫升）

方法二：先求各部分占总数的几分之几
4+1=5（份）
浓缩液有：$500 \times \frac{1}{5}=100$（毫升）

水有：$500 \times \frac{4}{5}=400$（毫升）

答：浓缩液有100毫升，水有400毫升。

教学反思

　　这节课是在学习了"比的意义""比与分数、除法的关系"和"比的基本性质"的基础上学习的。按比分配在实际生活中应用广泛，它是"平均分"的延伸和拓展。本节课的重点是对1：4的理解，难点是让学生转化为分数应用题进行理解。如果学生理解了1：4的含义，就可以用以前学习过的"归一法"的方法解决问题，很显然这还未达到本节课的目的。为了让学生更容易理解和掌握这一类型的问题，我让学生在实践操作中体验"做数学"，在自主探究中体验"再创造"。让学生亲历过程，不但有助于活动探究和获取数学知识，而且有助于提高学生的学习兴趣，激发学生学习的求知欲。

　　这节课无论是课堂教学设计、还是教学方法等方面都遵循学生的学习认知规律和心理，充分体现了课程改革的理念。课前精心预设，课内自然生成。每一环节的教学预设都有较强的层次性和目的性，从"平均分配做蛋糕所得的160元不合理"到"并不是所有的事物都能按平均分配来处理"引出本课教学内容"按比分配"，并在解决问题时留足够的时间和空间给学生，让他们画图表示出浓缩液与水的关系，这是新编教材非常提倡的一种解决问题的有效方法。引导学生从多个角度思考问题，把按比分配的问题转化为分数乘法的问题，加强知识间的联系。让学生自主学习，合作交流，让他们成为真正的主人。密切结合生活，解决实际问题。由平均分配不合理而进行合理的按比分配。同时还让学生思考检验的方法和让学生养成检验的习惯。"创造比"训练了学生的动手能力和语言表达能力，更发挥了他们的想象力，培养了学生的创造性思维。练习设计面向全体，为不同层次的学生提供了不同的需求，使不同的人在数学方面得到不同的发展。

让学生主动建构概念

——"圆的认识"教学实录

东莞市清溪镇中心小学　刘颂丽

【学情分析】

"圆的认识"这节课是在学生学过了长方形、正方形等直线图形，并直观地认识了圆的基础上进行教学的，是小学阶段的最后一个认识平面图形的单元。长方形、正方形、三角形、平行四边形、梯形都是直线图形，而圆是曲线图形，从研究直线图形到曲线图形，对学生来说是一种飞跃。教材通过画圆的方法认识圆心、半径和直径以及半径、直径的关系，圆心和半径对确定圆的位置和大小的作用等。这样的安排完全符合学生的认知特点，也为以后学习圆的周长和面积以及学习圆柱、圆锥等知识打下了坚实的基础。

【教学内容】

人教版《义务教育课程标准实验教科书·数学（2013）》六年级上册第57~58页。

【教学目标】

（1）使学生认识圆的各个部分，如圆心、半径、直径的概念。

（2）通过动手操作、合作交流等活动，探索圆各个部分的特征，理解和掌握在同一个圆内半径和直径的关系，学会用圆规画圆。

（3）培养学生的抽象概括能力和合作交流能力，进一步发展学生的空间观念。

（4）让学生从数学的角度认识圆，感受圆的美。

【教学重点】

理解圆的相关概念及其联系。

【教学难点】

会用圆规画指定大小的圆。

【教学过程】

（一）仔细观察+大胆猜想，引入"圆"

（1）（Flash动画）出示正三角形。

师：你们认识这个图形吗？

生：三角形。

师：谁能说得具体一点呢？

生：等边三角形。

师：等边三角形有什么特点？

生1：三条边长度相等、三个角的度数也相等，都是60度。

师：像这样三条边、三个角都相等的三角形，还可以叫正三角形。

（2）（Flash动画）出示正四边形。

师：正方形也叫正四边形，它有什么特点？

生1：四条边长度相等，四个角的度数也相等，都是90度的直角。

（3）（Flash动画）出示正五边形。

师：这是一个正五边形，你觉得它有什么特点？

生：五条边、五个角都相等。

（4）猜一猜。

师：接下来会是什么图形？

生：正六边形。

再接下去又会是什么图形呢？（Flash动画出示正七边形、正八边形）

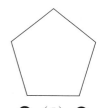

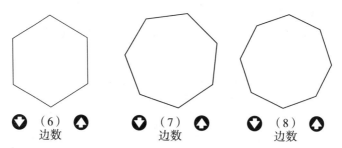

师：这样一直下去，最后一个图形会是什么呢？

生：圆。

师：同学们的想象力真丰富，圆就是这样慢慢地演变而来的，今天我们就一起来认识圆。

板书课题：圆的认识。

师：这个动画与一个成语的意思一样，你们知道吗？

生：大方无隅。

师：对，大方无隅是什么意思？

生：最大的方形没有了角，比喻空泛的大道理没有锋芒。

师：说得真好！

（评析：这样的引入大大地吸引了学生，让学生觉得圆与以前学过的图形并不一样，与众不同。从正三角形、正四边形、正五边形……边越来越多，当边趋近于无数时，就变成了圆，同时也让学生关注到了极限思想。）

（二）微视频+导学案，感知"圆"

师：昨天老师通过微课掌上通发了一个微视频给大家，让同学们通过观看微视频完成导学案，你们做好了吗？

生：做好了。

师：相信同学们对"圆"有了初步的感知了，我们把导学案拿出来，再看一遍微视频吧！

微视频：主要介绍了圆心、半径、直径的定义及其特点，半径与直径的关系。

【导学案：预习自学】

（1）我们以前学过的平面图形有（　　）、（　　）、（　　）、（　　）、（　　）等，这些图形都是由（　　）线围成的。

（2）举例说说生活中你见过的圆形的物体。

（3）观察手中的圆，圆是由（　　）线围成的。

（4）将老师发的圆对折，打开，再换个方向对折，再打开，反复对折几次后，你发现了什么？

（5）完成以下题目。

①自主学习教材58页圆心、半径、直径段落，并用笔勾画出相关知识。

②组内交流，完成下面提纲。

圆 {
圆心（作用）：
半径（定义）：
　　　（特点）：
　　　（作用）：
直径（定义）：
　　　（特点）：
}

③全班汇报。

（6）"大方无隅"是什么意思？（可以查查词典或电脑）

（7）用圆规自己试着画一个圆，想想画圆时要注意什么，步骤是什么。

（评析："翻转课堂，先学后教"这种新的教学模式能提高课堂教学效率。对学生来说，圆并不陌生，生活中处处有圆，一年级时也接触过圆，但在此之前学生对圆的认识都处于感性阶段，微视频+导学案的方式有利于让学生对圆有初步的感知。）

（三）动手操作+合作交流，理解"圆"

1. 折一折、画一画、量一量

师：把老师为同学们准备的圆片剪下来，然后四人小组交流讨论，通过折一折，说一说圆由哪几个部分组成，这几个部分是怎样定义的，有什么特点，它们之间有没有什么联系。

出示合作要求：

（1）小组长组织好四人小组的分工合作。

（2）通过折一折、画一画、量一量等活动加以证明。

（3）修改或补充，完善导学案。

（4）全班汇报。

2. 汇报

师：哪个小组先来分享你们的成果？

生1：我发现圆的边是弯曲的。

生2：以前学习的长方形、正方形等平面图形的边都是直的，而圆的边是弯的。

师：说得真好！以前学习过的平面图形是由线段围成的，边是直的，我们把它们叫作直线图形；圆是由曲线围成的，我们把它叫作曲线图形。

生3：我把圆对折了很多次，发现折痕都交于一点，这个点叫圆心，用字母O表示。

生4：圆心决定了圆的位置。

生5：那些线是直径，用字母d来表示。直径的一半是半径，用字母r来表示。它们都可以决定圆的大小。

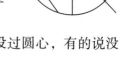

师：好的，找找右图中哪些是半径？哪些是直径？哪些既不是半径也不是直径，为什么？

（课件逐一出示，让学生判断，并说说原因。有的说没过圆心，有的说没到圆上，有的说到了圆外去了等。）

师：所以我们这样定义半径，即连接圆心和圆上任意一点的线段，直径是通过圆心并且两端都在圆上的线段。（课件出示）

师：还有什么发现吗？

生1：我用尺子量一量，发现半径长度都相等，有无数条；直径长度也相等，也有无数条。

生2：就像刚才那位同学说的，直径的一半是半径，我发现了半径与直径的关系是直径是半径的2倍，半径是直径的一半。

师：了不起的发现。其他同学有没有什么疑问？

生3：那如果两个大小不同的圆呢？小圆的直径就不是大圆半径的2倍了。

生2：必须要在同一个圆里，它们这样的关系才成立。

师：还有不同意见吗？

生4：或者两个大小相等的圆，这样的关系也成立。

师：你们真善于思考，在同圆或等圆里，所有半径的长度都相等，所有直径的长度都相等，直径的长度是半径的2倍，半径的长度是直径的一半。（课件出示）

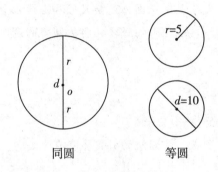

同圆　　　　　等圆

师：完成见下表的填空。（课件出示）

r（米）	2		1.4		5
d（米）		0.8		6	

师：同学们真的太棒了，通过自己动手操作，和四人小组合作交流，发现了圆这么多的知识，还有补充的吗？

生1：我还发现了圆是轴对称图形，因为我对折了很多次都能重合。

生2：对，没错，而且圆的对称轴就是直径。

师：那圆有多少条对称轴呢？

生：无数条。

师：早在两千多年前，我国古代就有了关于圆的精确记载，墨子在他的著作里写道："圆，一中同长也。"什么是一中？同长是什么意思呢？

生1："一中"我觉得指的是圆心。

生2："同长"的意思是半径或直径一样长。

师：我国古代的这一发现比西方国家早了1000多年，同学们有什么感受？

生：骄傲、自豪。

3. 圆的画法

师：古希腊伟大的数学家毕达哥拉斯说过："在一切的平面图形中，圆是最美的。"那么美的圆是怎么画出来的呢？接下来我们学习圆的画法。

师：先来认识一下画圆的工具——圆规。圆规有两只脚，一个是针尖，一个是笔尖。

师：同学们独自在草稿本上画一个半径是2厘米的圆。

教师巡视，适时加以指导。

师：谁来说说圆的画法有哪些步骤？

生1：我先在尺子上定好2厘米。

生2：我不赞成在尺子上定，因为这样尺子和圆规都会动，这样就会产生误差。我觉得应该先画好一条2厘米的线段，再把圆规的两只脚放在线段的两个端点上，这样做比较精确。

师：大家同意吗？

生：（默默地点点头）

师：这一步我们把它叫作定长。

生3：然后选择一个点，让圆规的针尖戳在点上。

师：这一步叫定点。

生4：最后把装有笔尖的一只脚旋转一周，圆就画出来了。

师：最后一步旋转一周。那请同学们根据这三个步骤重新画一个半径为3厘米的圆。

（评析：在这一环节里，教师完全放手，只是适时加以指导，充分为学生提供了动手实践、自主探索与合作交流的机会，注重培养学生的独立性和自主性，引导学生质疑、探究、思考，在实践中学习，使学习过程真正成为在教师指导下主动、富有个性的过程。）

（四）巩固练习+能力提升，运用"圆"

1. 基本层

（1）判断。

① 在同一个圆内只可以画100条直径。　　　　　　　　　　（　　）

② 所有的圆的半径都相等。　　　　　　　　　　　　　　　（　　）

③ 两端都在圆上的线段叫作直径。　　　　　　　　　　　　（　　）

④ 圆的每条直径都是它的对称轴，圆是轴对称图形。　　　　　（　　）

（2）选择。

① 画圆时，圆规两脚间的距离是（　　）。

A. 半径长度　　　　　　　　B. 直径长度

② 从圆心到（　　）任意一点的线段，叫半径。

A. 圆心　　　　　　　　B. 圆外　　　　　　　　C. 圆上

③ 通过圆心并且两端都在圆上的（　　）叫直径。

A. 直线　　　　　　　　B. 线段　　　　　　　　C.射线

生答略。

2. 综合层

（1）篮球场的中间为什么要画一个圆？

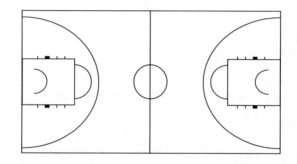

生1：因为同一个圆里，所有的半径长度都相等，这样球员拿到球的机会都一样，才公平公正。

师：真不错，同学们马上就联系到今天学的新知识，现学现用。

（2）车轮为什么是圆的？

生1：因为圆形可以滚动。

生2：因为用圆形做的车轮比较平稳，而其他形状容易颠簸。

师：真的是这样吗？为什么呢？

生2：因为圆上任意一点到圆心的距离都相等，所以走起来比较平稳，而其他图形并不相等，走起来就比较颠簸。

3. 提升层

课件出示一个广场的图片。

师：我们要在这个广场的中间建一个圆形花坛，半径30米，能拿我们的圆规去画吗？

生：不能，太小了。

师：那怎么办呢？这么大的圆该怎么画呢？在小组里讨论讨论。

学生小组讨论后汇报。

生：先确定圆心，在圆心上固定一根柱子，然后找一根长长的绳子，量出30米，再系上粉笔，拉紧绳子旋转一周。

（评析：三个层次的巩固训练的设计遵循了由浅入深的原则，不仅让学生理解"圆"，还要让学生会运用"圆"解决生活中的实际问题。生活中的这些现象正是运用了"所有半径"长度都相等的特点，让学生更加深刻地理解了圆的内涵，同时也体会到圆"一中同长"的本质美。）

（五）全课小结

师：这节课我们认识了圆，来说说你的收获。

生1：我知道了圆心决定圆的位置，半径决定圆的大小。

生2：同一个圆里，所有半径、直径长度都相等，都有无数条，直径是半径的2倍，半径是直径的一半。

生3：我学会了利用圆规画圆。

……

（评析：在全课小结中，让学生再次回顾所学的知识，就是再次把知识理一理、顺一顺，这个环节是不可缺少的。）

📋 板书设计

<h3 style="text-align:center">圆的认识</h3>

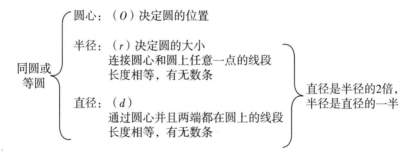

📋 全课评析

在认识事物的过程中，我们的认识都是从感性认识逐渐上升到理性认识。这节课就是从引入"圆"——→感知"圆"——→理解"圆"——→运用"圆"，层层递进，一环扣一环，让学生主动建构了"圆"的概念。

数学概念的教学既是小学数学教学的重点，又是难点，要使学生成为数学概念的自主建构者，深刻理解概念的意义，应遵从小学生的认知规律和数学概念本身的特点。具体需把握以下原则。

1. 直观性原则

小学生学习数学概念必须经历由直观到抽象的过程，所以我们在教学的过程中要联系生活实际，最好从学生的身边找到素材，直观地展示给学生，让学生借助充分的感性材料，发现同一类事物一般和本质的特征，从而辅助他们建构抽象的数学概念。

2. 体验性原则

对于小学生来讲，数学概念是在活动的过程中逐步建立起来的。动手操作、合作交流、讨论探索等活动都可以在概念课上起到关键性的作用，在疑惑中动心、在操作中动脑、在交流中动口，这样就可以让学生经历感知—理解—抽象—概括的形成过程，在活动中体验概念是怎样从具体的表象中抽象出来的，从而建构出数学概念的意义。

总之，数学概念不仅是后续数学知识的基础，也是学生思维的基本单元，学生只有建构起正确的数学概念，才能在解决问题的过程中进行正确的推理和判断。在以后的概念教学课当中，我们必须遵循以上两个原则，力求做到让学生主动建构对概念的理解。

参考文献

［1］张晗芬.追本溯源感悟概念的本质——"圆的认识"教学实录与评析 ［J］.小学数学教育，2013（21）：99–107.

［2］刘霞.让品味与智慧齐飞共舞——"圆的认识"教学实录与评析 ［J］. 小学数学教育，2012（3）.

［3］陈怀喜."圆的认识"教学设计与说明 ［J］.教育教学论坛，2013（19）.

［4］庄慧娟，李克东.基于活动的小学数学概念类知识建构教学设计 ［J］. 中国电化教育，2010（2）：80–83.

动手实践　感悟方法

——"长方体"教学实录

东莞市黄江镇梅塘小学　陈秀媚

【学情分析】

本课的内容是学生在一年级认识了平面图形和立体图形，以及在三年级学习了长方形、正方形的周长和面积的基础上，再对长方体做进一步的学习和研究。因此，学生已建立了一定的空间观念，掌握了一定的学习方法，形成了一定的自学能力，为进一步学习长方体打下了基础。但是，由于学生是第一次接触和研究图形的特征，对于长方体"相对的面完全相同""相对的棱长度相等"的特征的认识还停留在表面上，要能够完全深刻地理解，还有一定的困难。这就需要充分发挥教、学具的直观作用，同时，教师要适时引导、点拨，帮助学生进一步理解。

【教学内容】

人教版《义务教育教科书·数学》五年级下册第18～19页及相关的练习：长方体和正方体。

【教学目标】

（1）认识长方体的面、棱、顶点，掌握长方体的特征，理解长方体的长、宽、高。

（2）通过引导学生观察、操作，培养学生的探索能力、实践能力和归纳能力，培养学生初步的空间观念和空间想象能力。

（3）通过自主探索、小组合作交流，培养学生的合作意识、探索意识和与他人交往的能力。

【教学重难点】

掌握长方体的特征，理解长方体的长、宽、高。

【教具准备】

多媒体课件、长方体框架、六个面贴有颜色的长方体教具。

【学具准备】

长方体实物，做长方体框架的材料、各种形状的纸片、小组学习提纲。

【教学过程】

（一）游戏导入，引入课题

1. 游戏导入

师：你能从袋子里摸出长方体吗？

请两位学生上台玩游戏。

师：你真厉害！不用看，你怎样知道它是长方体？

生1：我摸到的这个物体是长长的、方方的，而且有六个面，还感觉到每个面都是长方形，所以我判断它是长方体。

生2：我摸到的这个物体有8个尖尖的角，还摸到一条条的边，所以我判断它是长方体。

师从袋子里拿出长方形，问：这个也是长方体吗？

生：这是长方形而不是长方体，长方形是平面图形，而长方体是立体图形。

2. 联系生活

师：还有哪些物体也是长方体？

生1：牙膏盒是长方体。

生2：手机的包装盒也是长方体。

生3：笔盒是长方体。

……

3. 适时抽象

课件逐一出示长方体的物体。

师：长方体可以用这样的图形表示。

课件演示去掉牙膏盒变成长方体的立体图：

师：这节课我们进一步研究长方体。

27

板书课题：长方体的认识。

师：这节课我们要认识长方体各部分的名称以及长、宽、高，掌握长方体的特征。

（评析：通过创设摸长方体的游戏情境，让学生回忆起长方体，培养学生的空间想象能力，同时让学生区分长方形和长方体，渗透分类思想。通过让学生欣赏生活中的长方体实物，从牙膏盒中抽象出几何图形——长方体，从具体到抽象，培养学生的抽象能力，调动学生已有的数学经验，有效地激发学生的学习兴趣，为新课的学习做好铺垫。）

（二）实验操作，自主探索

1. 认识长方体的面、棱、顶点

引导学生摸一摸长方体的实物。

师：你摸到了长方体的什么？

生1：我摸到长方体上有平平的地方。

生2：我摸到长方体上有一条条边。

生3：我摸到长方体有8个角。

师：平平的这部分叫作长方体的面。两个面相交的这条边，叫作长方体的棱。

板书：面、棱。

师指着长方体盒子正面靠上的一条棱，问：这条棱是由哪些面相交而成的？

生：它是由上面和前面相交而成的。

师：三条棱相交的这个点叫作长方体的顶点。摸到顶点时，有什么感觉？

生：它是尖尖的。

板书：顶点。

板书如下：

长
方 { 面
体   棱
      顶点

同时说出面、棱、顶点。

（评析：通过摸一摸的活动，让学生感知长方体的面、棱、顶点，从感性认识上升到理性认识，从而让学生建立面、棱、顶点概念的表象。）

2. 认识长方体的特征

（1）小组合作，动手操作。

师：我们认识了长方体的面、棱、顶点，它们有什么特征呢？下面，我们来进行小组合作探究。

以小组为单位，先拼一个长方体的框架，再观察长方体的实物和框架，用数一数、量一量、比一比、贴一贴的方法研究长方体的特征，并完成见下表。

	面	有（　）个
		每个面都是（　）形； 特殊的情况有（　）个面，是（　）形
		（　）的面完全相同
	棱	有（　）条
		（　）的棱长度相等，分成（　）组
	顶点	有（　）个
	我还发现：	

提供给学生的操作材料还有：

① 搭长方体框架的小棒有以下几组，分别分到各组中。

② 选以下的图形给长方体学具的各个面贴一贴。

（2）教师巡视，引导点拨。

（3）汇报展示，概括特征。

① 请组1展示面的特征：

生1：长方体有6个面，分别是上下面、左右面和前后面。每个面都是长方形，如这种长方体。特殊的情况有两个相对的面是正方形，比如这种特殊的长方体。

学生出示两种不同形状的长方体实物。

师：有序地数，是一种很好的学习方法。

生2：相对的面完全相同。如上下面完全相同，左右面完全相同，前后面完全相同。我是这样验证的，用量得两个面的长、宽相等的方法，得出相对的面

形状、面积相同，推导出相对的面完全相同。

生3：我的方法和他不同。从长方形的对边相等这一特性，得知上下两个面的长、宽都分别相等，所以形状、面积相同，推出相对的面完全相同。左右两个面、前后两个面也是同样的道理。

生4：我选出合适的平面图形纸片贴在6个面上，推出相对的面完全相同。

一般的长方体：

特殊的长方体：

生1补充：这位同学的这种方法也能验证面的第1、2个特征。

师：这三位同学的验证方法真了不得！生2用的是测量法，准确科学！生3用的是逻辑推理方法，令人信服！生4用的是贴的方法，也就是重叠法，直观易懂！

板书：

6个面 { 都是长方形
特殊：有两个相对的面是正方形
相对的面完全相同

②请组2展示棱、顶点的特征：

生1：我把长方体的棱从左往右数，共有12条棱。也可以从右往左数，或者从前往后数等，也能数出12条棱。

师：有规律地数，既不重复也不遗漏，真棒！

生2：相对的棱完全相等，我是用量的方法得出相对的4条棱长度相等的。

生3：由长方形的对边相等知道前面的蓝色的两条棱长度相等，上面的蓝色的两条棱的长度也相等，现在已有三条棱长度相等了，后面的长方形也是对边相等，所以4条蓝色的相对的棱长度相等；同样道理，黄色的、绿色的4条棱同样长度相等。

师：生3用已学过的知识来推导出相对的4条棱长度相等，是逻辑推理法，棒！

生4：我是在用小棒拼长方形的过程中发现规律的，相对的4条棱完全相等。

|||| |||||||| 这组少了一根黄色，拼不成长方体。

|||| |||||||| 这组有一根黄色不够长，也拼不成长方体。

|||| |||||||| 这组多了一根小棒，只用了12根拼成右图 。

|||| ||||||||||| 这组每种颜色用4根，可能拼成 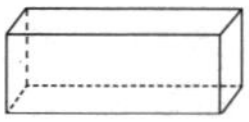 或 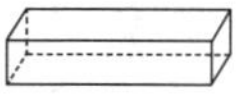 。

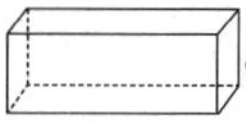

只有相对的4条棱长度相等才能拼长方体。

师：对了，不是任意的12条棱都能拼成长方体，只有相对的4条棱长度相等才能拼成。

师：一般情况下12条棱分成了几组？

生：分成了3组，每组4条。（指着拼成的长方体框架说）

师：都是分成3组的吗？

生：特殊的情况分成了两组，像左右两个面是正方形的这种长方体，左右面的8条棱相等，中间相对的4条棱相等。

板书：

12条棱　　　相对的棱完全相等　　　分成3组（2组）

生1：我们按一定的顺序能数出有8个顶点。

生2：我们还发现，长方体相交于同一顶点的三条棱长度不一样，长方体是个立体图形……

引导学生再次有规律地数一数面、棱、顶点。

（评析：本环节的设计灵活地处理教材，把例1和例2整合，通过小组合作学习的形式，让学生用拼一拼、数一数、量一量、比一比、贴一贴的方法，自主探索出长方体的特征。学生在数一数、贴一贴的过程中知道长方体有6个面，相对的面完全相同；在拼长方体的过程中知道长方体有12条棱、8个顶点，还认识到只有相对的4条棱长度相等，才能拼成一个长方体，从而初步感知相对的棱长度相等。另外，引导学生用其他不同的方法验证归纳出"相对的棱长度相等""相对的面完全相同"这两个特点，体现了方法的多样性。学生在制作长方体的过程中充分感知了长方体的特征，进一步建立了长方体的空间观念。小组合作学习给了学生足够的时间和空间去观察、实验、猜测、计算、推理、验证，体现了学生学习的自主性。）

（4）课件演示，直观验证。

①验证"相对的面完全相同"。

a. 引导学生从形状、大小两方面理解"完全相同"。

b. 课件演示验证：通过动画效果，移动上面、左面和后面，分别和下面、右面、前面重合，验证相对的面完全相同。

c. 展示特殊的长方体：

师：这个特殊的长方体除了相对的面是完全相同，还有哪 些面也是完全相同的？为什么？

生：前后两个面都是正方形，这两个面完全相同，上面、下面、左面、右面这4个面也完全相同。因为前后面是正方形，那么中间4个面的宽相等，又因为相对的棱长度相等，得出长也相等，因此这4个面完全相同。

②验证"相对的棱长度相等"。

利用课件动画移动每种颜色的棱能完全重合来验证。

引导学生观察所拼的特殊的长方体的框架，找出绿色的8条 棱是完全相等的，蓝色的4条棱是完全相等的。

（评析：利用多媒体课件，通过生动的演示，移动相应的面或棱，让学生深刻地理解"相对的面完全相同""相对的棱完全相等"这两个重要的特征。课件的演示有效地突出了重点，突破了难点。同时，研究特殊的长方体棱、面的特征，拓展了学生的知识面，发散了学生的思维，培养了学生思维的深度和广度。）

（5）同位互说，加深印象。

师小结：说得真好！长方体是由6个长方形围成的立体图形，特殊的有2个相对的面是正方形，它有12条棱，8个顶点。长方体相对的面完全相同，相对的棱长度相等。

（评析：学生之间互相说一说，加深学生对长方体的特征的认识和理解，突出重点和难点。）

3. 理解"长、宽、高"

（1）想象，设疑引思。

师：认识了长方体的特征，就要会应用。请观察这个长方体，如果少了蓝色的这条棱，你能想象出它的长度吗？怎样想到的？

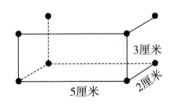

3厘米

2厘米

5厘米

生：能，根据相对的棱完全相等，蓝色的四条棱长度都是5厘米，少了的这条棱就是5厘米。

师：如果少了红色的这条棱呢？如果少了绿色的这条呢？

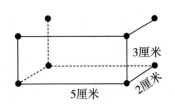

生：根据相对的棱完全相等，少了的红色的棱长度是3厘米，少了的绿色的棱长度是2厘米。

师：至少剩下哪些棱，保证能想象出长方体的大小？

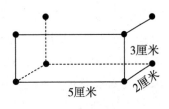

生：至少剩下相交于同一个顶点的三条棱，保证能想象出长方体的大小。根据5厘米、2厘米、3厘米这三条长度不同的棱，就能想象出另外三条5厘米、2厘米、3厘米的棱。这样，就能知道这个长方体的大小了。

学生上台边指边讲，课件出示。

师：真聪明！看来剩下的这三条棱非常重要啊。这三条棱分别是长方体的什么？

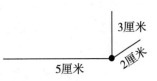

生：5厘米长的这条棱叫作长方体的长，2厘米长的这条棱叫作长方体的宽，3厘米长的这条棱叫作长方体的高。

师拿起长方体边比画边介绍：拼长方体的时候也是先拼相交于同一个顶点的这一组棱，也就是长方体的长、宽、高。同时指出长、宽、高。

（2）辨认，指认名称。

横着、竖着、侧着摆放长方体，学生辨认长、宽、高。

师小结：长方体的长、宽、高是随着长方体摆放的位置的不同而改变的。

（3）应用，计算棱长。

师：每个长方体有几条长？几条宽？几条高？

生：每个长方体都有4条长、4条宽、4条高。（随学生回答，课件闪动相应的棱）这12条棱一共有多长？

生1：我的方法是5×4+2×4+3×4，先分别算出4条长、4条宽、4条高的长度，再算总和。

生2：我的方法是（5+2+3）×4，先算相交于同一顶点的三条棱的总和，再算4组这样的棱的总长度。

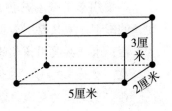

师：你最喜欢哪种方法？为什么？

守望 数学课堂

生3：我最喜欢第二种，因为它简便。

师生小结计算的方法。

（4）看书质疑，进行小结。

说说学习了长方体的什么？（学生回答略）

（评析：本环节的设计，通过猜猜少了的棱的长度，巧妙地引出长方体的长、宽、高，通过不同的摆放位置，加深学生对长、宽、高的理解。这样，既能培养学生的空间想象能力，又能培养学生应用知识解决问题的能力。）

（三）深化知识，提升能力

师：同学们学得很认真，下面来玩智力大冲关的游戏，好吗？看谁表现好，老师就把这份礼物送给谁。（出示礼物）

1. 基础练习

第一关：我是小判官

（1）长方体有6个面，12条棱，8个顶点。 　　　　　　　　（　　）

（2）长方体的每个面一定都是长方形。 　　　　　　　　（　　）

（3）长方体相对的面完全相同。 　　　　　　　　（　　）

师：第（2）小题是错的，为什么？

生：因为特殊的长方体有两个相对的面是正方形。

第二关：看谁眼力好

（1）动手量一量：你手中的长方体的长是（　　）厘米，宽是（　　）厘米，高是（　　）厘米。

（2）它的前面是什么形状？长、宽各是多少厘米？和它相同的面是哪个面？

（3）说说还有哪些面是完全相同的，它们的长、宽分别是多少。

第三关：量一量、算一算

量出你手中的长方体的长、宽、高，再算出总棱长。

2. 拓展延伸

第四关：生活中的数学

如果用彩带绕着礼物盒转一圈，花朵用了20厘米的彩带，一共要用多长的彩带？

师：求一共要用多长的彩带，就是求什么？

生：就是求2条长、2条高和花朵的总长度。

师：说说你的列式方法？

生1：24+24+9+9+20=86（厘米）。

生2：（24+9）×2+20=86（厘米）。

师：大家说这份漂亮的礼物送给哪位最棒的同学？。

师生共同评价，送出礼物。

（评析：本环节的设计巧妙创设过关送礼物的情境，使练习设计具有趣味性，符合五年级学生勇于向难度挑战的年龄特点和心理特点，有效地调动了学生的学习积极性。练习的设计从易到难，具有层次性和阶梯性，能满足不同层次的学生的学习需要。从中既培养了学生思维能力，又培养了学生应用知识解决实际问题的能力，使学生体会到"数学来源于生活，又服务于生活"，体验学习数学的价值。）

（四）回顾整理，归纳升华

师：说说这节课你有什么收获？

生1：我认识了长方体的面、棱、顶点，长方体有6个面，12条棱，8个顶点。

生2：我知道了相对的面完全相同，相对的棱完全相等。

生3：我认识了长方体长、宽、高。

（评析：通过让学生回顾整理，培养学生归纳知识的能力，让学生巩固所学的知识。）

板书设计

长方体的认识

长方体 ｛ 6个面 ｛ 都是长方形
特殊：有两个相对的面是正方形
相对的面完全相同

12条棱 　相对的棱完全相等　分3组（或分2组）8个顶点

（评析：板书设计整齐、美观，能突出本节课的重难点，使学生一目了然，能起到画龙点睛的作用。）

全课评析

"长方体"是学生初步接触立体图形，认识长方体各部分的名称及特征。根据学生的生活经验，学生对于长方体已有一定的认识，如果教师还扶着来

教，显然不合适。本课教学中的亮点是让学生动手实践、自主探索，学生从学习活动中获取了数学知识和学习方法，学习效果自然水到渠成。

1. 动手实践，经历形成过程

"授人以鱼，不如授人以渔"。让学生动手实践，在"玩中学""做中学"，自主获取知识，经历知识的形成过程，学生对所学的知识才会理解得通透、领悟得深刻。这节课要求学生掌握长方体的面、棱、顶点、长、宽、高及长方体的特征。整节课经历了"游戏情境—动手实践—观察探究—交流汇报—达成共识"一系列的学习活动。通过玩游戏摸长方体，唤醒学生对长方体的回忆。通过摸一摸长方体的面、棱、顶点，初步感受长方体，自主获取长方体的面、棱、顶点的概念。小组自主探索活动让学生有足够的时间和空间经历观察、实验、猜测、计算、推理、验证等活动过程，让学生充分地了解了长方体的面、棱、顶点的特征，经历了知识的形成过程。

2. 动手实践，感悟数学思想

在教学中有机地渗透数学思想，才能做到"润物无声"。课的开始设计的游戏环节在学生摸出长方体后，让学生区分长方形和长方体，体现了"分类"的数学思想。在欣赏完生活中的长方体实物后，利用课件从牙膏盒中抽象出几何图形长方体，从实物到图形，让学生经历从具体到抽象的过程，从中感受了抽象的数学思想。另外，在教学中还渗透了数学建模思想。课堂上让学生通过"拼一拼、数一数、量一量、比一比、贴一贴"，让学生经历"观察、实验、猜测、计算、推理、验证"的过程，从而研究、归纳出长方体的特征。在这个学习过程中，学生主动参与知识的建构过程，准确描述出长方体的特征，有机地渗透了数学建模思想。学生只有在学习活动中充分去感悟，才能真正懂得和领略数学思想的深刻意义。

3. 动手实践，获取数学方法

"教是为了不教"，教会学生思考方法和学习方法，让学生能独立去获取知识。在教学中，当学生有序数出长方体的6个面时，教师肯定他能按顺序数，是一种很好的学习方法。后面学生数棱时，能从左往右数，从右往左数，或者从前往后数等，教师也赞扬他"有规律地数，既不重复也不遗漏，真棒！"。最后，学生数顶点时自然而然地也会有序地数了。教学中除了渗透"有序"的数学方法，还渗透了"逻辑推理""重叠法"等数学方法。例如，当学生用长方形对边相等的方法推导出相对的棱长度也相等时，教师也及时点拨这是"逻辑推理"。这种教学方法对于学生在梳理知识或知识迁移时，是一种很好的方法。数学方法的获取使学生掌握学习的方法和技能，养成自学的习惯；学习方法的获取使学生理解知识的规律和内涵，提高学习效率。

总的来说，让学生动手实践，自主探索知识，能培养学生的学习能力，发展学生的数学思维，让学生充分体验数学。

巧用翻转课堂　绽放教学溢彩

——"三角形的特性"翻转课堂教学实录

东莞市厚街镇三屯小学　陈慕贞

【学情分析】

"三角形的特性"这部分内容是在学生初步学习了三角形的概念及三角形的稳定性的基础上进行学习的。三角形三边关系是三角形概念的深化，引导学生从直观层面把握三角形向关系层面把握三角形转变，也为以后学习三角形其他知识奠定基础。经过第一学段的学习，学生已经具备了一定的关于三角形的认识的直接经验，获得了相应的知识和技能，为感受、理解抽象的概念，自主探索图形的性质奠定了基础。

【教学内容】

人教版小学数学四年级（下册）第五单元第63页"三角形的特性"。

【教学目标】

（1）理解和掌握三角形的特性，体会三角形三边的关系。

（2）在操作与实验活动中探索三角形三边的关系，并积累数学活动经验，培养学生自主探索与合作交流的意识。

（3）渗透建模思想，体验数据分析、数形结合方法在探究过程中的作用。

【教学重点】

通过"建构—解构—重构"的数学活动，让学生理解三角形三边的关系。

【教学难点】

通过实验让学生理解怎样的三条线段不能围成三角形。

【课前准备】

观看微课，唤醒旧知。（完成课前学习任务单）

1. 观看微课，了解三角形的相关知识

（1）什么是三角形？（围成）

（2）三角形有什么特点？

2. 小组合作，尝试探索

组合	小棒的长度（单位：厘米）			任意两边之和 与第三边比较	能否围成三角形 能的画"√" 不能的画"×"
	第一条边	第二条边	第三条边		
例一	3	4	5	3+4>5，3+5>4，4+5>3	√
第1组	6	7	8		
第2组	4	5	9		
第3组	3	10	6		
第4组	8	10	10		
第5组	9	9	9		

师：通过观察，你发现了什么？三角形的三条边之间有什么关系呢？

（评析：尝试先学后教的教学模式，通过课前的微课学习，培养学生的自主学习意识，为课堂上的小组合作学习做好铺垫。课前的动手操作是为了更好地解决教学的难点，使学习更具个性化。）

【课前交流】

师：同学们，你听过《巴巴爸爸》的故事吗？巴巴爸爸的最大特点是他的身体可以任意变形。现在，我手上有一根小小的吸管，请看！可里可里巴巴变！它会变成什么呢？依次变出角（锐角—直角—钝角）、三角形、四边形、五边形……

思考：折一次会变成什么图形？两次呢？一定会折出三角形吗？

生答略。

师：刚才，我们折一次就变成一个角，折两次就变成一个三角形，折三次变成四边形。其实，这根小小的吸管能带给我们很多很多的数学乐趣，很多很多的数学思考。

（评析：通过一根小小的吸管的变化，让学生感受从线到面的直观变化过程，为构建三角形及了解三角形边的关系做好铺垫。）

【教学过程】

（一）开门见山，明确问题

师：同学们，通过课前的微课学习，你们知道能否围成三角形的关键是什么了吗？

生：任意两边的和大于第三边。

师：这就是三角形边的关系。（明确课题）

（评析：直奔主题，回顾微课所学内容，把新知识建构起来，让学生更快地明确学习目标。）

（二）小组互动，展示成果

1. 汇报成果

师：课前，我们学习了微课，还做过实验，哪个小组愿意与大家分享一下昨天的学习成果？小组汇报展示课前完成的表格。

生1：我与大家分享的是能围成三角形的有第1、第4和第5组，它们都是任意两边之和大于第三边。

生2：我与大家分享的是不能围成三角形的有第2和第3组，第2组因为 $4+5=9$，而不能围成三角形；第3组因为 $3+6<10$，而不能围成三角形。

师：大家同意他们的想法吗？

生答略。

师：通过观察，你发现了什么？

生展开讨论。

（评析：翻转课堂在课堂上尤其重视小组汇报环节。经过课前的体验式学习，学生对所学新知已有了初步的了解，课堂上更关注疑难点的突破及方法的梳理。）

2. 释疑解惑

师：为什么有的能围成三角形，有的又不能围成三角形呢？

生1：第2组有两条边4+5=9，而第3组有两条边6+3＜10，这两组边不管怎样摆都不能摆成三角形。

师：为什么会这样呢？

生疑惑。

师：我们一起来看看吧！

几何画板演示为什么不能围成三角形。

师：究竟怎样的三条边才能围成三角形呢？三角形的三条边到底有什么关系呢？

生2：任意两边的和大于第三边。

师：只有这种情况能围成三角形吗？

几何画板演示：能围成三角形的几组边的情况。

师：请同学们观察这三组边，你们又发现了什么？

生3：不管哪两条边的和都大于第三条边。

生4：我觉得任意两边的和大于第三边更准确。

师：任意是什么意思呢？如果我们把这三条边分别记为a、b、c，那你觉得它应该符合怎样的条件才能围成三角形呢？（完善板书）

生5：$a+b>c$，$a+c>b$，$b+c>a$。

师：我们一起来看看课前学习任务单第3组边的关系。如果我们只看$3+10>6$和$10+6>3$这两组边，都是两边的和大于第三边，应该可以围成三角形，为什么最后就不能围成三角形呢？

生6：因为另一组边$3+6<10$，只要有一组两边的和不是大于第三边就不能围成三角形。必须是任意两边的和大于第三边才能围成三角形。

师：你思考问题真严谨！

师小结：只有这三个条件同时成立才能围成三角形，所以我们学习数学一定要认真严谨，这就是数学的精神！

（评析：本环节的设计是本节课的最大亮点，也是翻转课堂的一大特色。课前的微课学习使学生有了更充裕的思考时间与空间。课堂上对于教学的疑难点，介入微课或动画进行适时点拨，不但扫除了学生的学习障碍，还更好地提升了学习效率。从研究三角形到研究三条边的关系的逐步解构过程使学生对三角形的概念有了更深刻、更透彻的理解。）

（三）当堂测练，及时反馈

1. 基础练习——我会判断

在能拼成三角形的各组小棒下面画"√"（单位：厘米）。

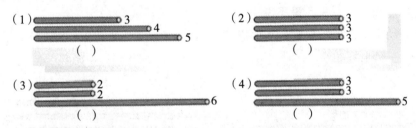

（1）　3　4　5　（　　）　（2）　3　3　3　（　　）

（3）　2　2　6　（　　）　（4）　3　3　5　（　　）

生独立完成（用手势表示判断的结果）。（有困难的，可借助小吸管来摆一摆）

师：有的同学很快就想出来，究竟有什么秘诀呢？

生1：三角形任意两边的和大于第三边，而第（1）组我们只要判断$3+4>5$，第（2）组只要判断$3+3>3$，第（4）组只要判断$3+3>5$就可以知道这3组边都能围成三角形了。

生2：我不太同意他的说法，根据"三角形任意两边之和大于第三边"，我觉得还是要每两条边都要判断一次，这样才会更谨慎。

师：（表示疑惑）生1为什么只要判断两条边的和就可以知道这组边能否围成三角形呢？

生3：我们先来观察一下这几组边，它们都是按从短到长的顺序排列的。第（1）组中最短的两条边3+4已经大于最长的边5，那么稍长一点的两边4+5肯定也大于第三边3，依次类推，我们就可以知道，因为3+4＞5，所以3+5＞4，4+5＞3，也就是任意两边之和大于第三边，这样就可以判断出这组边能围成三角形了。

师：生3的想法真了不起！真的是这样的吗？

生答略。

师：原来任意的两边之和大于第三边，也可以说成是最短的两条边与最长的边的关系。现在，你能用自己的话把这个诀窍表达出来吗？

生：如果最短的两条边之和大于最长的边，那么这三条边就可以围成三角形。（师板书）

师：刚才，我们借助图形（小棒图），把抽象的东西变得更具体、形象，这就是数形结合的思想方法。然后，我们又经历了一个把具体的东西逐步优化的过程，这就是数学的又一重要思想方法——优化思想。

［评析：本题涉及等腰三角形及不等腰三角形三边的关系，在疑难处能借助直观的学具（小吸管）来摆一摆，使学生对三角形的三边关系理解得更透彻。巧借习题激活学生的思维，在渗透数学思想方法中培养学生的空间观念。］

2. 提高练习——我爱思考

（动手操作）指导学生有序思考：用下面6根小棒（单位：厘米），你能摆出几种三角形？

师：请同学们以4人小组为单位，拿出信封里的小吸管摆一摆，并把结果记录在学习单上。

出示合作要求：

（1）独立思考，你能摆出几种三角形？

（2）小组长把结果记录在学习单上。

（3）小组讨论：怎样摆才能做到不重复不遗漏？

师：哪个小组愿意上台与大家分享一下？

生汇报略。

师：刚才这个小组的同学摆得非常认真，大家分工合作得非常好。为什么他们能做到既不重复也不遗漏呢？

生答略。

师：要做到既不重复也不遗漏，关键是做到有序思考。

（评析：本题综合性较强，不但涉及三角形边的关系，也涉及排列与组合的知识。翻转课堂后，更关注学生思维的碰撞过程，在渗透数学思想方法的同时，培养学生有序思考问题的良好习惯。）

3. 延伸练习——我会应用

（1）路线问题——距离问题。

师：从学校到少年宫有几条路线？走哪一条路线最近？为什么？

生1：从学校到少年宫有3条路线。走中间那条路线最近。因为三角形两边之和大于第三边。

生2：我觉得他说的原因不太好，我们把上下两个部分都看作三角形，而中间的那条路线都是这两个三角形的第三条边，应该是反过来说——第三条边小于两边之和，所以走中间那条路线最近。

师：生2说得真严谨！这就是数学——可以顺着思考，也可以逆着思考。反过来思考，我们称为逆向思维。

（2）游戏——找朋友。

师：现在，我们来玩个"找朋友"的游戏，每组桌面上都有一张卡片，卡片上的数字代表线段的长度，能和这两个数字组成一个三角形的请站到黑板前面来。

5、4、_____

生答略。

师：为了方便我们更好地思考，请手持卡片的同学按从小到大的顺序排列。

生：2、3、4、5、6、7、8。

师：最小的是多少？最大的是多少？

生：最小的是2，最大的是8。

师：1和9为什么不行呢？

生：因为4+1=5，4+5=9，两边之和都等于第三边，所以1和9都不是5、4的好朋友。

（3）小小吸管秘密多！如果给你一次机会把一条吸管剪成三段围成一个三角形，你认为怎么剪？第一次你会剪在哪里？为什么？

生答略。

师：那第二次又该剪在哪呢？

师：真的有点说不清了！不过，老师告诉你，三角形两边有和就必定会有差。三角形两边的差与第三边又有什么关系呢？只要你开动脑筋，老师相信你一定能剪出很多个充满数学味的三角形。

[评析：数学来源于生活，又服务于生活。从对数学知识的学以致用到对数学的思考，是学生对三角形三边关系的内化过程，同时也是学生对三角形三边关系从感性认识上升到理性认识的飞跃过程。游戏的介入不但活跃了课堂气氛，也在潜移默化中对三角形进行了重构。这个重构的过程不但向学生渗透了"好朋友"的取值范围，还提升了学生对三角形三边关系的深入思考（任意两边之差小于第三边）。小小吸管的呈现再次使学生对所学知识有了一个更全面、更深入的了解。]

（四）畅谈收获，学以致用

1.课堂总结，自我评价

师：通过本节课的学习，你获得了哪些新知识？你对自己的表现满意吗？

还有哪些地方需要改进呢?

生答略。

师:现在我们一起来回顾一下这节课,经过课前和现在的学习,我们知道了一节什么课,老师把它做成了微课。(播放微课《一根小小的吸管》)

(评析:翻转课堂的到来使课堂增添了新元素。用微课对本节课进行梳理,是一个区别于传统课堂的大胆尝试。在梳理的过程中更注重知识的形成过程及数学思想方法的渗透,使学生不但获得了数学知识,还温故了学习数学的方法。)

2. 课堂延伸,学以致用

师:究竟三角形边的关系在生活中有哪些应用呢?

生答略。

播放三角形边的关系在生活中应用的图片。

师:数学无处不在,无时不有。让我们用数学的眼光去观察生活,用数学的脑袋去解决生活中的奥秘吧!

(评析:把课堂延伸到生活中,让学生更好地感受"数学源于生活,又服务于生活",充分体现了学习数学的价值。)

板书设计

三角形边的关系

任意两边的和大于第三边

(最短)

图1 c 图2 c 图3 c

$a+b<c$ $a+b=c$ $a+b>c$

不能   不能   能

$\left.\begin{array}{l} a+b>c \\ a+c>b \\ b+c>a \end{array}\right\}$ 同时成立 围成 三角形

(评析:本节课的板书简明清晰,图文并茂、布局合理、层次分明,同时也涵盖了本节课的重难点,充分体现了数形结合思想在数学中的广泛应用,为学生提供了全面而系统的知识网络,使学生对本节课所学内容有一个更全面、更深入的了解。)

全课评析

翻转课堂的教学模式不仅承载着知识与技能的传授过程，还承载着对课堂的深度挖掘过程及对思维的形成与提升过程。本课的设计展现了对三角形及其三边关系的"建构—解构—重构"过程。心理学家皮亚杰指出"思维从动作开始，切断了动作与思维的联系，思维将不能发展"。可见，让学生动手操作学习数学对培养学生思维能力非常重要。针对本节课，我主要把握了以下几点。

1. 把握知识的切入点

课前从一根小小的吸管折出不同的角、三角形，逐层深入变幻，引起学生的无限思考。"折两次一定会折出三角形吗？"此时，在学生的脑海中三角形的模型已经建构起来了，而且不断地变化也引起了学生不断地在思考中呈现不同的三角形，为学生接下来的探究活动做了有效的铺垫。吸管虽小，但却能巧妙地调动学生的学习兴趣，同时也能引起学生的无限思考。这样的设计让学生以最快的速度、最愉悦的心情投入学习，以期达到更好的教学效果。

2. 关注知识的生成点

数学知识的形成往往要经历感知—表象—概念—内化的过程，而伴随知识形成过程的是教学活动。数学思想蕴含在数学知识形成、发展和应用的过程中，是数学知识和方法在更高层次上的抽象与概括。针对翻转课堂，教师分别对课前与课中的学习做了充分的准备。课前，通过微课的学习，使学生对三角形边的关系有了初步的认识，并通过动手摆一摆来使学生初步感知并不是任意长度的三根吸管都能摆成三角形，为学生的数学活动积累了经验，本课的重难点也水到渠成地呈现出来，学生的学习目标也更明确了。此时，疑难点已在学生的脑海中呈现出来，课堂上的关键就是帮助学生更好地突破重难点，这正是翻转课堂的最大亮点。先学后教的教学模式充分体现了学生的主导地位，使学生真正成为学习的主人。生动有趣的微课设计（解构过程）在遇到课堂的疑难点时，在学生最需要帮助时，适时地发挥了它的作用，学生也因此茅塞顿开。

3. 内化知识的关键点

在各环节中，教师设计了很多有趣的数学活动，并通过适时的动态演示帮助学生理解重点、突破难点，使学生更好地理解三角形三边的关系。在当堂测练中，层层递进的设计能较好地反馈不同层次学生对知识的理解与掌握程度。一根小小的吸管不仅在教学之初，在学生任意的思维状态下作为学习的起点素材，成为引入新知的样本，而且在课堂教学的延伸处通过对这一吸管有条件地剪，促使学生对三角形三边关系的逆向思考与实践运用，能更深入地检测学生对三角形三边关系的掌握水平。生动有趣的游戏设计不但活跃了课堂气氛，也提升了学生的思维。通过微课对本节进行有序的梳理，从学习方法到知识的形成过程，把小小的吸管引发的思考贯穿整个学习过程，充分体现了数学学习的趣味性与灵活性。

纵观整节课，教师第一次尝试翻转课堂的教学模式，第一次以这样的教学形态进行教学，感觉学生比以前更专注了，学习兴趣更浓厚了，学习气氛更活跃了。虽然，感觉教师的地位好像"退了"，学生的地位好像"进了"，但这才是真正地发挥了学生的主导作用，使学生成为学习的真正的主人。如何巧用翻转课堂，绽放教学溢彩呢？对翻转课堂的研究，我们一直在路上。

参考文献

［1］杨淑萍.新课程小学数学名师同步教学设计［M］.太原：山西教育出版社，2008.

［2］中华人民共和国教育部.义务教育数学课程标准（2011年版）［M］.北京：北京师范大学出版集团，2011.

［3］吴正宪.经典篇——小学数学名师名课［M］.北京：教育科学出版社，2011.

构建面积单位表象　理解概念本质内涵

——"面积和面积单位"教学实录

叶卫东[①]/执教　袁泽仲[②]/评析

【学情分析】

"面积和面积单位"是人教版小学数学三年级下册第五单元的教学内容，在此之前，学生刚学习过面积单位概念，学习过周长、长度单位毫米、厘米、分米、米。学生正处在学习能力发展的关键期，处于具体形象思维逐步向抽象逻辑思维过渡期，他们在教师的引导下能根据具体要求有序地展开思考、讨论、操作，已具备一定的操作探究能力。面积单位学习是在学生初步掌握长度、长度单位和面积概念的基础上进行教学的，在空间形式上经历了"从线到面"的过渡，是从一维空间测量向二维空间测量转化的开始，更是后面学习面积计算和体积单位的基础。依据周世军在"5~13岁儿童对面积概念的掌握与发展"的研究中发现，小学生对面积的理解，总的趋势是：从面积表征与长度表征或周长表征混淆，到最后分化为有清楚的面积表征。但在高年级学习体积时又会发生体积表征与该体积的表面积混淆的现象。因此，为了帮助学生建立和理解面积单位概念，教师课堂上设计了形式多样、直观的操作及体验感知活动，从而引导学生在积累活动经验的过程中逐步体现面积单位表象从模糊感知到清晰理解的过程。

【教学内容】

人教版《义务教育课程标准教科书·数学》三年级下册第61页。

【教学目标】

（1）在解决问题的过程中，使学生体验建立面积单位的必要性，认识常用的面积单位"平方厘米、平方分米和平方米"。在不同的操作活动中获得关于它们实际大小的空间观念，形成正确的表象。

---

① 叶卫东：东莞市万江小享小学教师。

② 袁泽仲：东莞市万江街道宣传教育文体局教研员。

（2）知道面积单位和长度单位的联系与区别。

（3）在活动中培养学生的动手操作、综合分析和合作交流的能力。

（4）体验数学与生活有着密切的联系，感受数学的价值。

【教学重点】

初步建立1平方厘米、1平方分米和1平方米的表象。能准确使用合适的面积单位解决实际问题。

【教学重点】

选择合适的面积单位解决实际问题，能区分面积单位与周长单位。

【教学准备】

课件、1平方厘米、1平方分米和1平方米的纸片若干张。

【教学过程】

（一）唤醒已有经验，感知单位统一

1. 唤醒已有经验

师：同学们认识"厘米、分米、米"这些单位吗？

生：认识。

师：大家能用手比画出这些长度单位吗？

生：能。

师：请大家伸出左手，用大拇指和食指比画出1厘米的长度，并用右手拿尺子比一比，不对的马上改正。

学生比画修正已有1厘米的表象。

师：你们能用同样的方法，同桌之间互相比画一下1分米吗？看看你们俩谁最准确。

学生比画修正已有1分米的表象。

师：1米太长了，老师请一个同学上讲台比画，看看他能不能把1米比画出来。

学生比画修正已有1米的表象。

师：大家对长度单位认识得很准确，还记得这些长度单位是在几年级学的吗？

生：在二年级和三年级学习测量的时候学的。

师：其实早在二年级第一学期为了统一长度单位进行测量，我们学习了厘米和米，在三年级第一学期进一步测量时我们学习了分米与毫米。今天我们要学习的新知识跟我们学过的长度是有密切的关系，同学们有信心学好吗？

生：有。

2. 感知单位统一

师：如下图所示，大家猜一猜，信封里有红、绿两个长方形，绿色长方形里有12个小正方形，红色长方形里有6个小正方形，猜猜哪个长方形的面积大？

生：绿色长方形面积大，因为它包含的小正方形较多。

从学生猜测包含小正方形多的绿色长方形面积大，教师从信封里拿出两个正方形，发现含小正方形少的红色长方形面积反而大，引发认知冲突。

师：为什么红色长方形包含的小正方形个数少而面积却比较大呢？

生：因为红色长方形包含的小正方形特别大，它差不多相当于绿色长方形包含的小正方形的4倍大。

师：看来，比较面积的大小只看格子的多少是不行的，还要统一格子的大小。这个统一的标准就是国际上规定的面积单位。下面我们就一起来认识面积单位。

板书：认识面积单位。

（评析：导入环节第一步从唤醒学习长度单位的活动经验开始，引导学生回忆并用手比画出"1厘米、1分米、1米"的长度，并用尺子比一比，修正再现已有长度单位表象，为接下来学习面积单位寻回经验与知识基础。第二步通过包含小正方形个数少的长方形面积却比较大，制造认识冲突，让学生明白比较图形面积的大小，不能只看包含小正方形的数量，还要统一小正方形的大小，从而引导学生感受统一"面积单位"的必要性。）

（二）体验表象，形成、累积活动经验

1. 认识平方厘米

师：下面，请同学们在信封里拿出一个最小的正方形。请同学们量一量这个正方形的边长是多少？

生1：这个正方形的边长是1厘米。

生2：这个正方形的边长是1厘米。

生3：这个正方形的边长是1厘米。

师：像这样边长是1厘米的正方形，面积是1平方厘米，可以用符号1cm²表示。

板书：边长是1厘米的正方形，面积是1平方厘米，即1cm²。

师：请同学们仔细观察1平方厘米的正方形，用手指比一比、摸一摸然后闭上眼睛在脑海里记住它的大小。

学生活动：有的把小正方形在桌子上用手指比一比，有的举在眼前远近、左右观察，有的一边用手摸着正方形一边闭眼在脑海里想象……

师：下面请同学们按要求在习题纸上画出你脑海中1平方厘米的正方形。

出示操作要求：

（1）不能用尺子画。

（2）不能用1平方厘米的正方形卡片来描。

师：同学们，画完了吗？谁愿意上来展示一下你们画的正方形？（投影几个学生的作品）

师：同学们，他们画的是1平方厘米吗？你想到什么好的办法验证一下吗？

生1：用尺量一量边长看是不是1厘米。

生2：用1平方厘米的小正方形比一比。

教师先肯定两位学生的验证方法：生1是从定义上验证，生2是从标准图形比较上验证；然后按两位学生的方法分别量一量、比一比，同时教师强调大家看到投影出来的图形是放大后的1平方厘米。

师：同学们想不想知道自己画的图形是大了还是小了吗？请同桌两位同学按刚才的方法相互量一量、比一比，然后修正。

学生活动：量一量、比一比，然后修正。

师：同学们，经过画图，相信大家对1平方厘米的大小有了更深的认识。请找找生活中有哪些物体的面大约是1平方厘米？身上哪个部分的面积接近1平方厘米？

生1：我的大拇指指甲约1平方厘米。

生2：开关按钮约1平方厘米。

师：老师发现表示"厘米""平方厘米"这两个度量单位表象时，有同学都借助手指帮助直观理解，这不是混淆了吗？

生："1厘米"约是食指的"宽"的长度，是长度单位；"1平方厘米"约是指甲面"面积"大小，是面积单位。

2. 认识平方分米

师：同学们，知道了1平方厘米的大小，下面请大家用1平方厘米的正方形纸片去量一量桌面的面积。

生：桌面那么大而1平方厘米的小正方形那么小，太麻烦了。

师：看来我们确实需要一个比平方厘米大一些的面积单位，你们知道是什么吗？

生：平方分米。

师：结合刚才学习平方厘米的方法，谁来说说你会怎样学习平方分米？

生1：先量一量确定1平方分米大小，然后想一想、画一画、比一比，记住它的大小。

生2：我还会找一找身边有什么物体的表面约是1平方分米。

师：两位同学总结得很好，平方厘米的学习我们经历了"量一量、画一画、比一比、找一找、赏一赏"等探究过程。下面让我们带着这些方法一起走进平方分米的学习。

（1）量一量。

师：请同学们在信封里找出一个1平方分米的正方形。猜一猜、量一量这个1平方分米的正方形边长是多少分米？

生（操作后回答）：1分米。

师：像这样的，边长是1分米的正方形，它的面积是1平方分米，也可以写成$1dm^2$。

板书：边长是1分米的正方形，面积是1平方分米，即$1dm^2$。

（2）比一比。

师：你们能用手势比画出1平方分米有多大吗？请同桌一人比画手势另一人用1平方分米的正方形比一比，然后互换动作，看谁比画得又快又准。

（3）找一找。

师：大家找一找教室里有哪些物体的面大约是1平方分米。

生1：我找到粉笔盒的一个面约是1平方分米。

生2：我找到开关面板约1平方分米。

生3：我找到……

（4）估一估。

师：同学们，我们知道了1平方分米的大小，下面请大家估一估桌面大约有多少平方分米，然后用1平方分米的正方形纸片量一量桌面的面积大约有几平方分米。

学生操作过后汇报：

生1：我对比1平方分米正方形与桌面的大小，我觉得桌面的长可以摆下5个正方形，宽可以摆下4个正方形，所以我开始估算桌面是20平方分米。后来我用1平方分米的正方形比一比，发现桌面长约可以摆6个正方形，桌面宽约可以摆4个，所以我认为桌面大小约是24平方分米。

生2：一开始我觉得很难估，于是我就先在桌面下边摆了一行6个1平方分米的正方形，然后我就再仔细观察估算一共可以摆4行，就是24平方分米，后来摆一摆发现真的估对了。

3. 认识平方米

师：同学们，刚才我们用1平方分米的正方形去量了桌面的面积，现在还是用1平方分米的正方形去量出地面的面积，合理吗？

生：不合理，应该用更大的单位——平方米。

师：现在全班分成4个大组，以组为单位合作学习1平方米。

合作学习工具：米尺4把，大白纸1张，剪刀1把。

合作学习任务要求：

（1）剪一剪：用大白纸合作剪出一个面积是1平方米的正方形。

（2）想一想：哪些物体的面大约是1平方米？

（3）说一说：测量哪些物体的面要用平方米做单位？

（4）估一估：黑板的面积大约是几平方米？

（5）站一站：体验1平方米的正方形能站几位同学？

（评析：1平方厘米、1平方分米、1平方米到底有多大对学生而言是抽象的，如何突出该教学重点，教师精心设计了学生自主探究的多种体验活动，意在让面积单位表象的形成在多种感官上发生，引导学生经历平方厘米、平方分米、平方米表象从模糊到清楚的循序渐进构建过程。学生在探究学习的过程中，先通过"认一认、量一量、摸一摸"初步感知面积单位模糊的表象，然后经历了"想一想、画一画、比一比"活动，修正和促进了面积单位表象的形成，接着开展"找一找、估一估、站一站"等一系列体验活动加强面积单位表象的内化。课堂上用平方厘米测量桌子面积，用平方分米测量教室面积，两次测量冲突设疑，激发学生探究面积单位新知学习的源动力。学习形式上，平方厘米是教师"带"着学生学，平方分米是教师"扶"着学生学，平方米是教学"放"手让学生自主学，这种"带—扶—放"的学习方式充分体现了课堂上教师的主导作用和学生学习的主体地位。）

（三）辨析激发冲突，比较发现异同

1. 比较异同

师：我们今天学习的平方厘米、平方分米、平方米和厘米、分米、米有什么不同呢？请结合这个正方形说说1平方分米和1分米的区别是什么。

生1：一个是有平方的，表示一个面的大小，一个是没有平方的，表示线段的长。

生2：大家看1平方分米的正方形，1平方分米表示正方形里面的大小，1分

米表示的是正方形四条边的长度。

师：两位同学回答得很好，面积单位和长度单位是两种不同的计量单位，平方厘米、平方分米、平方米是面积单位，用来测量面积；厘米、分米和米是长度单位，用来测量长度。

2. 辨析冲突

右图是由16个1平方厘米的小正方形拼成的大正方形，它的周长和面积都是16，所以说它的周长和面积相等，对吗？

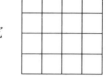

3. 对比发现

用4个1平方厘米的正方形拼成下面的图。它们的面积各是多少？它们的周长呢？仔细观察这些数据，你发现了什么？

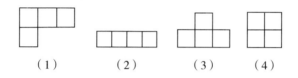

（1）　　　　（2）　　　　（3）　　　　（4）

图（1）中面积是（　　）平方厘米，周长是（　　）厘米。

图（2）中面积是（　　）平方厘米，周长是（　　）厘米。

图（3）中面积是（　　）平方厘米，周长是（　　）厘米。

图（4）中面积是（　　）平方厘米，周长是（　　）厘米。

（评析：学生初次学习面积和面积单位容易产生面积表征和周长表征的混淆，本环节设计3道练习题，巧妙地衔接"长度单位"与"面积单位"的对比，意在引导学生辨析激发冲突，比较发现异同：第1题让学生结合正方形实物图形说说长度单位与面积单位的异同，第2题设计周长和面积都是16的正方形引发学生认识冲突，第3题设计用4个1平方厘米的正方形，拼成不同的图形，引导学生初步感知面积守恒观念。这样既帮助学生将面积单位概念与周长单位概念加以区别，又加深了他们对面积含义和面积单位表象的理解。）

（四）内化知识衔接，打通知识关联

（1）在方格纸上画几个长方形或正方形，使它们的周长都相等，然后比较它们的面积。你会发现什么？（学生在画图操作，教师巡视指导，并收集典型的学生作品）

师：谁能主动投影汇报你的成果？

生1：我画的是边长为4厘米的正方形和长5厘米、宽3厘米的长方形，我发现它们的周长都是16厘米，正方形的面积是16平方厘米，长方形的面积是15平方厘米，正方形面积大。

生2：我画的是边长为4厘米的正方形和长6厘米、宽2厘米的长方形，我发现它们的周长都是16厘米，正方形的面积是16平方厘米，长方形的面积是12平方厘米，也是正方形面积大，而且我也发现长方形的两边相差越大它的面积就越小。

（2）下面每个□代表1平方厘米，说出每个阴影图形的面积各是多少。

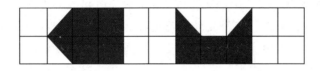

生1：第一个阴影图形有4个完整的正方形，有两个一半的正方形可以合成1个整的正方形，所以面积是5平方厘米。

生2：第二个阴影图形中两个半正方形可以合成一个正方形，所以面积应该是4平方厘米。

师：对了，当图形中某些部分不够1个面积单位时，可以通过割补拼成1个面积单位，在割补图形的过程中图形的形状……（生：变了！），但面积大小……（生：不变！）

（3）把 ⊞ 挖去一个小正方形，它的面积和周长有什么变化？可以怎样挖？

师：如果你觉得困难，可以先画画图，或者同桌议一议，再解答。

生1：我画图发现如果在大长方形四个角中的一个角的地方挖去一个小正方形，图形的面积减少了1个小正方形的面积，但减少2条小边的周长可以重新露出的2条小边补回来，所以周长不变。

（面积减少　周长不变）

生2：我画图发现如果在大长方形四个角以外的地方挖去一个小正方形，图形的面积减少了，但图形的周长反而增加。因为挖去1条小边的周长又新露出2条小边的周长，所以周长增加了。

（面积减少　周长增加）

（评析：线、面、体的概念建立是一个循序渐进、密不可分的过程，第1题让学生画图体会周长相同，面积不一定相同；第2题给出的图形有所变化，图形中某些部分不够1个面积单位，需要通过割补拼成1个面积单位，让学生在割补图形的过程中感受图形的形状变了，面积大小不变，从而发展面积守恒观念；第（3）题让学生观察挖去1个小正方形后图形的面积与周长变化，让学生内化图形周长和面积的关系。三个变式练习意在加强长度概念与面积概念之间、长度单位与面积单位之间的衔接对比，让学生通过对比区分线、面的概念，从而达到内化知识衔接的目的。）

（五）回顾收获小结，提升认识感悟

师：谈谈你在这节课里有哪些收获和感悟。

生1：认识了三个面积单位，平方厘米、平方分米和平方米。

生2：我知道了测量较大的物体的面积时可以用平方米做单位，测量较小的物体的面积时可以用平方厘米或平方分米做单位。

生3：我了解了面积单位和长度单位的区别。

师：今天我们在新知学习中运用了一个重要的学习方法——衔接对比，体验探究。课堂上我们参与了"量一量、画一画、比一比、找一找"等一系列操作探究学习活动，让"平方厘米、平方分米、平方米"的大小深深留在我们的脑海里，并且特别加强了长度单位"厘米、分米、米"与面积单位"平方厘米、平方分米、平方米"的对比。在今后的运用中我们特别要注意不要把长度单位与面积单位混淆。

板书设计

认识面积单位

> 边长是1厘米的正方形，面积是1平方厘米，即$1cm^2$
>
> 边长是1分米的正方形，面积是1平方分米，即$1dm^2$
>
> 边长是1米的正方形，面积是1平方米，即$1m^2$

全课评析

在"空间与几何"知识领域中，长度、面积、体积是一组最为基本的从一维到二维再到三维的度量概念，其对应的"长度单位、面积单位、体积单位"是最为常用的度量单位。学生学习面积单位之初容易把面积表征与长度表征混淆，本节课通过形式多样的探究体验活动引导学生丰富对面积单位的认识，表象构建循序渐进，概念理解层次分明。具体地说，主要有以下两个特点：

1. 在体现活动中构建表象

表象是客观对象不在主体面前呈现时，在观念中所保持客观对象的形象和客体形象在观念中复现的过程。课堂上，面积单位表象的构建是让抽象的度量单位定义变成形象直观的体验操作过程。教师先借助正方形学具实物让学生通过看一看、摸一摸、量一量等操作活动初步感知表象；接着通过想一想、画一画、比一比、站一站等活动让表象在学生脑海里不断重复再现与修正，这是表象从模糊感知走向清晰构建的形成过程；最后引导学生找一找生活中面积接近1平方厘米、1平方分米、1平方米的熟悉实物，联系生活加强面积单位表象的内化理解。在三个面积单位表象的构建体验活动中，教师注意形式上的承接与变化。承接主要表现为：平方厘米、平方分米、平方米的初步感知都是以实物观察为基础的，让抽象孕育于形象直观中；变化主要表现为：在三个面积单位表象的再现修正过程中分别展现出"画图测量""手势比对""站人体验"等不同的形式。这样使学生的触觉、视觉等多感官协同作用，形成对面积单位本质属性及性质之间关系的充分感知，为完成对面积单位特征及其中各种关系的提取、抽象奠定基础。

2. 在对比辨析中跨越混淆

面积单位是从"一维"度量单位向"二维"度量单位的延伸学习，周长与面积大多共同承载于一个图形，而且学习之初教材都借助手指帮助学生直观理解1厘米与1平方厘米，这很容易让学生混淆。因此，为让学生明晰长度单位与面积单位的异同，教师设计了多层次梯度对比辨析训练：

（1）新授辨析，引导学生比较理解："1厘米"约是食指"宽"的长度，"1平方厘米"约是指甲面"面积"的大小。

（2）基础辨析，让学生结合图形说长度单位与面积单位的异同，探究周长和面积数值相等时引发的认知冲突。

（3）拓展辨析，让学生画图体会周长相同，面积不一定相同；让学生感知图形在割、补、挖的变形过程中面积与周长的变化情况。种种对比辨析训练让学生通过对比区分线、面的异同与关联，从而达成理解面积概念本质内涵的目的。

整节课，以面积单位表象构建为主线，以辨析长度单位与面积单位异同为突破口，遵循学生认知规律的特点，充分让学生在"看、摸、量、想、画、比、站、找"等一系列体验活动中逐步经历面积单位表象的构建过程，从而促

进学生对面积单位概念的形成和空间观念的建立。

参考文献

［1］吴亚萍.帮助学生建立起线、面、体三维的概念——长度、面积、体积概念的结构教学初探［J］.小学数学教师，2008（11）：61–31.

［2］卢江，杨刚.数学教师教学用书［M］.北京：人民教育出版社，2016.

［3］孙昌识，姚平子.儿童数学认知结构的发展与教育［M］.北京：人民教育出版社，2005.

自主探究　动手实践　建构模型

——"面积和面积单位"教学实录

东莞松山湖中心小学　操　珍

【教学内容】

人教版数学三年级下册第61页内容。

【学情分析】

　　面积单位是在学生理解面积的意义，能够初步比较图形面积大小的基础上进行教学的。在此之前，学生已经认识的米、分米、厘米等长度单位是本节课学习面积单位的知识基础。因为物体的表面有大有小，所以要根据需要认识不同的面积单位。学生在生活中遇到一些与面积单位有关的常识，但学生头脑中并没有形成面积单位的概念，在学生看来面积单位比长度单位更抽象，更不易理解。这节课是学生从线过渡到面，从一维空间向二维空间的过渡，是认识上的一个飞跃。

【教学目标】

　　（1）让学生感知1平方厘米、1平方分米、1平方米的大小，使学生对这三个面积单位的实际"大小"形成鲜明的表象。

　　（2）在测量活动中构建空间概念，体会测量大小不同的面积，可以选择不同的面积单位。

　　（3）通过活动激发学生的学习兴趣，培养探究意识，感受数学与生活的密切联系。

【教学重点】

　　在测量的过程中感受1平方厘米、1平方分米的大小，体会测量大小不同的面积，可以选择不同的面积单位。

【教学准备】

　　学具（1平方厘米的小正方形若干个、边长为1分米的正方形纸、长21厘米，宽10厘米的长方形纸）。

【教学过程】

（一）复习导入

师：关于面积，你知道哪些知识？

生1：物体表面的大小就是它们的面积。

生2：数学书封面的大小就是数学书封面的面积。

生3：面积有大也有小，黑板的面积大，课桌的面积小。

师：看来大家对面积都有了一定的认识，这节课我们就来学习面积单位。

（揭示课题）

（二）自主探究，感知1平方厘米的大小

师：同学们闭上眼睛想象一下，你心目当中的面积单位是什么样的？它有多大？

师：（出示1平方厘米）老师带来了一个面积单位，它是面积单位中的一员，大家看一看。

教师走下去让每位学生都看一看这个面积单位，教师将1平方厘米的正方形贴在黑板上。

师：这个小小的图形的面积是1平方厘米。

师：在学具袋中，老师给大家准备了很多这样的1平方厘米。慢慢地拿出来，可以看一看、摸一摸或者量一量，研究研究，和同桌说一说1平方厘米有多大。

师：现在你知道1平方厘米有多大了吗？

生1：我比了比，这个1平方厘米大约和我的大拇指的手指甲盖一样大。

生2：我用尺子量了1平方厘米的边是1厘米。

生3：1平方厘米和这个正方形一样大，我发现这个正方形的每条边都是1厘米。

小结：边长1厘米的正方形，面积是1平方厘米。

（评析：先让学生想象面积单位的样子和大小，再让学生看1平方厘米的样子和大小，此时学生觉得这个面积单位和自己想象的不一样，怎么这么小？学生的认知产生了冲突，激发了学生学习的欲望。接着让学生带着"1平方厘米有多大"这个问题进行研究，最后用语言描述1平方厘米的大小。通过想—看—研究—描述四个环节，让学生对1平方厘米的大小有了深刻的认识。）

（三）动手测量，感知1平方分米的大小

师：有了1平方厘米这个面积单位，我们就可以用它来测量物体的面积了。

1. 测正方形纸的面积

（1）要求：同桌两人一组，用1平方厘米的面积单位想办法测量出正方形纸片的面积，在自己的本上记录测量的结果是多少平方厘米，并在小组内交流你是怎样测量的。

（2）学生测量，教师找样品拍照。

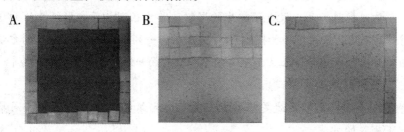

（3）汇报。

A. 错误例子。

师：说一说你是怎样测量的，得到的是多少平方厘米。

生1：我摆了4条边，每条边都摆了10个1平方厘米，所以这个正方形的面积是10平方厘米。

生2：我不同意你的观点，你只算了一条边，每条边摆10个1平方厘米，有4条边，应该用10×4=40（平方厘米）。

生3：我不同意你的观点，你只是算了四条边，那不是正方形的面积。

师追问：什么是正方形纸片的面积？（留充足的时间给学生思考）

生4上台边指边说：正方形纸片的面积就是正方形整个表面的大小。

小结：这个正方形纸片的面积不是指四周，而是正方形整个表面的大小。

B. 正确例子。

生4：我们这样横着摆了4行，每行10个，没有摆满，但是1平方厘米的小正方形不够。我们用尺子量了量，发现还可以摆6行，一共是10行，每行10个，10×10=100（平方厘米）。

小结：将整张纸铺满有10行，每行10个1平方厘米，得到一共100平方厘米，这种办法可行。

C. 出示摆一行和一列的情况。

师问：看明白他摆的方法了吗？

生5：他一行摆了10个，一列也摆了10个。

师追问：像这样不摆满，怎么知道下面几行摆了多少个1平方厘米？

生6：一行摆10个，一列摆10个，就是说每行摆10个，可以摆10行，10×10=100（平方厘米）。

小结：大家通过测量得到正方形纸片的面积是100平方厘米。

（评析：测量正方形纸片的面积时，先同桌合作完成，然后小组交流方法，最后全班汇报。在汇报过程中质疑、思辨，充分体现了学生的探究学习。在学习过程中，从40平方厘米到100平方厘米，从周长到面积，在不断的反思中建构面积单位。测量时材料不足，促进了学生的思维。学生在测量正方形纸片的面积时，由于材料的不足，采用了一行摆10个1平方厘米，一列摆10个1平方厘米的方法，最后用10×10等于100来计算正方形纸片的面积，对面积的计算有了初步的感悟。）

2. 测长方形纸的面积

师：接下来，我们挑战更难的，测量长方形纸的面积。先思考，同桌两人商量一下测量的方法。

师：这一次我们来比赛，同桌两人一组，测量出的马上起立，听口令再开始。（设置时间2分钟）

师：还没有完成的同学，说一说你在测量过程中遇到了什么困难。

生1：我们的困难是这些1平方厘米的小正方形不够摆？

生2：我们不需要那么多的小正方形，可以只摆一行和一列，一行21个，一列10个，21×10=210（平方厘米）。

师问：有不同的测量方法吗？（展示摆法）

（1）_____；（2）_____

生3：在测量长方形纸的面积时，我们先用两个100平方厘米的大正方形去测量，发现还少了一点，又摆了10个1平方厘米的小正方形，这样测得更快。

师：看来，我们既可以用1平方厘米的面积单位测量，也可以用这个100平方厘米的大正方形测量。那么这个100平方厘米的正方形是不是也是一个面积单位呢？如果是，给它取个名字吧。

生：1平方分米。

师追问：它为什么是1平方分米？

生：这个大正方形的一条边是10厘米，也就是1分米。边长是1厘米的正方形，面积是1平方厘米。那么边长是1分米的正方形，它的面积应该就是1平方分米。

小结：边长是1分米的正方形，面积是1平方分米。1平方分米等于100平方厘米。

（评析：测量长方形纸片的面积时，学生根据测量正方形面积的经验，很容易想到摆一行和摆一列，并且用乘法计算的方法。同时在测量过程中，培养学生的思维能力，学生用不同大小的面积单位去测量长方形纸片的面积。最后运用知识的迁移得到了1平方分米的大小。）

（四）知识迁移，感受1平方米的大小

师：刚才我们测量了正方形、长方形纸的面积，如果要测量黑板的面积，该选用什么面积单位？（学生讨论）

生：1平方分米太小了，要用一个大的面积单位。（平方米）

师：1平方米有多大？

生：边长1米的正方形，面积是1平方米。

体验1平方米的大小。

试一试1平方米的正方形内能站下多少名同学。

（评析：认识1平方厘米和1平方分米之后，学生自然想到了1平方米。让学生感受1平方米的实际大小，学生对1平方厘米、1平方分米、1平方米的实际大小有了深刻的感悟。使学生理解对于测量不同物体的面积时，需要选择合适的面积单位来测量。）

（五）课堂延伸

师：你们还有什么疑惑？你们还想提什么问题？

生1：有没有1平方千米？

生2：有没有1平方毫米？

生3：100厘米等于1米，为什么100平方厘米等于1平方分米？

（评析：这个环节发散学生的思维，培养学生的质疑能力，学生的学习是真实发生的，学生的问题是真实存在的。）

板书设计

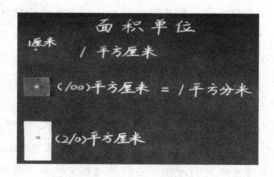

全课评析

《义务教育数学课程标准（2011年版）》强调指出：学生的数学活动应当是一个生动活泼的、主动的和富有个性的过程。实施课程标准，就是要改变以往学

生被动地接受知识的弊端、改变陈旧的学习方式，让学生自主学习、自主探索、自主感悟、自主解决问题。这一堂课，学生自始至终进行自主学习探索、动手实践感悟、自主解决问题，教师不再是知识的灌输者，而是学生学习的组织者、引导者与合作者，学生也不再是接收知识的容器，而是知识的探索者、发现者。

1. 变被动接受为自主学习

在课堂中教师激发学生学习的兴趣，调动学生的好奇心，引发学生主动参与学习，积极探究。本节课开始，教师先让学生想象面积单位的样子和大小，再让学生看看实际的1平方厘米的样子和大小，这时所有学生都觉得这个面积单位和自己想象的不一样。学生的认知产生了冲突，激发了学生的好奇心和学习的欲望，促使学生通过看一看、摸一摸、比一比、量一量等方法自主探究1平方厘米的大小。

2. 变教师讲述为学生操作

操作是思维的起点、认知的来源，也是认识事物的开端，课堂中鼓励人人动手，人人操作，学生通过直观操作，动手、动脑、动口，多种感官参与学习，不但掌握学习数学的方法，而且能够加深对数学知识的理解，学以致用。

这一课以往的教法是先用语言来描述告知学生1平方厘米、1平方分米和1平方米的大小，接着举例感知它们的大小，最后巩固应用面积单位。这节课中，教师改变了以往的教法，变教师讲述为学生操作。

（1）在认识了1平方厘米这个面积单位的大小之后，教师没有直接告诉学生边长为1分米的正方形面积是1平方分米，而是设计用1平方厘米的小正方形来测量面积是1平方分米的正方形纸片的面积。在测量正方形纸片的面积时，由于所给材料的不足，学生动脑思考，动手实践操作，用不同的方法来进行测量，最后用10×10=100（平方厘米）计算正方形纸片的面积。在这个测量活动的过程中，学生既理解了面积的含义，明白了物体的面积可以用面积单位来测量，也对面积的计算有了初步的感悟。

（2）当测量出正方形纸片的面积是100平方厘米后，教师并没有讲述这100平方厘米的正方形纸片的面积就是1平方分米，而是又巧妙设计了一个测量面积是210平方厘米长方形纸片的活动。在测量过程中，学生通过动手动脑发现不仅可以用1平方厘米的小正方形来测量，也可以用100平方厘米的大正方形来测量，由此引发了学生的思考：这个100平方厘米的大正方形也可以是一个面积单位。学生利用知识的迁移推理出100平方厘米的大正方形的面积就是1平方分米。因此学生对1平方分米的大小感知更加深刻。

3. 建构知识体系

数学学习应当是主动探索、自主建构、不断丰富与深化认知的过程。本节课对知识进行了整合，在测量面积的过程当中，引导学生在动手操作的活动中，观察、探究、思考，逐步建构和深化对面积意义的理解，以及感知面积单位的大小，并由此探索计算面积的方法。学生在动手实践的过程中，不仅建构了面积的概念，感知了面积单位的大小，而且从数学的意义上思考了计算面积的方法，理解了面积单位间的进率，为后面学习长方形和正方形的面积，以及面积单位之间的进率奠定了基础。

本节课以学生自主探究为主，进行动手操作、合作交流，学生经历了探究与协同，展开了建构与反思，学会了迁移与应用，加深了学生对所学知识的理解，发展了学生解决问题的技能，培养了学生自主学习的能力。

参考文献

中华人民共和国教育部.义务教育数学课程标准（2011年版）［M］.北京：北京师范大学出版集团，2011.

齐齐动手　自主探究

——"7的乘法口诀"教学实录

东莞市东坑镇多凤小学　谢淑玲

【教材分析】

"7的乘法口诀"是在学生已经掌握了2～6的乘法口诀的基础上学习的，这样的安排不仅有助于学生利用迁移规律学习新知，为学习8和9的乘法口诀做好铺垫，也为进一步学习乘法、除法计算奠定了基础。教材以七巧板拼图通过操作填表呈现用7连加的结果，再通过观察表格写出乘法算式，最后根据乘法算式编出乘法口诀。

【学情分析】

在学习7的乘法口诀之前，学生已经学习了2～6的乘法口诀，初步有了运用乘法口诀进行计算的能力。在经历了2～6的乘法口诀的编制之后，学生已经掌握了编制口诀的方法及依据，因此可以放手让学生自主探索编写出7的乘法口诀，体验7的乘法口诀的来源。通过让学生观察找出每两句相邻乘法口诀间的联系来理解并记忆乘法口诀，让学生经历探索数学知识的全过程，并会用所学知识去解决简单的实际问题，感受数学在日常生活中的应用。

【设计理念】

《义务教育数学课程标准（2011年版）》指出：动手实践、自主探究、合作交流是学生学习数学的重要方式，本节课的设计注重发挥学生的主体性，培养学生自主探索的学习方式。因此，教学环节主要设计如下。

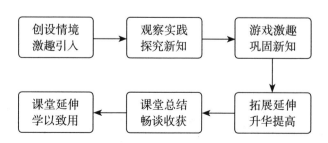

本节课主要是通过教学7的乘法口诀之前的动手操作——用一副七巧板摆出自己喜欢的图案，让学生初步感知一个图案是由7块七巧板组成的；在教学中，通过实物图引导学生计算出拼摆几个图案一共用了几块拼板，并用列表的方式呈现；通过观察找出表格中的规律并列出乘法算式。在小组合作的过程中，根据乘法算式编出7的乘法口诀，并发现7的乘法口诀的规律，进一步利用这些规律理解和熟记7的乘法口诀。从学生熟悉的古诗、七星瓢虫、计算星期的天数、运用七巧板拼摆图案等都体现了数学文化、数学与现实生活的密切联系，让学生感受到数学具有广泛的应用性，数学就在身边。

【教学内容】

《义务教育教科书数学》（人教版）二年级上册第72页。

【教学目标】

（1）利用学生已有的知识经验和类推能力，使学生自主经历口诀的编制过程，了解7的乘法口诀的来源，理解7的乘法口诀的意义。

（2）掌握7的乘法口诀的特征，熟记口诀，并逐步提高灵活运用口诀的能力。

（3）通过多角度的练习，体会数学就在身边，激发学生学习数学知识的兴趣。

【教学重难点】

重点：让学生理解7的乘法口诀的形成过程。

难点：熟记7的乘法口诀，理解7的乘法口诀的意义。

【教具准备】

课件、七巧板。

【教学过程】

（一）创设情境，激趣引入

（1）教师课件出示图片（并配上生日歌）："小朋友们，今天是白雪公主的生日，瞧！七个小矮人正准备给她庆祝生日呢！他们想送一份特别的礼物给白雪公主，你们看，是什么？"学生们兴奋地答道："是七巧板！"

（2）但小矮人不知道拼什么图案，你们能帮小矮人拼出美丽的图案送给白雪公主吗？现在请同学们拿出七巧板进行"七巧板大比拼"，六人小组合作，摆出你们最喜欢的图形。

（3）请每组挑选自己最满意最美的图案上台展示，并说说你拼得像什么？

（如下图所示学生拼出来的有：轮船、小猫、飞机、公鸡……）

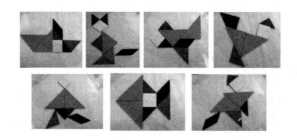

师：今天老师也摆出了许多美丽的图案，你们想看吗？（课件出示教科书第72页例1的7种图案，如下图所示）

（评析：通过"七巧板大比拼"，不仅可以培养学生的动手操作能力，还可以培养学生的创造力，让学生体验生活与数学的联系，增加数学的趣味性，激发学生的学习兴趣。）

（二）观察实践，探究新知

师：下图中，白雪公主看见这么多美丽的图案（如下图），她很想知道拼摆这些图案一共用了多少块拼板，同学们你们有什么好办法吗？

生1：可以数数，一块一块地数。

生2：1个图案用7块拼板，可以用加法列式。

生3：可以用乘法列式。

……

师：真聪明！你能根据刚才说的把下面的表格填完整吗？

图案个数	1	2	3	4	5	6	7
拼板块数	7						

1. 六人小组合作完成表格

指名一学生用投影仪做汇报。

生：1个图案用7块，2个图案用14块，3个图案用21块，4个图案用28块，5个图案用35块，6个图案用42块，7个图案用49块。

2. 观察表格，寻找规律

图案个数	1	2	3	4	5	6	7
拼板块数	7	14	21	28	35	42	49

（1）提问：通过观察表格，你发现了什么规律呢？

生1：我发现摆1个图案用7块拼板。

生2：我发现每多摆一个图案就多用7块七巧板。

生3：我发现1个7是7，2个7是14……

（2）根据表格中的数据写出乘法算式。

（引导学生说出：1个7是7，列成乘法算式是1×7=7或7×1=7、2个7是……）

小组合作交流完成以见下表中的乘法算式。

看哪个组做得最快、最好！

图案个数	拼板块数	几个7	乘法算式		乘法口诀
1	7	1个7	1×7=7	7×1=7	
2	14				
3	21				
4	28				
5	35				
6	42				
7	49				

根据学生的汇报板书乘法算式。

（评析：通过观察表格，让学生自主发现规律并利用规律写出乘法算式。这样的设计顺应了学生的思维过程，体现了学生的思维方式。从实物到表格再到乘法算式的自然过渡过程也可以培养学生细心观察、认真思考的良好习惯。）

3. 小组合作，创编口诀

（1）教师：看到这些乘法算式，你们能帮助小矮人编出它们各自的乘法口诀吗？试试看，会编几句就编几句，小组完成乘法口诀。

（2）小组活动：自主编口诀。

（3）揭示课题。

师：同学们真了不起！自己动脑筋编出乘法口诀，这就是我们今天要学习的7的乘法口诀。

揭示课题并板书：7的乘法口诀。

（评析：让学生经历操作和思考、表达和交流等过程，自主探究7的乘法口诀，增加学生的体验和感悟，不仅让学生在探索的过程中增加知识经验也让学生在探索的过程中学习一些方法和策略，同时有助于培养学生的合作意识与探索精神。）

4. 发现规律，记忆口诀

（1）读口诀。

师：让我们一起把7的乘法口诀大声地读一读吧！（边拍手边读）

（2）找规律。

师：我们一起来细心观察一下这些口诀，看能不能找出规律。

生1：每句口诀的第一个字依次加一，分别是一、二、三、四、五、六、七。

生2：每句口诀的第二字都有"七"字。

生3：积一个比一个多七。

生4：顺着数，积依次加7；倒着数，积依次减7。

生5：第一、二句乘法口诀是四个字，三到七句乘法口诀是五个字……

学生边说，教师边出示课件。

教师出示图片如下，播放动画片中的情境，配音播放《西游记》中的一段文字，让学生寻找7的乘法口诀。

> 孙悟空被太上老君关在炼丹炉中七七四十九天，炼成了火眼金睛。
>
> 孙悟空在保护唐僧西天取经的路上只要遇到妖精，不管三七二十一举起金箍棒就打。

师：看，这些故事和生活中的俗语也能帮助我们联想到乘法口诀。为了同学们能够快速地熟记这些乘法口诀，白雪公主把7的乘法口诀编成了一首顺口溜，我们来听一听！

顺口溜：

一七得七，要争第一；

二七十四，轻松写字；

三七二十一，时间要珍惜；

四七二十八，梦想快出发；

五七三十五，心灵在跳舞；

六七四十二，快乐好伙伴；

七七四十九，友谊天地久。

（评析：引导学生观察、发现口诀的排列规律，有意识地进行有序思考。出示《西游记》中的文字，让学生联想熟悉的故事和生活中的俗语帮助记忆口诀。借助顺口溜可以帮助学生记忆口诀。）

5. 熟记7的乘法口诀

运用集体背、男女背、同桌拍手背、开火车背等方式记忆口诀。

（评析：以集体背、男女背、同桌拍手背、开火车背等互动的形式背口诀，既深化、巩固了新知，又让学生在快乐互动中熟记7的乘法口诀。）

6. 阅读书本

（请独立阅读书本72页的内容，看看有没有不明白的地方，可以提出来并和同桌交流、解决。）

（评析：学完新知后让学生通过独立阅读书本72页的内容，并查找不明白的地方和同桌交流，引导学生在观察中思考、在发现中比较、在交流中解决、在抽象中归纳。）

（三）游戏激趣，巩固新知

师：刚才我们一起学习了7的乘法口诀，你们都学得非常棒，白雪公主和7个小矮人为了表扬你们，想带你们去7的数学王国里玩游戏，你们想玩吗？

1. 对口令游戏（师生玩对口令游戏）

2. 找朋友游戏（书本73页第3题连一连）

边播放《找朋友》的儿歌，边组织学生去找朋友。

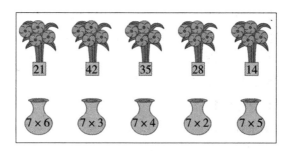

3. 开火车游戏（书本72页做一做）

直接写出得数并说说用了哪句口诀。

7×4=	5×7=	7×6=
4×7=	7×5=	6×7=

4. 古诗欣赏

师：生活中处处有数学，只要你留心观察，一定会发现更多的数学就在我们的身边，不信？请看，它与语文还有联系呢！下面请欣赏古诗《山行》。（出示古诗并配音）

> 古诗欣赏
>
> 山 行
>
> 远上寒山石径斜，
> 白云生处有人家。
> 停车坐爱枫林晚，
> 霜叶红于二月花。

师提问：这首诗去掉题目一共有多少个字？用了哪句口诀？

生：4×7=28（个）。

师进一步提问：如果加上题目呢？一共有多少个字？

生：4×7+2=30（个）。

（评析：先设计了师生对口令的游戏，主要是对7的乘法口诀进行巩固，然后设计了找朋友游戏和开火车游戏，让学生在熟悉的歌曲中更主动地参与课堂活动，真正体现了"寓教于乐"，也充分体现了"轻轻松松学数学，快快乐乐学数学"的教学理念，最后让学生用7的乘法口诀计算出古诗的字数。通过多层次的趣味性练习，加深了学生对本课知识点的巩固和落实，又拓展了学生的思维。）

（四）拓展延伸，升华提高

1. 联系生活，拓展延伸

师：7的数学王国里的游戏真好玩！大家还想玩吗？但是国王说要考考我们，答对了才能继续到里面玩。请看屏幕，课件出示：

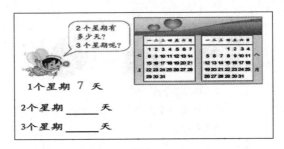

1个星期是7天，2个星期是多少天？3个星期呢？

生：2×7=14（天）。

生：3×7=21（天）。

2. 知识链接

师：在我们的生活中，"7"不但是个奇特的数，它还是一个受人尊敬的数字。出示课件：

师：有关7的事物还有很多很多，只要我们在生活中细心观察，就会发现很多有趣的事物。

（评析：让学生感受生活中处处有数学，数学就在他们的身边，激发学生学数学、用数学的兴趣，又使得学生在课堂教学即将结束的时候萌发出新的探究热情。）

（五）课堂总结，畅谈收获

师：今天白雪公主和七个小矮人带我们一起畅游了7的数学王国，你有什么收获？希望同学们能把今天学到的知识运用到生活中。

（评析：引导学生养成及时梳理、总结、反思的好习惯；突出情感、态度、价值观的体验，充分认识到学习的意义、数学的价值；充分感受成功的快乐、收获的快乐；让每一个学生都有自己的收获。）

（六）课堂延伸，学以致用

师：你会用我们今天所学的知识继续编下去吗？

1只瓢虫7个点，
2只瓢虫14个点，
3只瓢虫21个点，
……

师：今天白雪公主过了一个特别开心的生日，现在要回家了，她非常感谢你们，临走前赠送了一首七字歌给你们，让我们听一听吧。（课件配音出示七字歌）

小朋友们真聪明，
口算应用样样行。
我与大家齐欢心，
希望以后再相迎。

（评析：用编儿歌的形式呈现7的乘法口诀在生活中的应用，不仅培养了学生对数学知识的好奇心，更加激发了学生学习数学的兴趣，使学生充分体验到数学知识无处不在，从而树立学好数学的信心。）

板书设计

7的乘法口诀

$1 \times 7=7$	一七得（七）	$7 \times 1=7$
$2 \times 7=14$	二七（十四）	$7 \times 2=14$
$3 \times 7=21$	三七（二十一）	$7 \times 3=21$
$4 \times 7=28$	四七（二十八）	$7 \times 4=28$
$5 \times 7=35$	五七（三十五）	$7 \times 5=35$
$6 \times 7=42$	六七（四十二）	$7 \times 6=42$
$7 \times 7=49$	七七（四十九）	

（评析：板书设计简明扼要，一目了然，突出了本课的重点，起到画龙点睛的作用。）

全课评析

1. 动手实践，自主探究，编制、记忆口诀

本节课主要是通过教学7的乘法口诀之前的动手操作——用一副七巧板摆出自己喜欢的图案，让学生初步感知一个图案是由7块七巧板组成的。在课堂中，我放手让学生自主探索记忆7的乘法口诀的方法。主动地获取新知激发了学生学习的主动性，充分发挥了主导、主体的作用。根据读图，利用学生1~6编口诀的经验小组合作编口诀。学生因为有了前面口诀的学习经验，以及生活中的生活经验，可以很容易利用旧知迁移进行新知的学习，我就启发学生2×7表示2个7相加，所以学生在计算以后几个得数时都采用这种方法，为学生创编口诀搭建了脚手架，接着我就放手让学生进行口诀的编制，进行小组交流，利用集体的智慧，写出所编写的口诀。

2. 多层次练习

对口诀的记忆如果单纯地依靠读、背，肯定会引起学生的反感，学生学得也比较累。所以我就带学生去7的数学王国里玩游戏，让学生在游戏中学习，在学习中玩游戏，学生的学习兴趣浓厚。同时，设计层次不同的练习，让不同层次的学生都有所收获，得到进一步的发展。

以类比联算理　借算理悟类比

——以"三位数乘两位数"课堂实录为例

松山湖中心小学　宁俊玲

【学情分析】

"三位数乘两位数"这节课是在学生学习了两位数乘两位数的基础上进行教学的，和两位数乘两位数相比，算理和算法是完全一致的。教学中把两位数乘两位数的算理和算法直接迁移到三位数乘两位数的笔算中来，学生对于算理和算法的理解和探索并不难，但是由于因数位数的增加，计算的难度也会相应增加，教学的关键是：①掌握乘的顺序；②第二部分积的书写位置。让学生通过新旧知识的比较，帮助学生形成笔算的技能，进而推及多位数乘两位数的算理和算法，并为今后学习小数乘法打下基础，构建小学数学计算部分知识网络。因此本课的学习是很有必要的。

【教学内容】

人教版四年级上册课本P48。

【教学目标】

（1）根据两位数乘两位数的笔算方法，推出并掌握三位数乘两位数的笔算方法，能正确进行计算。

（2）通过两位数乘两位数到三位数乘两位数知识的迁移，进而到四位数乘两位数等知识的迁移，感受数学知识和方法的内在联系，培养迁移类推的能力和解决简单实际问题的能力。

（3）在主动参与学习活动的过程中，进一步体验学习成功的快乐，激发探索计算方法、解决实际问题的兴趣。

【教学重点】

通过类比，掌握三位数乘两位数的计算方法。

【教学难点】

理解三位数乘两位数的算理并类推到多位数乘两位数。

【教学过程】

（一）复习，回顾算理

出示算一算：

21×4=   35×2=   132×3=

145×2=   1234×2=   45×12=

生：21×4=84。

师：你是怎样想的？

生：先算20乘4得80，再算1乘4得4，合起来是84。

师：45×12口算有困难，可以笔算。

学生独立笔算，一位学生在黑板上演算。

师：谁能说说你是怎样想的？为什么这样算？

生1：先用个位上2×45得90，再用十位上1×45得45，最后把两次乘的结果相加。

生2：第一次乘得的积表示90个1，所以积的末位跟个位对齐；第二次乘得的积表示45个10，积的末位跟十位对齐。

设计意图：复习旧知是知识迁移的基础，本环节设计的口算有两位数乘一位数、三位数乘一位数、四位数乘一位数、三位数乘两位数、四位数乘两位数的计算基础，为新课的学习及知识的迁移做准备。三位数乘两位数的教学基本上没有什么新知识，完全类比两位数乘两位数的计算方法，所以复习两位数乘两位数的计算方法和算理，对于学习新知识至关重要。

（二）尝试，探究算理

1. 情境导入

师：同学们对已经学习的整数乘法掌握得还真的不错，你们班主任柳老师遇到了一个问题，也想让你们帮他算一算，你们愿意吗？

题目：柳老师从广州乘火车去南京用了12小时，火车每小时行145千米。广州到南京有多少千米？

师：认真读题，你知道了哪些信息求什么问题？会解决这个问题吗？

生：知道了从广州乘火车去南京用了12小时，火车每小时行145千米。

生：要求广州到南京有多少千米？就是求12个145是多少？

生口头列式：145×12。

师：比较45×12和145×12，有什么不同？

生：45前面添上1，第一个算式的两位数变成了三位数。

师：我们今天就来学习三位数乘两位数。

板书课题：三位数乘两位数。

2. 适时估算

师：你能不能先估计一下广州到南京有多少千米？

生：150×10=1500（千米），145×10=1450（千米），150×12=1800（千米）。

师：准确值应该比这三个数大还是小？

生：准确值应该比1500大比1800小。

小结：进行三位数乘两位数的估算时，可以把其中一个因数估成整十或整百数，也可以把两个因数都估成整十或整百数。

3. 探究算法

广州到南京到底是多少千米？你能算一算吗？

（学生试算）

同桌交流：说一说是怎么算的，为什么这样计算。

2人一组汇报。

师：你俩先分工，一人说怎么算的，另一人说为什么这样计算。

生1（怎么算的）：先用2乘145（2×5=10写0进1，2×4=8加上进的1等于9，2×1=2），再用1乘145（1×5=5，1×4=4，1×1=1，是145），这里的1代表10，10乘145得1450，再加起来得1740。

生2：你这是分几步计算的？先算什么？再算什么？说清楚一点。

生1补充：先用2乘145得290，再用1乘145得145，再把两次的积加起来，得1740。

师：这样说能听清楚了吗？

生齐：听清楚了。

师：为什么这样计算？

另一生汇报：计算12个145，可以先算2个145，再算10个145，最后再相加。（或把12个145分成10个145和2个145，最后乘积相加）

设计意图：似曾相识的算法算理在学生头脑中再加工，通过学生独立尝试计算，不管是正确的竖式还是错误的竖式，都要让学生说一说自己的思维过程，通过纠正学生出现的错误，让学生理解三位数乘两位数的算理，培养他们自主解决问题的能力。

4. 感受类比

师：你们都是这样做的吗？我还没教三位数乘两位数这个知识呢！你们怎么就会了呢？你们是根据什么这么算的？

生：我是照着45×12的笔算过程写的。

师：为什么可以照着两位数乘两位数的笔算写？

生：因为它们的计算是一样的。

5. 尝试笔算

师：老师把你们的计算过程记录了下来。先算2小时行的路程，2×145=290（千米），表示290个1，所以积的末位和个位对齐；再算10小时行的路程，1×145=145（千米）表示145个10，所以积的末位和十位对齐。

$$
\begin{array}{r}
145 \\
\times\ 12 \\
\hline
290 \quad \longrightarrow 2\times145 \\
145 \quad \longrightarrow 10\times145 \\
\hline
1740
\end{array}
$$

也就是说，要计算12个145，可以先算2个145的积加上10个145的积。

板书：145×12=145×2+145×10。

师：要想知道我们到底做对了没有，怎么办？

生：验算一下。

师：你有什么好办法？

生1：用乘法验算，把145和12交换一下位置，再乘一遍。

生2：用除法验算，1740÷12结果等于145说明做对了。就是数字太大了，我不会算。

师：数字很大的计算，还可以借助什么帮我们计算？

生3：用计算器验算。

生4：和刚才估算结果对比一下，比1500大又比1800小，可能是做对了。

设计意图：学生亲历知识形成的过程，不仅理解了新知，同时梳理笔算过程，结合估算、计算、验算帮助学生建构三位数乘两位数算法算理，掌握学习数学的方法。

（三）类比，理解算理

比较这两道题的计算方法，有什么相同点和不同点？

45×12=540	145×12=1740
45	145
×12	×12
90	290
45	145
540	1740

生：数字有不同，计算方法没有不同点。

师：那就说明这两道题……

生：这两道题的计算方法是相同的。

师：你能具体说说吗？

生：计算45×12时，先算2×45，再算10×45，再把得数加起来。

教师板书：2×45+10×45。

生：计算145×12，我就先算2×145，再算10×145，然后把两次的乘积加起来。

教师板书：2×145+10×145。

师：说得真好，这两道题的计算过程相似，计算方法完全相同。我们模仿两位数乘两位数的计算方法，就会计算三位数乘两位数了。既然完全相同，三位数乘两位数的计算方法还要不要老师讲呢？（不要了）

设计意图：让学生通过对两位数乘两位数和三位数乘两位数算法之间做对比，初步建立算法之间的联系，逐步体验到竖式计算简洁、明白、通用，体验到竖式计算的优越性和学习竖式的价值。

（四）练习，归纳算法

那就赶快用你们发现的方法试一试吧。书本第47页做一做，要求做在书本上，只做第二行的4道题，并想一想你是怎样计算的。

做一做 书本47页

直接写在书本上，并想一想你是怎样计算的。

322	145	679	286
× 24	× 27	× 13	× 35

完成后集体订正，选择一道题说说是怎样做的？

生：我是按照两位数乘两位数的方法计算的。

师小结：刚才我们一起完成了4道题目的计算，这些算式（指做一做的题目）计算方法一样吗？都是怎样计算的？

生：都是先用两位数的个位去乘第一个因数，再用两位数的十位去乘第一个因数，最后再把两次乘得的积相加。

设计意图：练习是掌握知识、形成技能、发展智力的重要手段，也起到了检验学生学习效果的作用。学生在思考计算的过程中，通过对内在联系的深入分析，又一次建构算理。

（五）拓展，串联算理

师：今天之前你们会计算两位数乘两位数的乘法，今天你们通过两位数乘两位数的计算方法，又学会了计算三位数乘两位数的乘法，你觉得你还会计算哪些题目？

生：四位数乘两位数。

生：五位数乘两位数。

生：三位数乘三位数。

……

师：谁能试着出一个题目给大家算算看？

生：2145×12、1234×56、145×123……

挑选一个算式写黑板上：2145×12。

学生独立试算，计算得最快的学生到黑板上书写。

$$\begin{array}{r} 2145 \\ \times\ 12 \\ \hline 4290 \\ 2145 \\ \hline 25740 \end{array}$$

师：谁能说说这道题你是怎样计算的？

生：先算2×2145得4290，再算10×2145得21450，再把两次乘得的积加起来得25740。

板书：2×2145+10×2145。

师：哇，我对你们有点刮目相看了，四位数乘两位数我也都没教呢，你也会做了！那你又是根据什么计算的？

生：根据两位数乘两位数的计算方法。

生：这些算式的计算方法都是一样的。

生：五位数乘两位数的计算方法也是一样的。

师：刚才还有学生说会算145×123，这道题的计算方法跟前面的题目完全一样吗？比前面的计算会多一步还是少一步呢？同学们课后可以去试试。

设计意图：学生通过对比、思考、体验计算更复杂的乘法，将所悟算理算法迁移至四位数乘两位数，并进行内在联系的深入分析，再次体悟类比，通达算理，建构知识体系。

（六）回顾，超越算理

师：这节课你有什么收获？

生：我学会了计算三位数乘两位数。

生：我根据两位数乘两位数的计算，会算三位数乘两位数、四位数乘两位数。

……

师：你的这些收获都是老师教会你的吗？

生：对照着以前学习的，就可以照着算更大的数乘两位数。

生：不用老师教啊，三位数乘两位数的计算方法和三年级学的两位数乘两位数计算方法一样，只是多了一位数字，照着算我就会了。

生：我还会四位数乘两位数呢？计算方法也一样！

生：三位数乘三位数的计算方法也差不多吧！

师：你们可以试试！

生：我们以后也可以这样学习，就不用老师教了。

师：是啊，有些知识是不用老师教的。

生：我们还可以用学过的其他知识去解决相似问题。

师：哇！赞一个！同学们说得很好，你们学会了这么多知识，有这么多的本领，老师真替你们感到高兴。你们通过今天的学习，会想到有些知识不一定要老师教，可以用已经掌握的知识去解决一些相似的问题，你们今天学会的不仅仅是计算的方法，还学会了一种思考问题的方法。这是本节课你们更大的收获。

设计意图： 在这个过程中，注重引导学生在自主探索、合作交流中体验算法，培养学生学数学的能力，同时让学生养成"学习、总结、学习"的学习习惯。以两位数乘两位数为支点，在类比推理的运用中，学生完成对整数竖式乘法知识的整体建构。

全课评析

工匠鲁班类比带齿的草叶和蝗虫的牙齿，发明了锯；科学家仿照鱼类的外形和它们在水中沉浮的原理，发明了潜水艇；还有蝙蝠与雷达……这些伟大的成就都是受到类比思想的启迪。类比其实就是将新知识与旧知识进行对比，若对比中发现方法是一样的或者类似的，我们就可以把学习旧知的方法迁移到新知识中，实现同化，学生的学习会更加轻松自然。

类比教学法既能从纵向找到新旧知识间的关系和区别，又能从横向找到有关知识的联系和区别，所以，在数学教学中应用类比方法进行教学与复习，就有着不可替代的作用。

1. 类比教学，理解概念

对不同的数学概念运用类比进行比较分析，通过异同的比较能使学生加深对概念内涵的理解。例如，复习长方体和正方体的知识时，我们可以把两者的特点、面积、体积的计算放到一起做比较，有利于学生对知识的学习和探讨，也有助于学生形成概念和系统地掌握知识。学生通过这样的类比不但加深了对概念的理解，同时也有效地提高了解题能力。

2. 类比教学，探究新知

数学中有些概念是难以让学生理解和接受的，倘若在教学中，讲授新知识时联系旧知识，将新旧类比分析，将能让学生更加理解知识，同时也能突破难点，降低教学难度。例如，学生刚开始接触比的性质时，感觉困难，但学生对于分数的性质是相当熟悉的。根据这点利用类比迁移来讲：对照分数的基本性质，观察比又有什么样的基本性质。复习分数的基本性质，引导学生总结比的基本性质，会发现学生很自然地说出比的基本性质，即"比的前项和后项都乘以或者都除以相同的数（零除外），比值不变"。这样的讲解使新知识不新，旧知识不旧，学生容易理解和接受。由此可见，应用旧知识的类比能使学生在学习新知识时易于同化，从而学得轻松，教得愉快。

3. 类比教学，建构网络

运用类比法将各知识点串联起来有利于学生更好地掌握知识，能使所学的知识更加系统化。例如，在小学数学应用题中，"工程问题"中的三个量的关系：工作效率×工作时间＝工作总量。而"行程问题"中的三个量也有类似的关系：速度×时间＝路程。因此，工程问题的解法可以类推到行程问题中去。例如，在"一项工程，甲队单独做20小时完成，乙队单独做30小时可以完成，两队合做，几小时可以完成全工程？"这一"工程问题"应用题中，工作总量可以看作单位"1"，甲队的工作效率可以看作1/20，乙队的工作效率可以看作1/30，根据工作总量÷工作效率＝工作时间，这道题的解法是：$1÷（1/20+1/30）$。而在"客车从甲地开往乙地要10小时，货车从乙地开往甲地要15小时，如果两车分别从甲、乙两地同时相对开出，几小时可以相遇？"这一"相遇问题"应用题中，同样可以把总路程看作单位"1"，客车速度看作1/10，货车速度看作1/15。因此，从上一题的解法可以类推出本题的解法为$1÷（1/15+1/10）$。这样通过类比沟通了两类不同的应用题，建构了系统的知识网络，使学生的学习更加轻松。

类比教学在小学阶段分成两个部分：一是整数内部以简单的类比复杂的，如数的读写、大小比较、近似数，以及加减乘除计算法则；二是在计算法则、

运算顺序、运算定律等方面，整数类比分数、小数。

　　在学习过程中，当新旧知识彼此相似而又不完全相同时，对原先知识又是一知半解，掌握不好时，新旧知识必然会混淆不清，应用时难免错漏百出，若不及时加以排解，势必影响其他章节的学习。类比教学能够很好地解决这一问题。类比是一切理解和思维的基础，作为一种逻辑方法，它在教学中有着广泛的应用。在数学教学中应用类比法，可以帮助学生理解和鉴别各种概念、性质、定理、公式、题型等，达到正确认识，确定行之有效的解题策略的目的。这样既可以加强"双基"，又有利于培养学生良好的思维品质。

看"图"、"说"法，以学定教

——"方程的意义"教学实录

东莞市塘厦第二小学　刘业生

【教学内容】

《义务教育教科书·数学》（人教版）五年级上册第63页、第64页的内容。

【教学目标】

（1）使学生理解和掌握等式与方程的意义，明确方程与等式的关系，会用方程表示生活中简单的数量关系。

（2）通过学生观察思考，探讨交流，培养学生抽象、归纳和概括的能力。

（3）感受方程与生活的密切联系，培养进一步探究方程知识的兴趣和欲望。

【教学重点】

理解和掌握方程的意义。

【教学难点】

会用方程表示生活情境中简单的数量关系。

【教学准备】

多媒体课件。

【设计理念】

方程是一个用数学符号提炼现实生活中的特定关系的过程。各版本教材大都是借助天平演示，呈现等式与方程，从而揭示概念：含有未知数的等式叫作方程。有的教师借助天平来演示教学方程，本节课，教师巧妙地把教材中四幅连环画情境图采用看图说话的方式，通过让学生说，让学生在愉悦的氛围里和深刻的思考中体验方程从现实生活到数学的抽象过程。本节课也是借助"天平"来引入"方程"的概念的，但没有直接用实物天平来演示，而是采用生动形象的课件演示来代替。这样可以避免因为实物演示的不当而引起学生的过分关注而浪费时间和精力，通过PPT的演示和学生对情境图的说来帮助学生理解方程的含义。为了避免造成对方程概念理解的狭隘化，本节课将重点放在对概念的内涵与外延的拓展上，通过借助天平引入方程的概念，进而从"特殊"

（天平两边所放物品的质量相等）走向"一般"（生活中的相等关系）。这样的设计既紧扣数学知识的本质，又符合小学生的认知规律和学习特点。

【教材分析与学情分析】

"方程的意义"是人教版数学教材五年级上册第五单元第二大块"解简易方程"第1课时的内容，是学习方程知识的基础，它的上位知识为"用字母表示数"，下位知识为解方程。方程在小学乃至中学的学习过程中都有非常重要的地位。本节课主要是要求学生理解、掌握方程的意义，知道什么是方程，会列方程，从而为以后学习解方程和方程的应用打下基础，同时培养学生观察比较、归纳概括和创新的能力。

基于五年级学生的认知水平，本节课我做了以下学情分析：首先，学生已经学习了"用字母表示数"这一内容，这为过渡到本节课的学习起到了铺垫作用；其次，小学生对直观具体的感性材料较容易理解和接受，在生活中也时常会接触到有关方程的知识，基于五年级学生（尤其是我教的这班学生）好动，好奇心、求知欲强，爱模仿，希望得到老师的表扬但注意力容易分散，稳定性差的特点，本课设计了直观形象的情境来激发学生的兴趣，通过让学生自己看"图""说"法来理解方程的意义，通过生动形象的课件演示来调动学习的主动性和能动性，通过分层次的练习来巩固和拓展方程的意义。

【教学过程】

（一）激趣导入，提出核心问题

师：同学们，你们还记得幼儿园时的生活吗？

师：谁能说一说玩跷跷板时是怎样的情景？

生：当两边的距离相等时，重的一边会把轻的一边跷起来；两边的重量相等，跷跷板就平衡。

教师出示天平图片，引入30+20=50。

师：像30+20=50这样用等号连接的式子叫作等式（板书等式）。你能试着说出几个等式吗？

生：40+30=70，200+300=500。

教师边倾听边强调"互相等于"，并动作演示左边等于右边，右边等于左边。

师：今天，我将与同学们一起来学习方程。学好方程至关重要，所以，这节课非常重要，我相信大家会认真学习，积极投入的。

板书：方程。

师：看到我们今天的课题"方程"，你有哪些问题想问？

生1：方程是什么？

生2：方程是怎么来的？

生3：方程该怎么算？

生4：方程有什么性质？

师：想到方程怎样去算，怎样去解，真有眼光，这几个问题在以后的学习中再去解决。今天我们这节课重点要研究哪些问题呢？我们来梳理下。

师生进行问题梳理，板书"什么是方程"和"怎样列方程"这两个核心问题。

（评析：在建立方程概念，导入课题之间，安排认识等式，让学生实现由等式到方程的转变，通过动作的强调，让学生更加深刻地明白相等关系。）

（二）以书为本，探究核心问题

1. 看图说话，感悟方程的意义

师：刚才我们玩了跷跷板，请同学们想一想：你们在生活中见过与跷跷板相类似的物体吗？

生：天平。

师：是的，利用跷跷板的这种现象，科学家们设计出了天平。（课件出示托盘天平）

师：大家认识天平吗？知道怎么认天平吗？老师想考考大家，请看大屏幕（课件出示天平图，左边托盘为50克的砝码，右边托盘放100克的砝码）。

师：天平平衡吗？从这幅图你看懂了什么信息？

生：天平左右两边不平衡。

课件再动态演示左边天平加1个50克的砝码，天平两边平衡。

师：天平此时平衡了吗？从这幅图中你又能得到什么信息？

生：$50+50=100$。

学生说出等式后让学生说说相等的含义，教师请学生翻开书本P63。

师：刚才我们看到的就是书本P63的图1，同学们，在学习方程时，编写教材的老师特别编写了一组连环画，我们来看一看。它们是有关联的，接下来的四幅图就由大家自己来说说。

师：下面我们来看图2，这幅图让我们看懂了什么？（生答：称量这个水杯的重量）（课件配合演示：先出示一个托盘天平，然后再出示一个水杯）。我应该把水杯放在哪儿？（课件演示：把水杯放在左盘，而且天平左高右低）然后呢？（生答：在右盘放砝码）老师在右盘放了100克砝码，你发现了什么？（生答：天平平衡了）这说明了什么？（生答：一个杯子重100克）（师结合PPT演示引导学生去大胆说）

师：剩下的图3和图4让我们看懂了什么？那么一杯水重多少克呢？请同学

们仔细观察（课件演示往杯子里倒水），你发现了什么？（生：天平不平衡了）这说明了什么？（生：杯子和水的重量大于100克）如果老师要想称量这杯水的重量怎么办？（生：接着放砝码）请大家观察（课件演示又拿来100克放在右盘中），这时你发现了什么？（生：天平还是不平衡）哪边高？哪边低？这说明了什么？（生：杯子+水＞200克）你能用一个数学式子来表示这时候的情况吗？（生：$x+100>200$）（师板书）

师：如果想继续称量怎么办？（生：接着放砝码）好，请同学们接着仔细观察。（课件演示又拿来100克，放在右盘中）你发现了什么？（生：天平左高右低了）这说明了什么？（生：左边的杯子+水小于右边的300克），你能用一个式子来表示这种情况吗？（生：$x+100<300$）（师板书）

师：通过刚才两次称量，你发现了什么？（生：杯子和水的质量大于200克，小于300克）你能猜猜杯子和水的质量是多少吗？那么到底是多少呢？我们需要接着称量。谁能说一说应该怎样继续称量？（拿走100克，换上一个小一些的砝码）请同学们接着观察，你看见了什么？（课件演示：拿走100克，拿来50克）这时天平平衡说明了什么？（生：左右两边重量相等）你能用式子来表示天平的平衡情况吗？（生：$x+100=250$）

板书：平衡。

师：像$x+100=250$这样含有未知数的等式，我们把它叫作方程。

师：我们该给这个课题取个名字，引出课题：方程的意义。（板书课题）

师：假如隔壁班同学还没学方程，由你来告诉他们什么是方程，你会怎么讲？

生1：含有未知数的等式就是方程，方程就是一个等式。

生2：一定要含有未知数才行。

生3：不但要含有未知数，还一定要是等式，不是等式也不行，两个条件要同时满足。

让学生去体会说出方程的意义，并引导学生划分出帮助理解意义的重点字词，让学生同桌之间互相说说什么是方程。

师：像这样，依据未知数和已知数之间的等量关系建立起来的含有未知数的等式叫作方程。

（评析：本环节通过看图说话的形式，配合PPT演示，让学生在轻松愉悦的氛围中体验方程的意义，抓住了方程的本质，在已知数和未知数之间建立的一种等式关系。）

2. 明辨关系，深入理解方程的意义

师：同学们，刚才在认识方程时，我们写下了许多算式，大家都认识这些算式吗？

让学生去说说这些算式的名称，学生对于等式和方程应该都认识，大部分学生应该不认识不等式。

师：为了区别，请一位同学把黑板上所有的方程用一个大圈圈起来，谁来圈？再请一位同学用一个大圈把所有的等式圈起来。（生上台去完成）

师：看看这两个大圈，你觉得方程和等式有什么区别和联系？

生：方程一定是等式，等式不一定是方程。

师：对，所有的方程都是等式，但不是所有的等式都是方程。（黑板上板书）

师：那像$x+100<300$这样的算式我们该怎么称呼呢？

生：不相等的式子。

师：这个式子也是将已知数和未知数建立起一个关系。只不过这个式子是大小关系，不是相等关系，数学家们把它叫作不等式。

师：刚才我们区分了等式、不等式、方程三者的关系，接下来，我想让大家用自己的火眼金睛来判断下面这道题中哪些是方程？

课件出示：

（1）下面的式子中，哪些是方程？哪些不是方程？想一想为什么？

$35+65=100$ $x-14>72$

$y+24$ $5x+32=47$

$28<16+14$ $6（y+2）=42$

让学生明白要判断是不是方程必须具备：是等式，含有未知数两个条件。

（2）判断题。

① 含有未知数的等式是方程。   （   ）

② 含有未知数的式子是方程。   （   ）

③ 方程是等式，等式也是方程。   （   ）

④ $3x=0$是方程。   （   ）

⑤ $4x+20$含有未知数，所以它是方程。   （   ）

（评析：本环节通过引导学生对等式、方程、不等式进行比较辨析，不仅三者之间的关系得以明确，通过设计的两道概念辨析题让学生对方程的概念得到进一步强化。）

（三）联系生活，巩固和拓展核心问题

师：刚才我们通过天平认识了方程，那离开天平，是不是方程就不存在了呢？其实生活中存在许多这样的相等关系。下面老师提供几幅素材，同桌一起研究，看看这些生活中的情形怎么用方程表示。

1. 巩固题

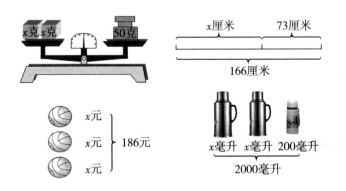

交流分享，让学生回答后解释隐藏的等量关系，解释方程的意义。

2. 提高题

（评析：这两道题需要学生逆向思维和自己假设未知数，对学生能力是一个大考验，通过学生的交流，进一步明晰方程的意义。）

（四）全课总结，回顾核心问题

师：通过今天这节课的学习，我们解决了哪些问题？

生1：什么是方程？

生2：怎样判断方程？

生3：怎样写方程？

生4：还学了不等式。

师：同学们不仅认识了方程，区别方程和等式之间的关系，而且能根据老师提供的生活中的信息，列出了那么多的方程，真了不起。在后面的学习中我们还会学到怎样解方程，怎样用方程来解决实际问题，在以后的学习中我们再慢慢学习吧。

（评析：通过对全课的总结，做到了前后呼应，同时又让学生明白了方程后面学习的重点，为接下来的学习埋下了伏笔，让学生带着问题继续学习。）

板书设计

方程的意义

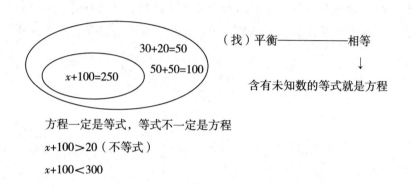

方程一定是等式，等式不一定是方程
$x+100>20$（不等式）
$x+100<300$

教后反思与评析

"方程的意义"这节课很多教师都上过，黄爱华老师也上过全国的公开课。对于概念课教学的把握非常考验一个教师的教学能力，把握不好，学生掌握不到位；课堂教师把控太到位，又很容易变成一言堂，学生只是被动接受知识，缺乏主动性。黄爱华老师执教的课例，善于引导学生认真去解读书本提供的几幅例图所包含的数学信息以及信息之间的联系，这一点做得很到位，非常值得我们一线教师去学习。我们要培养学生认真解读教材，读懂教材的能力。读懂编者意图，从教材中获取知识本身就是一名学生尤其是高年级学生应该具备的能力。因此，反思本节课，重点做到了以下几点。

1. 培养学生读懂教材的能力，放手让学生去说

方程的概念本来就很抽象，看似一句话的概念，学生真正理解起来其实很困难。在执教这节课时，先用学生童年时玩过的跷跷板游戏来引出数学中平衡和不平衡的认知，再引入学生并不陌生的天平，让学生进一步感知平衡，为方程概念的得出种下了记忆的种子。接下来，利用天平实验引导学生自主观察书上的几幅图画，培养学生大胆地去说所获信息的能力。在环环相扣的读图活动中，让学生轻松地理解方程的概念，打破传统的教师灌输式的方程导入。方程

意义的主动接受，为后面的深度学习提供了良好的开始。

2. 深挖知识理解，由感性认识上升到理性认识

接下来的教学，继续深挖方程意义的理解，避免知识停留在感性认识的层面上。通过进一步辨析方程意义，区分等式与不等式，并设计几道层次不同的巩固练习，让学生加深对方程意义的理解，并培养学生动手列方程的能力，真正做到让知识点由感性认识上升到理性认识。

本节课紧抓方程的意义进行教学，做到以学生主动获取数学知识为主，将复杂抽象的数学概念变得更为生动和形象，通过相应概念辨析，知识巩固，让感性认识升华为理性认识，真正做到了以生为本，主动接受，人人获得成功的体验。

亲历探究　科学建模

—— "分类与整理"教学实录

东莞松山湖中心小学　黄 帆

【学情分析】

一年级学生年龄小生活经验少，学习兴趣浓厚，思维活跃。教材将原来一年级上册将分类作为准备性知识单独安排了一个单元，新修订的教材为了体现分类与统计的关系，突出分类是整理和描述数据的基础，将分类与原一年级下册统一合编在一起。本单元要求学生在分类的基础上用自己的方式呈现整理的结果，不是正式的学习统计图和统计表，而是为以后学习统计图和统计表打下基础。学生经过了一学期的学习生活之后，对周围的一些实际现象或事物有了一些观察和思考的意识，他们强烈的好奇心和乐于观察、思维活跃的特性有利于更加深刻地理解本部分的教学内容。

【教学内容】

人教版《义务教育课程标准教科书·数学》一年级下册第27页。

【教学目标】

（1）使学生能够根据自己选定的标准进行分类，感受分类在生活中的作用，体验分类结果在不同标准下的多样性。经历完整的分类统计过程，会用简单的图或统计表的方式呈现分类的结果，并能根据数据提出简单的问题。

（2）在动手操作、观察中培养学生的观察能力、判断能力和语言表达能力。

（3）让学生体会数学与生活的联系，充分感受分类整理在生活中的作用。

【教学重点】

掌握分类方法，感知分类意义。

【教学难点】

体验分类标准的多样化，会自定标准对物体进行分类。

【教学过程】

（一）情境引入，感受分类的作用

师：今天，在我们的课堂上来了一位神秘的嘉宾，看，她是谁？（出示喜

羊羊的图片）

生：（齐答）喜羊羊。

师：嗯，快和她打个招呼吧！（Hello）看，你们真懂礼貌！喜羊羊在羊村开了一家文具店，快看！（出示喜羊羊文具店图片）同时，懒羊羊也开了一家文具店（出示懒羊羊文具店图片），如果你想买文具，你要去谁的文具店？

生1：我想去喜羊羊文具店购买文具。

师：为什么呢？说说你的理由。

生1：因为她文具店摆得很整齐，而懒羊羊的摆得很乱。

师：同意吗？（同意）唉，那谁来说说喜羊羊是怎么摆得这么整齐的啊？

生2：她把相同的东西摆在了一起。

师：你的观察真仔细，喜羊羊把同类物品都摆在了一起，像这样把同一类的东西摆在一起就叫作分类。（出示分类的含义）那这样摆有什么好处？

生3：这样摆，更方便我们拿东西。

师：嗯，你回答得真好！那你们见过生活中的分类现象吗？

生1：我见过垃圾分类。

师：你们见过吗？（见过）对，垃圾分类可以让我们的环境更加环保（出示垃圾分类的图片）。还有谁见过不同的分类现象？

生2：我去过超市，饮料放在一起，蔬菜放在一起。

师：你说得真好，超市里的东西都是分类摆放的，一起来看一下（出示超市分类的图片），这样我们取物品就更加方便了。看来，分类在生活中的作用可真大，今天我们就一起来学习"分类与整理"。

教师板书课题：分类与整理。

设计意图：创设贴近学生日常生活的问题情境，激发学生的学习兴趣。通过举例，感受分类在生活中的作用。

（二）动手操作，研究分类计数的方法

1. 提出问题，引发分类

师：在青青草原上，一群小朋友来游玩，瞧，他们手里都拿着什么？

生：气球。（生齐答）

师：对，这么多漂亮的气球，老师要想知道每种气球都有多少个，我该怎么办呢？

生：你要先分类，才能一个一个数出来。

师：我们应该怎么分呢？

2. 动手操作，自主与协同

学生亲历探究与合作，教师巡视，来到学生甲旁边。

师：你是怎么分的？

学生甲：我是按照颜色来分的，红的一类，蓝的一类，黄的一类。

师：有的同学和你的方法不一样哦。

学生甲看了一眼同桌，发现同桌把形状相同的分在一起，轻声交流起来。

学生甲：你怎么分的？

学生乙：我是按照形状来分的，圆形的分一类，糖葫芦形的分一类，心形的分一类。

学生甲：我发现你整理得一眼就能看出哪种气球多，哪种气球少。

学生乙：是的，我画的时候一个一个对齐，老师说是一一对应。

作品1

学生甲看看前面的同学，发现前面的同学方法又不一样，主动请教。

学生甲：你怎么分？

学生丙：我把大的分一类，小的分一类。

……

学生甲转身看到后面的同学不知道怎么做，于是主动当起了"小老师"，耐心地给学生丁讲解。

设计意图：为学生创设自主探究与合作学习的空间，让学生用自己的方式完成分类计数，体验分类统计的过程，初步感受不同的分类标准，分类的结果不一样，同时渗透一一对应的思想。

3. 尝试整理，引发思考

师：老师看到你们整理得特别好，我找到一个同学的作品（作品1），咱们先请他给大家介绍一下他整理的结果。

生：我把圆形的气球放一堆，有5个，糖葫芦形的放一堆有3个，心形的气球放一堆有4个。

师：我发现还有些同学的整理和他有些不一样，给你们看一看。刚才的同学是把这些气球分成一堆一堆的，你为什么要把它们分成一排一排的呀？

生：因为一堆一堆的好像不容易去数，所以我摆成一排一排的，就方便看到它到底有多少个了。

师：你们能一眼看出来谁最多谁最少吗？

生：圆形的最多，糖葫芦形的最少。

师：你怎么看出来的？我还没来得及数呢，你就看出来啦。

生：因为星形的比糖葫芦形的多一个，圆形的比心形的多一个，所以圆形的最多。

师：唉，那不用数是吗？为什么不用数啊？你们怎么就一眼看出来了？那你来说。

生：可以在下面画一条线，看谁最长，谁最短。

师：听懂了，不用数，看长短就行，是不是？唉，我也有一个作品，你们看啊（出示作品2），我这作品一摆出来，就发现了，这两边一样长，那它们同样多吗？

生：不一样多。

师：明明是一样长的啊，怎么不同样多呢？

生：因为糖葫芦形的气球长一点，这样摆起来就长一点。

生：我是用一个对着一个看的，一个心形的气球对着一个糖葫芦形的气球，这样一个对着一个。

师：老师要想让别人一眼看出谁多谁少，是不是也要把它调整一下。（师调整作品2，使其一一对应）现在你能不能看出来谁多谁少？

生：能。

师：好了，为了让我们的图更加清晰，我还要给它补上一些内容，我要在图上画一条线，告诉大家我是从这儿开始数的，然后，在底下做个标记，我的第一列都是圆形的，第二列都是糖葫芦形的，第三列都是心形的，这下是不是一眼就看出来我画的是什么意思了？（师边说边绘图）

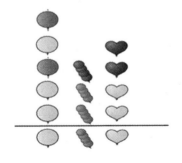

师：还有好多同学有很多创意的作品呢！现在咱们也把他们的作品拿出来给大家展示一下。（展示学生作品）

师：这些作品都有一个共同的特点，你们发现了吗？

生：都是用数来记录个数的。

师：刚才我们用图记录了整理的结果，这一次用数也能记录我们整理的结果，我们就来看看这幅作品吧。我们先横着看，我给它画上一条线，唉，你们看上面这一行都记着什么。（图形）嗯，图形，我们也可以说是形状。下面这一行记着什么？（数量）我们说它是个数。

板书：个数。

师：横着看完这张表，我们这次再竖着看看，你看通过第一列，你能知道圆形的气球有几个吗？（5个，师边说边画上线）第二列你又知道了什么？（心形的气球有4个）第三列表示什么？（糖葫芦形的气球有3个）

形状	🎈	❤	🥒
个数	5个	4个	3个

师：你们看，通过老师给它们画上一些线，你发现它特别像什么。

生：特别像一张表格。

师：数学上叫作统计表。

设计意图：以图文结合为切入点，引出象形统计图和简单的统计表，让学生初步体验统计图和统计表的形成过程，感受用统计图和统计表记录分类结果的优势。

4. 变式练习，强化标准

师：唉，老师突然发现，我有一个气球忘记放进去了，快帮我出出主意，这个气球应该放在哪儿？（教师出示一个绿色的糖葫芦形的气球）

生：应该放在糖葫芦形的那里头。

师：是吗？可是我这是绿色，这儿都没有绿颜色的呀，能放这吗？

生：能。

师：怎么也能啊？你接着说。

生：因为它们都是糖葫芦形的，我们是按照形状进行分类的，而不是按照颜色分类的，所以应该和糖葫芦形的放在一起。

师：真好，我们分类是按照形状来分的，是不是啊？不管什么颜色的，只要是这种形状的就得放这儿，是吗？

97

生：对。

师：图的问题解决了，这张表应该怎么改变呢？现在糖葫芦形的增加了一个，这个表怎么办呀？

生：把糖葫芦形底下的3个改成4个。

师：是不是这样，好，听你们的，把3个改成4个，现在行了吗？（教师边说边在表上更改数字）

师：我这儿还有一个气球，这是什么形状？（教师出示一个兔子形状的气球）怎么办？放这儿？放这儿？这儿？都不行，那放哪儿？

生：应该重新放一列。

师：为什么呀？

生：因为上面都没有兔子形状的，放哪儿都不行。

师：嗯，说得真好，行，那我给它另外放一列。（教师将兔子形的重新放一列）那我也要在这下面画一个兔子的标志。（教师在图中横线下画一个兔子的标志）图的问题解决了，那表怎么变？

生：在表上画一个兔子形，然后在下面写上1个就行了。

师：你们看，我都是增加了一个气球，为什么你们一会儿变一个数，一会儿又增加了一列啊？

生：因为它们的形状都不一样。

师：那为什么这一个你就改一个数字，而这个兔子形的你又增加了一列呢？

生：因为糖葫芦形的多了一个，而兔子形的原来没有，所以要另外加一列。

师：同学们，你看你们多棒啊，不仅把这些气球进行了分类，而且还把它们整理成图或者表。比较这些不同的记录方式，你喜欢哪种方式？为什么？

生：我喜欢整理成图，因为这样看起来更清楚。

生：我喜欢整理成表，因为直接可以看出哪种气球有多少个。

师：图可以更直观、形象，表可以让我们更清楚每种气球的个数。现在看着我们整理的结果，老师想提一个数学问题，请大家帮我解答。（心形的气球和糖葫芦形的气球一共有多少个？）

生：一共有8个，因为4+4=8。

师：谁还能像老师一样提出数学问题？

生：圆形的气球比心形的气球多几个？

生：糖葫芦形的气球比圆形的气球少几个？

……

师：你们真棒，可以根据我们整理的结果提出许多数学问题。看来，我们在给物品进行分类时，通常应先分一分，再数一数，并用图或者表记录分类的结果，方便我们观察和比较。

设计意图：以"考考你"的形式进一步探究分类标准，让学生学会如何用图和表记录分类结果，并能根据表格中的结果提出相关的数学问题。

（三）巩固练习，解决问题

1. 买票问题

师：春天是出游的季节，看，老师这里有同学们及家长们去游乐园游玩的图片，咱们一起去看一看。（出示主题图）到了游乐园门口，我就发现来了好多人，你能给这些人分分类吗？

生1：可以按照男女来分类。

生2：可以按大人和小孩来分类。

生3：还可以按照左和右来分类。

......

2. 更衣问题

师：我看出来了，你们有好多的分类方法，那老师就要带着大家进游乐园了，你们看第一站到哪儿了？（出示售票处主题图）要进快乐城堡了，可是到了售票处我就想，你们那么多分类标准，这会儿我应该选哪个呢？

生：按大人和小孩分类。

师：你为什么按大人和小孩进行分类啊？

生：因为大人和小孩的门票价格不同，这样方便我们买票。

师：真好，那我们继续往下走，到哪儿了？（出示嬉水乐园主题图）这一次选择哪个标准更好呢？

生：选择男和女进行分类。

师：你们怎么不选大人和小孩分类了？

生：因为现在要到更衣室里去换衣服了。

师：看来，虽然给这些人分类的标准有很多，可是，根据具体情况我们要选择适合我们的标准来进行分类。你们帮助老师解决了两个难题，可是新的问题又来了。你们看，都是给这些人分类，可是你们怎么两次分类的结果不一样呢？

生：因为第一次是按照大人和小孩分类的，第二次是按照男和女分类的。

生：分类的标准不同。

师：嗯，标准不同，所以我们分的结果也不同。（师贴出板书）唉，标准不同，结果不同，但是有什么是没有改变的？

生：他们总共的人数是没有变的。因为8+4=12（人），6+6也等于12人。

师：好了，同学们，今天咱们不仅一起学会了把一些东西进行分类，而且还能把分类的结果进行整理，整理成图或者表，还知道了分类的标准不同，结果也就不同。

设计意图：让学生自选标准分类计数，再次体验不同标准下分类结果的多样性，初步体验在生活中如何根据具体的需要选择合适的标准进行分类。

（四）畅谈收获，引发共鸣

师：通过这节课的学习，你有哪些收获和大家分享？

生：我明白了什么叫标准，我非常开心。

生：我学会了分类与整理。

生：我知道了分类与整理都要有一个过程。

……

师：同学们，这一节课，你们不仅经历了分类与整理的过程，还把你们分类的结果整理成图或者表，大家还发现了分类的标准不同，结果也不同，以后在生活中，你们经常会遇到这样的问题，希望你们能用今天的知识去解决问题。

设计意图：在畅谈收获中，让学生再次回顾所学的知识，巩固分类与整理的方法，进一步体会分类与整理在生活中的重要作用。

贰 教学反思

"分类与整理"是人教版一年级下册第三单元的内容，这是新教材融合"分类"与"统计"的一节新课，主要是让学生体验、探究按照不同的标准或选择某个标准（形状、颜色等）对物体进行比较、分类和排列；在比较、分类、排列的活动中科学建模，从而发现分类结果在同一标准下的一致性，不同标准下的多样性。同时能根据具体的情境选择合适的标准进行分类，体验分类标准不同，分类的结果也不同。学生经历简单的数据整理过程，能够用自己的方式（文字、图标）呈现分类结果，对数据进行简单的分析，并能根据数据提出简单的数学问题。

1. 重视体验，引发学生探究欲望

在新授课部分，首先通过气球图，激发学生对本节课的兴趣。再通过说一说和动手操作，让学生用自己的方式完成对气球的分类计数，并经过简单统计表的生成过程，体验探究分类统计的过程，从而建模（单一标准下，表示形式不同，分类结果不同）。学生学会用图和表的形式来呈现自己分类的结果，初步形成象形统计图和认识统计表。

接着通过去游乐园游玩的情景图，把人进行分类，在亲历说一说的过程中让学生明白分类方法和标准的多样化，从而建模：在生活中要根据具体的情况选择合适的标准进行分类。再通过做一做，让学生自选标准分类计数，让学生再次体验不同标准下分类结果的多样性。

最后再通过练习进一步巩固分类计数的方法，学以致用，让学生学会用图和表格的形式记录分类整理的结果，体验、感受分类标准的多样性。

2. 主动探究，协同学习促建模

如何给气球分类的环节教师给予学生很大的学习空间。以学生甲为例，他开始按照颜色来分，红的一类，蓝的一类，黄的一类。后来学生甲看了一眼同桌的分类，发现同桌把形状相同的分在一起，开始轻声交流起来。

学生甲看看前面的同学，发现前面的同学方法又不一样，主动请教。

学生甲转身看到后面的同学不知道怎么做，于是主动当起了"小老师"，耐心地给学生丁讲解。

学生在协同学习的过程中，有思维碰撞，从而感悟不同标准下分类结果的多样性。

反思整节课，还有很多地方需要提升：

（1）对于一年级学生的学情把握不到位，学生第一次接触分类与整理，对方法的掌握和理解还不是很到位。

（2）在教学象形统计图时没有着重强调它的画法，导致学生最后在做练习七第2题的时候，有部分学生是从上往下画的。

（3）对各环节知识间的衔接和过渡不是很自然，抛出的问题指向性不是很明确。

参考文献

［1］高海兵.浅谈如何在小学数学教学中渗透数学思想方法［J］.数学学习与研究，2014（12）：53.

［2］王国强.小学数学统计与概率教学的思考［J］.文理导航，2012（6）：30-33.

探究中发现　思辨中深化

——"找规律"课堂实录

东莞市寮步镇中大附校　麦莲清

【教学内容】

人教版《义务教育教科书·数学》一年级下册第85页。

【教材分析及学情分析】

"找规律"是数学课程标准中"数与代数"领域内容的一部分，有关探索规律的内容是新编实验教材新增设的内容之一，也是数学课程教材改革的一个新变化。所谓找规律，是根据已经观察到的，一类事物的部分对象在排列上具有的某种特点或属性。而发现规律的"核心"有助于学生开始意识到规律，有些规律的"核心"是重复的。学生学习本节内容时，一定要仔细观察，认真分析，掌握每组图形的变化规律，并总结出：最简单的图形主要是形状和颜色的变化。培养初步的观察、推理能力，发现和欣赏数学的美。

【设计理念】

设计贴近生活且具有趣味性的活动，让学生在趣味中欣赏、观察、猜想、验证，在美的感受中学习有趣的数学，更好地达成学习目标。

【教学目标】

（1）使学生通过观察、实验、猜测、推理等活动发现事物中简单的排列规律。

（2）培养学生初步的观察能力、分析能力和推理能力。

（3）培养学生探索数学问题的兴趣，以及发现和欣赏数学规律美的意识。

【教学重点】

引导学生发现最简单的图形变化规律。

【教学难点】

引导学生从颜色、形状两方面发现规律。

【教学准备】

卡纸、各色圆片、胶水或双面胶、磁贴、多媒体课件。

【教学过程】

（一）游戏中感知规律

师：同学们，你们喜欢看变魔术吗？老师给大家带来魔术表演，猜对有奖。依次从魔术箱出示一个绿球一个红球，让学生猜测下一组什么颜色。

生1：绿红绿红绿红……

生2：绿红绿绿绿红……

师：奇怪，怎么回事呢？为什么同学们猜的都不一样呢？

生3：因为生2猜得是乱的，生1猜得是对的。

师：对！原来规律里藏着秘密呢。这节课咱们就一起来探索有趣的规律。

板书课题：找规律。

（评析：根据一年级学生好动、注意力容易分散的年龄特点，通过变魔术的方式很快地将学生引入课堂教学中，使学生进入学习状态，在轻松又神秘的"变魔术"游戏中，巧妙安排"陷阱"，让学生的思维关注点集中在"为什么生1的一猜一个准，而生2的却不容易猜"，通过"有规律"和"无规律"的比较，感知规律的存在。）

（二）探究中发现规律

1. 创设情境

师：同学们最喜欢什么节日呢？

生1：六一儿童节。

师：过六一儿童节的时候，同学们打算庆祝一下，开个联欢会。你们看他们布置的教室多漂亮啊！他们是采用什么方法来布置的？让我们一起来看看吧。

2. 出示主题图

黄红　　　黄红　　　黄红　　　循环出现

师：仔细观察，说说你看到了什么？你还从中发现了什么？

生1：我发现有灯笼、彩花，小朋友们在跳舞……

生2：小朋友手拉手在跳舞，有彩花、彩旗、灯笼。

师：你们真聪明，这些彩花、彩旗、灯笼都是胡乱放的吗？你能找出它们的规律吗？

师：下面我们来找找彩旗排列的规律。（出示彩旗图略）

师：请仔细观察，猜猜最后一面小旗会是什么颜色？

生1：是红旗。（多名学生）

师：都猜是红旗，看看对不对。（课件演示最后一面是红旗）

师：说得真好！彩旗的排列规律是按黄红为一组重复排列的（边说课件边演示将黄红圈在一起）。谁来说一下？（生1、生2来说）

师：说得不错。下面请同学们同桌两个人互相说说，看哪组说得最好。我们一起来说说彩旗的排列规律（师生齐说）。

师：谁来猜一猜最后这面彩旗会是什么颜色？

生1：这面彩旗是红色的。

师：你猜得真准，你是怎么知道的？

生1：因为彩旗是按照黄色、红色这样的顺序一直排下去的，所以黄旗的后面一定是红旗。

师：一起读一读，让别人一听就明白哪些是一组的。

生：黄红/黄红/黄红/……

师：这个方法好！读完一组，停顿一下，再读。

师：彩旗的规律我们已经找到了，那么灯笼又是怎样摆放的呢？

[评析：规律就是在变化之中存在着某种不变的属性。而"以（　　）一组，重复出现"就是变化过程中隐藏着的不变。人教版教学用书对"规律"有这样一段描述："一般来说，一组事物一次不断重复的排列，至少重复出现3组，就是有规律的排列。"虽然这不是严格意义上的定义，但它指明了数学中规律的呈现应具备的两个特征："依次不断重复"和"至少重复3组。"]

3. 出示灯笼图

师：观察灯笼的排列规律，你能说说下一盏灯笼的颜色吗？

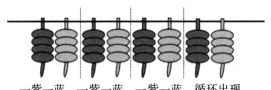

一紫一蓝　一紫一蓝　一紫一蓝　循环出现

生1：灯笼的排列规律是以一紫一蓝为一组循环出现的。

生2：灯笼是按一紫一蓝为一组，一直摆下去的，所以下一盏灯笼的颜色是紫色的。

学生圈出重复的一组。

师：真了不起！把掌声送给他！

4. 汇报跳舞的同学排列的规律

生1：同学们是按照男生、女生、男生、女生的顺序重复排列的。

生2：同学们是按照女生、男生、女生、男生的顺序排列的。

生3：同学们是按男生、女生这样的顺序一直排下去的，所以接下来应该是男生，下一个同学是女生。

师：你真是火眼金睛！老师奖励你一朵小红花，圈出重复的一组。请你们再仔细瞧一瞧，还有规律吗？

5. 总结归纳

学生善于观察，也善于总结！

板书：一组事物、重复、出现、至少三次。

（三）巩固中应用规律

第一关：智慧厅

师：猜一猜，接下来是谁？（出示课件）

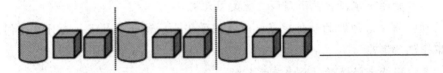

生1：三角形。

生2：正方形。

生3：正方体。

生4：圆柱体。

师：哗，生4的小眼睛真亮，能找到它们的规律。

师总结：通过对比，让学生体会到规律既可以是单层的，也可以是多层的，既可以是2个2个一组的，也可以是3个3个一组的，体会规律的多样化。

第二关：操作厅（小小设计师）

师：请同学们涂出有规律的图形，看谁的最有创意。

生：好。

师：看哪个小组创造出来的规律最有创意。（展示作品，成果分享）

按规律涂色

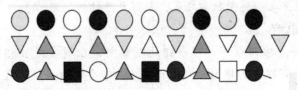

学生按规律涂上颜色并分享给同学。

师：大家看，就是这么简单的几个图形，你们就能创造、设计出这么多不同的规律，你们真了不起，个个都是小小设计师。

（评析：先让学生做"涂一涂""摆一摆"的练习，加强学生对规律的体验和感知，意在让学生意识到生活离不开数学，数学是有用的，既有利于培养学生的数学意识，又体现"学生活中的数学、学有用的数学"的新理念。）

第三关：表演厅

间休：播放视频《找朋友》，活跃一下气氛，并从唱歌中找到规律。

师：请同学们做出有规律的动作。

跟着老师做。（教师示范做一串有规律的拍手动作，让学生学一学，并能接着往下做）

师：拍掌X XX X XX X XX X XX□ ……

师：拍两下掌，拍两下肩膀。重复做几遍。

师：刚才老师做的动作很多，可是同学们看一遍就记住了，为什么你们能一下子记住了？

生：因为老师做的动作是有规律的。

师：你说得真好。

生1：拍掌X XX X XX X XX X XX□ ……

生2：拍两下掌，拍两下肩膀。重复做几遍。

第四关：电影厅（联系生活，寻找规律）

师：在生活中，你见过哪些有规律的事物？

生1：我衣服上的花纹。

生2：马路上的斑马线。

生3：地板上的瓷砖。

师：生活中还有许多有规律的事物，老师这里也有几幅图片，同学们想看吗？有规律的事物常给人一种美的感觉，让我们一起来欣赏规律的美吧。课件出示图片。（一边播放，一边分析让学生欣赏）

（评析：学生能够找出身边有规律的图片，和欣赏日常生活中类似的规律，使学生从规律之美感受数学之美，获得灵活性的思维。）

（四）课堂总结

师：像这样，按照顺序一组一组地不断重复出现（或按相同顺序重复出现）的排列就是有规律的排列。能发现规律中重复的部分（一组）是找规律的关键，它能帮助我们很好地理解和把握规律。只要同学们留心观察，一定会发现更多的规律，也一定会设计出更多有规律的作品，使我们的生活变得更加多姿多彩。

板书设计

找规律

一黄一红　　一黄一红　　一黄一红　　重复出现

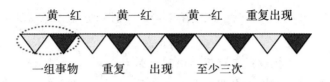

一组事物　　重复　　出现　　至少三次

全课评析

　　《义务教育数学课程标准》中指出："有效的数学学习活动不能单纯地依赖记忆与模仿,动手实践、自主探索与合作交流是学生学习数学的重要方式。"课前我利用学生对变魔术的活动产生兴趣引入,让学生在思辨中思维产生碰撞,增强了学生成功的情感体验。

　　新授部分,利用学生最喜欢的节日进入教学,联欢会场的布置让学生在探索规律的过程中,先自己提出猜想,然后实验验证。学生通过自己的方式验证自己猜想是正确时的成功感可以想象。苏霍姆林斯基曾经说过:"在人的心灵深处,都有种根深蒂固的需要。这就是希望感到自己是个发现者、研究者、探索者,而在儿童的精神世界中,这种需要则特别强烈。"学生在探索中享受成功的乐趣,体验到数学思考的价值,感受到数学思维的快乐与力量!

　　巩固部分,进行了多样的活动方式,加深学生对规律的感知,培养了学生运用数学思维探索问题、解决问题的能力,让学生经历了由具体到抽象,由特殊到一般的探索过程,学生在层层深入的数学探究活动中实现了数学知识的主动建构,获得了探索规律、建构新知、运用新知解决问题的能力。

参考文献

[1] 沈重予,于曦晖.苏教版小学数学教材中的"探索规律"[J].小学数学教育,2016(18):3-8.

[2] 樊世花.探索性学习在阅读教学中的运用[J].新课程(教育学术),2010(4):183.

且推且理　感悟思想

——"数学广角——推理"教学实录

执教：东莞市南城阳光第六小学　毛　媛
评析：东莞市大岭山镇第二小学　程　卫

【学情分析】

推理过程是一种思维活动，教材为了让学生更好地理解逻辑推理，由浅入深地设计了一些教学活动，如例1设计了猜不同学生分别拿的是什么书的活动，例2是类似于数独"九宫格"的填数游戏。通过这些活动，使学生初步理解逻辑推理的含义，即推理就是我们从已知条件（判断）获得一个结论（一个新的判断）的（逻辑）过程。

（1）本课的知识学生在二年级下学期"数学广角"的学习中已初步接触过，而本例题需要学生通过观察、分析、尝试、调整等活动，利用推理去解决一些简单的游戏中的数学问题，从而经历稍复杂的推理过程，学会按一定的方法进行推理，进一步体验推理的作用。

（2）二年级学生的推理能力还较为有限，因此在教学中为突出一般的思考过程，由易而难地设置游戏活动，让学生体会用推理解决问题的一般思路。

（3）二年级学生对于游戏还是比较感兴趣的，因此本课围绕不同难度的游戏，让学生在逐步赢得每个游戏的胜利的过程中获得知识，感受到推理的重要性。

【教学内容】

人教版《义务教育课程标准教科书·数学》二年级下册第109页。

【教学目标】

（1）通过观察、猜测等活动，让学生借助生活中简单的时间初步理解逻辑推理的含义，并能按照一定方式整理信息，进行推理；经历简单推理的过程，初步获得一些简单推理的经验。

（2）通过游戏，让学生用推理解决一些简单的数学问题，使学生感受推理的作用，初步培养学生有序地、全面地思考问题的意识。

（3）通过观察、猜测、解决问题等活动，培养学生初步的观察、分析、推理和解决问题的能力，以及有条理地阐述自己推理过程的数学表达能力。

【教学重点】

感受数学在日常生活中的广泛应用，尝试用有序的逻辑推理方法来解决生活中的问题。

【教学难点】

培养学生的逻辑思维能力，让学生体会推理能力的重要性。

【教学过程】

（一）游戏激趣，引入课题

师：上课前，老师先考考同学们，看看经过两年的学习，你们数学学得怎么样？（分别出示数字1、2、3、4）你认识它们吗？

师：有同学说太简单了，那老师就用这四个数字和大家一起玩个游戏，敢接受我的挑战吗？

PPT出示要求：在4个方格中，每行每列都有1～4这四个数字，并且每个数在每行每列都只出现一次。A应该是几？

师：明白游戏要求了吗？那试一试，看谁的反应最快。

PPT出示：

1	A	3	2

师：请说说理由。

生：在这里已经有了1、3、2了，所以A是4。

师：正如你所说，像1、A、3、2这样横着排列的，称之为"行"。在行中已经出现了1、2、3，那么A的结果是唯一的，就是4。

板书：行中出现了____、____、____，所以A就是____。

师：试着用这样的话，和你的同桌说一说，你是怎样知道A是几的。

同桌小声说一说。

师：那再试试？

PPT出示（右图）：

4
2
3
A

生1：这里出现了4、2、3，A是1。

生2：这一列中出现了2、3、4，所以A是1。

师：反应真快，还能把理由说得很清楚。像4、2、3、A这样竖着排列的，称之为"列"。在列中已经出现了2、3、4，那么A的结果是唯一的，只能是1。

板书：列。

师：看来当行或者列中已经出现了3个不同的数时，我们就能确定A是几了。

师：今天我们就和1、2、3、4一起来玩玩这个游戏——破译密码。

板书：破译密码。

（评析：对于二年级的学生而言，数独游戏的难点是对题意的理解。所以本环节的设计期待达到两个目的：一是帮助学生正确理解题意，初步感知数独的推理方法；二是通过话语系统的适当培养，让学生能用简单清晰的语言模式表达自己的推理思维。）

（二）初步体验，感知推理

1. 小试牛刀，初步体会推理

师：刚才的挑战太简单，来一个难一点的。

4		A	3

学生不自觉地小声讨论了起来。

师：（面有难色）能确定A是几吗？

生1：我是这样想的，如果小方框是2，那A就是1；如果小方框是1，那A就是2。

生2：我也觉得A可能是1，也可能是2。

师：老师觉得你用的这个词真好，"可能"意思是什么？

生：就是我不能确定。因为这一行里只出现了4、3两个数，那A有两种可能，是1或者是2。

师（做恍然大悟的样子）：原来行中只出现了2个数，就不能确定A是几了，所以A可能是1或者是2。

师：再看。

师：那现在老师变个魔术帮帮你，仔细看。

PPT出示：该行和该列同时移动，并交叉在一起。

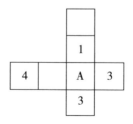

师：现在你能确定A是几了吗？先和你的同桌说一说你是怎么想的。

有些学生一筹莫展，有些已经打开了话匣子，指着大屏幕说个不停。

师：谁来说说你的想法？

生1：行里出现了3、4，那A可能是1、2，但我不知道A到底是几。

生2：（等不及就站了起来）对呀，再看列嘛，列里又有了1，所以A只能是2。

生3：就是说，这一行和这一列一起看，出现了1、3、4，那A就只能是2了。

生4：因为A在这行，又在这列，所以我们先看行和列中有了哪几个数字，就知道A是几了。

师：你们的回答可真精彩。我发现你们都是先去观察行和列中已经出现的数字，再去推理A是几。

板书：行和列。

师：再说说你们都先观察了什么？

生：行和列中出现了1、3、4。

师：所以你们推理出A是……

生：2。（学生成就感满满，喜形于色）

师：还想试试吗？

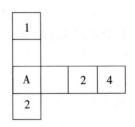

生：行和列中已经出现了1、2、4，所以A就是3。

（评析：A处于一行一列的交点位置，那么它就扮演了两个身份，这个环节就是清晰地让学生感知到数独推理中至关重要的环节，那就是要通过十字交叉点的行列中出现的数字进行推理排除。将复杂的数独拆分成独立的十字格，给二年级的学生有效地降低了思维的难度，同时明晰了思考的方式和角度。）

2. 大显身手，深化理解推理

师：入门级的密码已经被我们破译出来了，方法也找到了，现在试试更难一点的。

	2	
2		3
1	A	4
	4	

师：破译密码的要求相同，和同桌一起动脑筋想一想A是几。

同桌们先小声地交流了30秒。

生1：A那一行出现了1、4，那一列有了2，所以A就是3。

生2：我是组合起来看的，A的行和列已经出现了1、2、4，所以A就是3。

生3（提问）：可是这里面也有3了，为什么A还是3呢？

生4：那个3都不在A那一行和列里面，和A是没有关系的。

师：你的意思是这个"行、列"还不能随意看，要怎样看呢？

生5着急地走上讲台，在大屏幕上指了起来。

师：看来，要想破译A，还得要看A所在的那一行和那一列。

板书：A所在的行和列。

师：通过刚才这几次破译密码，我发现，你们观察和推理的时候都有一个共同点，就是先观察A所在行和列里出现的数字，再推理出A是几。

小结：破译密码的方法是，看看行，看看列；排除三数找出来。

（评析：让学生通过双行双列的简化数独格，在理解题目意思的情况下，深入感受如何正确观察众多数据中的有效数据，然后运用逻辑推理思想解决此类问题，培养学生思考问题过程中的逻辑推理意识。）

（三）探索新知，运用推理

1. 明确题意，自主探索

师：高级密码破译，和你的同桌说一说A、B分别是几？

PPT出示：

3	2		
A		B	2
		3	
1			

师：同桌相互说一说。

生1：我想了好久，都不知道B是几，因为B所在的行和列中只出现了2和3，所以我不知道B是几？

生2：那A是几呢？

生3：A所在的行和列出现了1、2、3，所以A是4。

生4：知道了A是4之后，那么B所在的行和列中就出现了2、3、4，所以B就是1。

师：听明白了吗？谁还能说一说自己的想法？

生：我是先看A和B，哪个字母所在的行和列出现了3个数，就好像现在这道题，A所在的行有2，列有1、3，那么A就只能是4；然后再看B所在的行出现了2、4，列出现了3，那么B就只能是1了。

师：老师注意到你用了一个关联词"先""再"，看来破译密码时，还需要根据密码所在行和列已经出现的数字，来确定破译密码的顺序。

师：你们都是这样想的吗？再快速和同桌说说你的想法吧！

（评析：利用例题教学，再次深入感知逻辑推理思想解决此类问题的具体步骤，并增加了对于数独"突破点"的选择思考，使学生初步体会破译数独时的有序思想。）

2. 应用提升

师：真了不起，高级密码都难不倒你们，再来一个。A和B分别是几？

	3		
		B	1
	2		
4	A	2	

师：遇到困难不着急，和同桌商量一下，集体的智慧肯定能战胜难题。

师：谁来说说你们的想法？

生1：A所在的行和列中已经出现了2、3、4，所以A就是1。可是B所在的行和列还只出现了1、2，还是不知道B是几？

生2：我发现A是1的时候，那A这一列的空格就肯定是4，这样的话，B所在的行和列已经出现了1、2、4，那么B就确定是3。

生3：我觉得有时候想破译密码，还需要找其他空白格子来帮忙。

生4：我觉得只要会观察，不管是哪个格子，都能推理出它是几。

师：那大家试着填出其他方格里的数。拿出书本翻开110页下方的做一做，试着自己推理出其他方格里的数。

（评析：利用书本上的做一做，使学生在完全掌握了观察推理的方法之后，深化数独解题中的有序思想。）

3. 深化拓展

师：同学们，看来数字已经难不倒大家了，那老师准备了一个颜色题，题目要求是在每行每列中只出现红、黄、蓝、绿四个颜色，并且每个颜色在每行每列中只出现一次，你能运用今天所学的知识把这些空格都填出来吗？

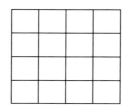

师：不论是数字还是色块，只要你们学会了观察和推理的方法，懂得有序地思考，就难不倒我们聪明的同学们了！

（评析：将数独拓展成补充色块，虽然观察的方法和推理的思路都与数独是完全相同的，但对于二年级的学生来说，却在思维的跳跃性和完整性上有了更加高的要求，也进一步深化了推理的思维过程。）

（四）回顾小结，提升认识

师：同学们，这节课我们进行了有趣的密码破译的推理游戏，其实这样的游戏在数学中叫作"数独"。数独的形式有很多种，如我们今天学习的4乘4的（图1），也有比这更复杂的6乘6的（图2），而在我们的生活中最具挑战性的、大人都喜欢玩的就是9乘9的数独（图3），它不仅要求每一行和每一列1~9不许重复，也要求每一个九宫格里的9个数字不许重复，这需要同学们有更强的观察能力和逻辑推理能力。咱们班有很多同学已经会做一些简单的了，有兴趣的同学可以在课下利用今天学习的方法，去试着推理书本112页的第7题，也许这个最高难度的密码游戏，会被你轻松破译。这节课就上到这里，下课！

板书：数独观察推理。

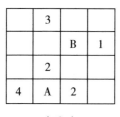

（图1）

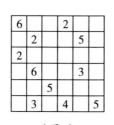

（图2）

（图3）

（评析：在回顾小结中，让学生再次回顾所学的知识，巩固梳理所学的方法，开阔眼界，进一步体会推理思想。）

📝 **板书设计**

破译密码——数独

	3		
		B	1
	2		
4	A	2	

观察

推理

📑 **全课评析**

郑毓信教授指出，数学基本思想的形成是长期过程，并且是一个潜移默化的过程。作为不同于理论知识的数学思想方法，不同认知特点的学生理解上时有模糊，也有深浅不同的认识，教师对数学思想方法的教学要有一个原则，即只能是循序渐进、螺旋上升式的，要善于抓住时机引导、点拨、强化。那么，如何在数独课例上充分调动学生的已有认知，并兼顾学生推理能力的差异，形成较为完整的推理思路，成为本课教学设计的一大难点。纵观全课，执教教师为真正实现学生对推理思想方法的深入感知，在设计课例时做到了以下两点。

1. 层层递进，丝丝入扣

在执教过程中，教师没有直接抛出例题让学生讨论说理，而是通过由简入繁的流程，让学生由易而难地习得方法，建立推理雏形。通过学生从稚气表述到建立模型化表述中，学生在不断深入地推理、说理的过程中，逐步深入地感知推理。教师一步步带学生进入未知区域，探索推理方法，形成推理的思维模式，每一步看似教师设定，却是遵循学情，充分贴近学生发展区域，逐步得出最优化设计，丝丝入扣，让学生不"推"而自能"理"。

2. 课堂留白，思维自生

语言是思维的外壳，而说理是推理的前奏。对于二年级学生，推理是虚无缥缈的名词，但是侦探游戏是熟悉的生活情境，在学生喜欢的情境中，学生想说、爱说、乐说。课堂上，留出大量空白，通过问题引发生生互质、呼应的语言，思维在不知不觉中生长，看似教者无意，实则是精心预设，用心至深。

数学思想方法是解决数学问题的灵魂，是形成数学能力、数学意识的桥梁，是灵活运用数学知识、技能的关键。本课由易到难，围绕"推理"，不断深入，使得学生在循序渐进的过程中自然习得方法、衍生思想。得思想者，方知方法；得方法者，方知晓理。

夯实基础　发展思维

——"旋转"教学实录

东莞市大岭山镇第二小学　程　卫

【学情分析】

五年级的学生已经学习了平移运动，对于运动图形的运动方式和做图已经有了一定的经验积累。在生活中，学生已经有相关旋转知识的积累和认知，只是对在空间上的旋转的描述，没有系统的学习。学生头脑中移动和转动概念相对来说存在较大问题，特别是在区分局部旋转的时候，容易与平移混淆。本节课中旋转三要素是学生学习的要点，需要学生通过自身对旋转的认知进行辨别，形成系统性知识结构，让学生通过直观感知后形成表象让学生依托空间观念教学的内容，通过逐步抽象，形成旋转的概念、符号化旋转的认知。

【教学内容】

人教版五年级下册第五单元图形的运动（三）P83～84例1、例3。

【教学目标】

（1）进一步认识图形的旋转，明确含义，感悟其特征及性质。能够运用数学语言清楚地描述旋转运动的过程。

（2）经历观察实例、操作想象、语言描述等活动，积累几何活动经验，发展空间观念。

（3）欣赏图形旋转变换所创造的美，学会用数学的眼光观察、思考生活，体会数学的价值。

【教学重点】

通过多种学习活动沟通联系，理解旋转的含义，感悟其特征及性质。

【教学难点】

运用数学语言简单描述旋转运动的过程，明确旋转的特征。

【教具准备】

课件、方格纸、三角形、图钉。

【教学过程】

（一）情境导入，以旧引新

师：请看下面图中的物体在做什么运动？（课件出示推拉窗户的动态过程）

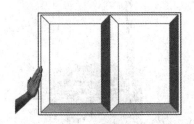

生（齐）：平移。

师：那这个呢？（课件依次出示生活中旋转现象的动画演示）

生1：（如下图）风车在旋转。

生2：（如下图）移动……

生3：应该是旋转运动，只是部分在旋转。

生4：平移、旋转。

师：谁在平移？谁在旋转？

生4：（如下图）汽车在平移，转杆在旋转。

师：对啊，在生活中很多现象都是旋转，我们今天就来学习旋转。

（评析：通过引入生活中旋转的画面，激发学生学习兴趣，同时引发学生的问题意识。而且，在学习材料的选择上，教师有意识地呈现全旋转和部分旋转，让学生有更完整的认识，也为研究后面的转杆做好铺垫。）

（二）空间感悟，步入抽象

1.感受旋转

师：设计师首先掌握了旋转的奥秘，请看下图：（1分钟微课）

师：同学们，这些美丽的图案都是简单的图形通过旋转而成的。你们也想设计出这么美丽的图案吗？

生（齐）：想。

师：要做好复杂的事情，我们先从简单的研究开始，好吗？

出示下图，小区汽车出入转杆的运动。

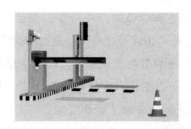

师：这种运动也是旋转运动，请大家跟老师做挡杆运动（模仿）。你觉得一样吗？

生跟着老师模仿。

（评析：通过观察，加上肢体模仿，通过动作进行感知，初步形成对旋转具象的感知。）

师：我们请大家认真观察，在开关（如下图）的时候有什么共同点和不同点？大家讨论一下。

仔细观察转杆关闭和打开的两次旋转运动，有哪些地方是不同的，有哪些地方是相同的？

学生讨论。

师：你们这么快就把结果讨论出来了，所有小组都有结果啦？那我们先说不同点。

生1：不同点就是方向不同，一个向左一个向右。

生2：应该是一个打开向上，放下向下。

师：上下左右是平移运动的方向，描述旋转应该怎么说呢？有谁知道？

生3：打开是逆时针，关闭是顺时针。

师：你太厉害了！知道顺时针和逆时针，老师把它记下来（板书）。顺时针、逆时针是什么意思呢？你接着说。

生3：和时钟里面时针一样走就是顺时针，反着就是逆时针。

师：（顺势展示时钟）全班同学一起来，从12向1开始转动，这样一圈就是顺时针，反过来就是逆时针。还可以从6点开始，向哪里是顺时针？

生（齐）：7点。

师：好的，我们一起来（一边演示，一边观察）顺时针、逆时针转。（放下钟面）还可以在桌面上顺时针、逆时针转，大家来试试。

（评析：通过语言描述和动作演示相结合，加深学生对顺时针、逆时针的认识和理解，特别是在脱离实物时对顺时针、逆时针方向的把握，关注细节，适时补充6点出发的顺时针和逆时针的变式练习，让学生理解得更深入、透彻。）

师：我们通过说不同点已经找出旋转的一个秘密。那相同点有哪些？

生1：我发现转动时，有的在动，有的没动。

生2：它们都有一个点没动。（中心）

师：对，你们观察得很准确，善于思考，发现了旋转的第二个秘密：旋转中心，我们记下来——中心，一般用字母O表示。还有相同点吗？

生1：虽然物体都移动了，但是形状大小没变。

师：说得很好，旋转和平移一样，运动中物体大小、形状不变，只是位置改变，旋转还有一个中心位置没变。再看一次。（演示转杆一开一合）

生2：角度，它们角度都是90度。

其他学生也同意。

师：很巧合的是角度一样，旋转都是有角度的（板书：角度），那么所有旋转角度都是一样的吗？

生：可大可小。

师追问：一圈最大是多少度？

生：360度。

师：（记录）在旋转不超过一周的情况下，旋转角度介于0度至360度之间。通过简单的转杆转动，同学们就将旋转运动的秘密全部发掘出来了，它们是——中心、方向、角度，大家看这些运动的（如下图）折扇、秋千、风车，都有中心（闪红色点），转动方向不是顺时针就是逆时针，角度可大可小。

（评析：通过学生自己动手，在相同处梳理出三要素，在合作和分享中建构知识体系，习得学习方法。通过问题驱动，学生研究的兴趣浓，学习效果比单纯，讲授学习更有效。在空间观念内容的教学过程中，逐步引导学生抽象出旋转的内涵。）

2. 描述旋转

师：同学们太厉害了，已经掌握了旋转的秘密，你会用这三要素来描述旋转吗？敢挑战吗？

生（齐）：敢！

师（出示课件）：下图中线段AB是绕谁旋转，旋转方向是什么，转了多少度？

结合中心、方向和角度描述线段AB是怎样旋转的。

生1：我认为是绕着B点，顺时针，转了90度。

师：能连贯地再说一遍吗？

生1：线段AB绕点B顺时针旋转了90度。

师：你说得很专业，表达非常清晰，大家把掌声送给他，还敢继续吗？

改变方向、角度、中心，接着说线段运动。

师：看来大家都会判断线段的旋转运动了。如果老师增加一点难度，改成这个图形，那下面哪个旋转是正确的呢？（如下图）

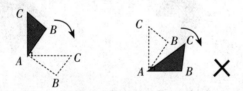

生1：三角形ABC，绕点A顺时针旋转90度。

师：说得真好，把掌声送给他。（稍后故意打断，用质疑的口气）好像不对，这个也转动90度，不对吧？（如图右边的转动，两条不同边形成90度）

大多数学生说不对，少数说对。

生1：不对，不是同一条线段。

师：你是怎么判断的？请你上来指着说。

生1：第一个图旋转90度，是转动前的AB和转动后的AB形成的，所以三角形旋转了90度，第二个图不是，它是旋转后AB和旋转前AC成90度，所以不对。

师：同意吗？我发现你们在判断的时候，不是看整个三角形，而是看其中的一条边，这条边旋转90度。那老师这里有一个直角三角形（如下图），我们

先逆时针旋转90度，大家一起看一看。

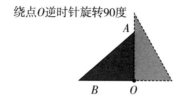

绕点O逆时针旋转90度

师：你是怎么判断的？

生1：找到一条边，这条边（指着）。

师让其他几位学生也边指边说。

师：我明白了，你们判断三角形旋转的角度，就看连接中心点的边如何变化，这个办法真好，谢谢你们。

师：大家想，如果再逆时针旋转，再旋转，每次都旋转90度，会形成什么图案？

生（抢着说）：风车！风车！

师逐步呈现下图。

逆时针旋转90度

逆时针旋转90度

师：只要你想象力足够丰富，旋转这些图形（几何画板出示长方形、梯形）也能形成风车的图案。

（评析：学生在对比分析中发现判断旋转的方法，通过依次旋转三角形，让学生想象、感知旋转后的图案，形成符号化的旋转认知体验。）

3. 想象旋转

师：下面老师考考大家的想象能力。请看清要求。

（出示教具）强调：比画的同学不能动三角形，只能比画旋转后每条边的位置。

说明：此处用塑料板（20厘米×20厘米），贴上有纵横垂直线段的正方形，写上中心点O，用图钉钉上三角形（如下图）。提前要求学生画好原来位置，进行验证（如下图）。

想象、比画

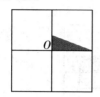

要求：
两人先描出三角形的轮廓，1号同学在操作板上比画出想象三角形逆时针旋转90度后三条边的位置。
2号同学转动三角形验证，描出转动后的三角形的三条边，进行对比，如果正确，请1号同学举手确认。

师：请一位同学上来比画一下，大家同意吗？我们怎么确认呢？（验证）真厉害！和你们想的一样吗？

操作验证。

再次请两位学生合作、想象、比画出三角形旋转后的样子。

师：我们班的同学太厉害了，你们是怎样一下子就转对的？谁来说说？

生1：就是和判断的一样，找边！

师（追问）：哪条边？

生1：（跑上来，指着直角边）这里……

生2：我认为就是连着中心的边。

生3：先转中心连着的两条直角边，然后连接直角边的两个定点，旋转后的图形就好了。

师：你们总结得真好，大家都是这样想的吗？用掌声表扬出色的自己。那把三角形换成长方形也可以吗？换好后，一起比画一起验证。

师：为什么这次又快又准确呢？我采访一下。

生1：和三角形一样。先转连接中心点O的边。

生2：连接中心的长。

生3：连接中心的长和宽，描出对边。

（评析：通过学生的合作，先想象，后比画和验证，进一步确定旋转过程中需要围绕旋转三要素，通过连接中心的边，分别旋转，就会得出旋转后正确的图案。）

4. 描绘旋转

师：老师如果要准确画出长方形旋转后的样子，你们有什么好的办法？

生1：拿尺子画。

生2：在格子里面画。

师：是这样吗？我们在学习平移的时候已经学过，在方格纸里面作图更便捷、准确。请拿出练习纸，画出长方形绕点O顺时针旋转90度后的图形，不会的可以先比画一下（如下图）。

把下面的长方形绕点*O*顺时针旋转90度，并把旋转后的图形画下来。

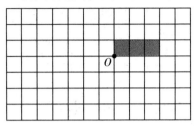

师：请同学拿出练习纸，先读出要求。然后，边读边用手表示旋转的方向。大家开始画图。请做得最快的同学上来展示。

生：我先数长方形格子（长和宽），先转长，再转宽，然后画出对边，连好就可以了。

师：看样子，我们班的同学爱动脑筋，特别聪明。大家已经掌握了旋转的奥秘，不仅会说出图形是怎么旋转的，还能画出图形旋转后的样子。大家还敢继续接受挑战吗？

（评析：学生在连续的体验活动中，逐层深入，由线段旋转、三角形旋转到长方形旋转，对旋转有了更深入的认识。在此过程中，教师更关注培养学生的想象能力，这是建立学生空间观念的重要基础。）

（三）巩固练习，提升思维

师：请拿出练习纸，看第一题，男同学读第（1）小题，女同学读第（2）小题（如下图），明确要求后，请开始作图。我请做得又快又对的同学上来展示。

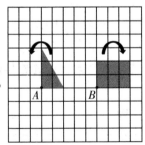

（1）把三角形绕*A*点逆时针旋转90度。
（2）把长方形绕*B*点顺时针旋转90度。

巡视作图情况。

生1：（指着自己画的图）我是先画连接中心点*O*的直角边，然后连接斜边。

生2：我和她一样，先画连接中心点，再画出对应的斜边，就画好了。

师：大家都是这样作图的吗？（得到肯定回答后），那我们再来试试这道

题，你觉得小旗旋转后会得到哪个答案呢？（如下图）

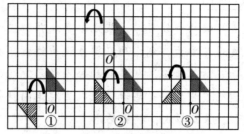

要求：把小旗围绕点O逆时针旋转90度，并把旋转后的图形画下来。

生：应该是③，因为①中小旗反了，②中小旗的旗杆错了。

（评析：本节课环节较多，在练习中，学生只要能将所学的三要素和如何进行旋转的知识运用在作图过程中，就达到练习的目的了。）

（四）小结全课，总结思想

师：今天我们学的就是——旋转，今天你学会了什么？请大家说一说。

师：看来大家收获颇丰，挑战难度大吗？

师：其实平移和旋转都来源于生活，希望同学们善于发现生活中的美，发现生活中的数学。老师比较喜欢风车，你们能运用所学的知识设计风车图案吗？请用老师准备的材料，设计风车，并写下设计师的名字。

展示作品：

师：你们掌握了旋转的奥秘，并能运用知识去设计，学以致用，亲手去描绘出更美丽的图案。

（评析：全课小结既有对知识技能的梳理，又有对数学活动经验的积累，还需要对数学思想方法的回顾提升。同时设计开放性的问题，让学生去创造美，展示个性，让不同层次的学生都能获得成功的体验。）

📖 板书设计

图形的旋转

旋转三要素：	中心	方向	角度
	O	顺时针、逆时针	0～360度

图形形状、大小不变，位置变了

贰 全课评析

纵观五年级的旋转教学，基本都是从介绍三要素入手，利用课本上的素材引导学生发现三要素，到运用三要素说出线段、实物、图形的旋转，一步一步实施，最后在第二节课进行旋转的画图练习。在设计之初，对学情进行分析后我发现，这个过程正好是培养学生从直观走向抽象，从生活实践步入空间想象的完整流程，分割步入，顺势而为。

1.设置紧扣环节

在本节课中，从学生欣赏引入，到最终个性化导出，经历了观察现实场景中的现象，从对比相同点、不同点引出三要素，而不是将三要素切开后分别举例讲述。习得三要素后，让学生充分利用三要素，规范描述三要素，从线段描述走向图形描述，自然引导学生说出如何判断旋转前后的图形是否严格按照描述进行。学生在判断中初步感知利用连接中心的线段形成夹角来区分，其中正例、反例自然对比，将学生容易出错之处作为素材，顺利解决，又成为下一环节的起点。在学生动手操作时，不是直接"上手"，而是按住学生的躁动，留下空白，让学生先想后比画，再验证，丝丝入扣。在充分描述之后，出现长方形有意识停留，引出画的环节，由于已经经历比画和观摩验证，长方形旋转顺理成章。在成功经验的激励下，学生在练习中成功率非常高。彰显教学设计连接的巧妙，就会成就学习效率的高效。最终学生设计风车的环节，既是运用知识、释放个性的环节，也是呼应开头的问题，自然收尾。

2.培养思维能力

旋转中的平面是虚的，而生活中的旋转是真实存在的。如果五年级的学生必须以观摩实物为起点，就会失去培养学生空间观念的机会，那么这节课很大部分就会失去数学味道。从对影像中的现实现象的观察，逐步进入线段、图形的旋转；从动手操作中，先思后动到说出动的原理，都是在学生熟识的实处开始，将空间想象巧妙放入，在不知不觉中，虚实结合，成功学习知识，完成对空间思维的训练，最大限度地发挥学生的想象能力，让学生去做图、去创作。

紧扣生活素材　激发学习兴趣

——"年、月、日"教学实录

东莞市大朗镇培兰小学　叶永龙

【学情分析】

学生在之前的学习中已经掌握了时、分、秒等较小的时间单位，年、月、日这部分内容是学生对时间单位学习的继续和延伸，由于年、月、日都是较大较抽象的时间单位，让学生理解一年或者一个月的时间有多长有一定的难度。年、月、日方面的知识越来越多地出现在学生的生活和学习内容中，一些学生在实际生活中有了年、月、日方面的感性经验，但是对于大多数学生来说缺乏感性认识。本节课是在学生掌握了时、分、秒的知识并对年、月、日有一定感性经验的基础上学习的。

【教学内容】

教育部审定人教版《义务教育教科书·数学》三年级下册第76～78页第六单元第1课时。

【教学目标】

（1）结合学生的生活经验，引导学生利用年历卡探索并交流，认识时间单位年、月、日，了解大月、小月和二月的知识，能记住各月的天数。

（2）在年历卡上查找、交流一些有纪念意义的日子，感受数学与生活的紧密联系，提高解决简单实际问题的能力，培养学生学习数学的兴趣，同时对学生进行珍惜时间的教育。

（3）通过独立思考、合作交流的方式，开展观察、操作、游戏、计算等学习活动，培养学生自主学习、合作探究的学习能力，充分调动学生学习数学的积极性。

【教学重点】

认识时间单位年、月、日，探究发现年、月、日之间的关系。

【教学难点】

掌握大月、小月的判断方法。

【课前准备】

教学课件、微课、学生用年历卡（2008—2018年，每人拿其中一年的，保证四人小组中有三个平年和一个闰年）。

【教学过程】

(一) 交流引入，揭示课题

1. 交流引出年、月、日

师：谁知道今天是哪年哪月哪日？

生：今天是2018年5月15日。

师：今天很有意义，今天是我跟你们第一次见面的日子，今天也是我外婆的生日。你们还记得自己的生日吗？

生1：我的生日是××月××日。

生2：我的生日是××月××日。

师：除了自己的生日，你们还记得谁的生日呢？

生3：我记得我爸爸的生日是××月××日，我妈妈的生日是××月××日。

师：表扬你，如果你能在爸爸妈妈生日这一天主动对他们说一句祝福的话，相信他们会非常高兴的。

2. 播放微课"年、月、日的形成"

师：刚才，我们提到了年、月、日，你们知道年、月、日是怎样形成的吗？请看微课。

地球绕太阳转一圈的时间大约是**365**天，也就是通常所说的一年。

师：通过刚才的微课，你知道了什么？

生：地球绕太阳转一圈的时间是一年，月球绕地球转一圈的时间是一个月，地球自转一圈的时间是一日。

3. 揭示课题

师：年、月、日是常用的时间单位，而且是比较大的时间单位，今天我们就来认识年、月、日。（板书课题"年、月、日"）

（评析：联系实际，勾起学生的生活经验。年、月、日的形成对学生来说非常抽象，难以理解，也很难用语言说清楚，通过观看科普型微课，挖掘生活中的素材，非常形象地让学生理解了年、月、日的来历，让学生体会到数学来源于生活而用于生活。）

（二）探究发现，学习新知

1. 认识年历

师（课件出示）：知道这是什么吗？这是2018年的年历（突出"年历"），2018年的每一天都印在上面。

师：你会看年历吗？说一说，从这张年历中，你知道了什么？

预设学生回答或教师引导：

（1）一年有12个月。（教师指向板书）

（2）某个月有多少天？（教师追问你是怎么知道的）

（3）几月几日是星期几？（教师追问你是怎么知道的）

（4）有些月份的第1天不是从星期日开始的。

师小结：在年历中，我们可以知道某一天是几月几日，还可以知道这一天是星期几等信息。

师：年历还记录了一些特别的节日，你知道这些节日是几月几日吗？

生（依次）：国庆节、教师节、劳动节、建党节、儿童节。

师：喜欢这一天吗？（儿童节）你知道去年的儿童节是几月几日吗？

生：是6月1日。

师：那你知道下一年的儿童节又是几月几日呢？

生1：还是6月1日。

生2：每年的这一天都是这个节日。

2. 自主探究，合作交流

师：在年历中还隐藏着丰富的数学知识，下面我们再来探究。

师：课前，老师为大家准备了一份"课堂探究单"，现在我们利用这张探究单，进行探究学习。（教师明确要求）

观察以上的年历卡，在下面的统计表中记录每月的天数。

天数／月份 年份	1月	2月	3月	4月	5月	6月	7月	8月	9月	10月	11月	12月
年												

学生独立完成，小组交流、汇报。

师：谁来汇报一下你的统计结果？你统计的是哪一年？每一个月分别是多少天？

预设生：我统计的是……

观察以上的年历卡，在下面的统计表中记录每月的天数。

年份＼天数＼月份	1月	2月	3月	4月	5月	6月	7月	8月	9月	10月	11月	12月
2008年	31	29	31	30	31	30	31	31	30	31	30	31

师：统计2008年的请站起来，你们统计的每个月的天数跟他一样的就请把手举起来吧。（突出统计这个年份填的数据是一样的）

师：其他同学统计了哪些年份？

生1：我统计的是2010年的，我跟他的不一样，我统计的2月份只有28天，而其他月份的天数跟他的是一样的。

生2：我统计的是2012年的，我跟他的是一样的。

生3：我统计的是2013年的，我跟他的不一样，我统计的2月份只有28天，而其他月份的天数跟他的是一样的。

生4：我统计的是2016年的，我跟他的是一样的。我还知道，2月份的天数有时候是28天，有时候是29天，而其他月份的天数每年都是一样的。

师：感谢这四位同学的汇报，掌声送给他们。其中老师很欣赏第四位同学的回答，他通过前面几位同学的汇报，再结合生活经验，做出十分精彩的小结。

师：老师在课前已经把你们手中所有的年历都进行了统计，请看。

2008—2018年各月份天数的统计表

年份＼天数＼月份	1	2	3	4	5	6	7	8	9	10	11	12
2008年	31	29	31	30	31	30	31	31	30	31	30	31
2009年	31	28	31	30	31	30	31	31	30	31	30	31
2010年	31	28	31	30	31	30	31	31	30	31	30	31
2011年	31	28	31	30	31	30	31	31	30	31	30	31
2012年	31	29	31	30	31	30	31	31	30	31	30	31
2013年	31	28	31	30	31	30	31	31	30	31	30	31
2014年	31	28	31	30	31	30	31	31	30	31	30	31
2015年	31	28	31	30	31	30	31	31	30	31	30	31
2016年	31	29	31	30	31	30	31	31	30	31	30	31
2017年	31	28	31	30	31	30	31	31	30	31	30	31
2018年	31	28	31	30	31	30	31	31	30	31	30	31

师：你有什么发现？

生：除了2月，不管哪一年，对应每个月的天数都是一样的，2月有时候是28天，有时候是29天。

师：也就是说，除了2月，任意一年对应每个月的天数都是一样的。（板书统计表更换为"任意一年"）

观察以上的年历卡，在下面的统计表中记录每月的天数。

天数 月份 年份	1月	2月	3月	4月	5月	6月	7月	8月	9月	10月	11月	12月
任意一年	31	28 或 29	31	30	31	30	31	31	30	31	30	31

师：根据我们刚才的学习，下面老师要考考你们。

（1）一年有（ ）个月。

（2）有31天的月份是_____月。

有30天的月份是_____月。

2月份有（ ）天。

生答略。

（评析：通过为学生提供不同年份的年历素材，让学生先自主探究，再小组交流、汇报，学生基本上能自行解决有关年、月、日的问题。在学习的过程当中，除了关注知识的形成过程，还关注学生已有的生活经验，关注学生的学习方法，让学生成为学习的主人，充分发挥学生学习的主体性作用。）

3. 认识大月、小月和2月

师：我们把有31天的月份称为大月（板书"大月""31天"），把只有30天的月份称为小月（板书"小月""30天"），通过对比分析，我们知道，每一年里，1、3、5、7、8、10、12都是大月，4、6、9、11都是小月。

师：谁来帮老师把这些月份送回家呢？

师：那2月是大月吗？是小月吗？为什么呢？

生：2月不是大月，因为2月没有31天。2月也不是小月，因为2月没有30天。

师：2月的天数比较特殊，有时候是28天，有时候是29天，所以2月既不是大月，也不是小月，我们把2月称为特殊月。（板书"特殊月"）

师：一年中有几个大月？有几个小月？

生：一年中有7个大月，4个小月。

4. 记忆大、小月

（1）学生自学。

师：一年中，有大月、小月，还有特殊月，那么怎样可以快速又准确地记住所有大月和小月呢？请看以下学习要求：

① 自学课本第78页。

找一找：有几种记忆大、小月的方法？

记一记：选一种你喜欢的方法，并记下来。

② 同桌互相考一考。

（2）学生汇报。

生1：我示范的是拳头记忆法，伸出左手拳头，凸起的地方表示大月，凹下的地方表示小月，二月除外。（学生示范，课件演示，学生边说边操作）

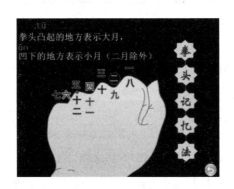

生2：我示范的是歌诀记忆法，一、三、五、七、八、十、腊，三十一天永不差。

师：能说说这句歌诀是怎样理解的吗？

生2：这里的"腊"是指十二月，这句歌诀的意思是说，一、三、五、七、八、十、十二月，都有31天，这些月份都是大月。

（3）教师抽查。

师：你们记住大、小月了吗？老师可要考考你们哦。不说话，用动作来表示，是大月的男生站起来并说"大月"，是小月的女生站起来并说"小月"，既不是大月也不是小月的请坐端正。（一月、六月、九月、七月、十月、十一月、八月、二月）

（评析：单纯听讲和记忆不能激发学生的学习兴趣，教学中需要创设一些现实性情境，布置一些探究性任务和提供交流的平台，多途径地引导学生经历观察、记录、猜想、交流等学习过程。）

5. 计算一年的天数

（1）学生试算。

师：我们已经知道了一年有12个月，每个月对应有不同的天数（在标题处画箭头表示），你认为我们还可以研究什么呢？

生1：我们还可以研究一年有多少天。

生2：老师，我知道一年有365天。

师：真的是这样吗？我们可以怎么验证呢？

生3：我们已经知道每个月的天数，可以通过计算来验证。

师：利用计算来验证，这个方法很好，不过老师有个要求，要想一想怎样才能计算得又快又准。请大家利用手中的年历计算吧。

（2）对比分析。

师：谁愿意跟大家分享你的计算过程？

生1：31+28+31+30+31+30+31+31+30+31+30+31=365（天）。

生2：31+29+31+30+31+30+31+31+30+31+30+31=366（天）。

生3：$31 \times 7 + 30 \times 4 + 28 = 365$（天）。

生4：$31 \times 7 + 30 \times 4 + 29 = 366$（天）。

师：你们更喜欢谁的方法？为什么？

生：我们更喜欢生3和生4的方法，这种计算方法比较简便。

师：同样都是计算一年的天数，为什么结果会不一样呢？问题出在哪里？

生：当2月份是28天时，一年有365天；当2月份是29天时，一年有366天。

（评析：学生在理解的基础上去计算一年的天数，展示学生不同的计算方法，培养学生思维的发散性和多元性，同时要对不同方法进行提炼，选出最优的方法。）

（三）总结回顾，内化认知

师：通过本节课的学习，你有什么收获？

生1：我知道了一年有12个月，有大月、小月，还有特殊月。

生2：我知道了判断大、小月的方法。

生3：我学会了如何可以快速又准确地计算一年有多少天。

（四）巩固练习，提升认知

1. 找一找，他们的生日是哪一天

（1）小红的生日比教师节晚1天，小红的生日是（ ）月（ ）日。

（2）小刚是8月30日的后一天出生的，小刚的生日是（ ）月（ ）日。

（3）小明出生于10月1日的前一天，小明的生日是（ ）月（ ）日。

2. 判断并说明理由

（1）小明的生日是11月31日。 　　　　　　　　　　　（ 　 ）

（2）今年的2月30日，爸爸妈妈带我去了海洋公园玩。 　　（ 　 ）

（3）一盒钙片，30片，每天吃一片，够吃一个月了。 　　（ 　 ）

3. 2018年的6月1日是星期五，把2018年6月的月历补充完整

	日	一	二	三	四	五	六
2018年6月							

全课评析

《义务教育数学课程标准》要求："学生的数学学习内容应当是现实的、有意义的、富有挑战性的。"这就为数学学习内容的组织选择和呈现形式提出了方向。而根据教学内容所选取的教学素材是课堂教学中教学内容的具体化，这直接关系到学生学习的参与情况和学习效果，因此如何选好素材是每一位教师必须思考的问题。

"年、月、日"是人教版小学数学三年级下册第六单元的内容，本节课更是在学生已经学习了时、分、秒的基础上学习的。这一教学内容具有常识性，知识点多。关于年、月、日，对于学生来说是很熟悉的，因为每天都会听到、用到，因此当学生知道要学习这个内容时，纷纷表达出对这个知识很"了解"，然后再配以教材中的固定的年历来探究，相信大部分学生的学习兴趣肯定会大打折扣，因为这部分知识学生会认为已经懂了，自然学习的动力也减弱了。

为了能充分调动学生学习的积极性，本节课在教学素材的选取上花了比较大的心思。

1. 三个微课穿插课堂前中后，充分调动学生的积极性

本节课有三个微课，分别是课前微课"年、月、日的形成"——以科普形式呈现太阳、月球、地球三球的周期旋转，引出年、月、日，课中微课"拳头

记忆法"——音画同步搭配做好标准示范，课后微课"古罗马关于年、月、日的小故事"——趣味数学史小故事令人回味。美国心理学家布鲁纳指出："学习的最好刺激乃是对所学知识的兴趣。"在小学数学课堂教学中如何激发和维持学生的学习兴趣，如何给学生带来知识、带来智慧、带来欢乐，是优化数学课堂教学的一个重要内容。因此，本节课通过向学生展示他们感兴趣的材料，使学生产生"新奇"的感觉并利用这种好的学习情境，适时引导学生思考，学生的思维会更活跃，积极性会更高。

2. 创造性地选用探究素材，引起学生的思维碰撞

教材中给出的探究素材是两张年历表，分别是2011年和2012年，每个人都是通过观察这两张年历卡，完成表格、题目、交流的。从这个过程可以看出，所有学生都使用同样的素材，经历同样的过程，得到同样的结果。但是，在生活中人们往往更关注的是那个与众不同的点，就像黑暗中突然亮起的一盏灯，特别引人注目。本节课创造性地选用探究素材，每人只有一张年历卡，但却保证四人小组里的各不相同，而且肯定有一人拿的是闰年的，小组交流时，保证每个小组都会出现一个异于他人的，学生的探究兴趣自然起来了，他们都会把焦点放在"自己的年历跟别人的年历有什么不一样的？有什么是一样的？"问题上，课堂气氛一下子就活跃起来了。通过对比分析整理，教师把学生手中11年的年历整理成一个表格展示出来，学生惊叹之余，也很容易得出"2月有时候是28天，有时候是29天，只有这两种可能。除了2月，任意一年对应每个月的天数都是一样的"这样的结论。

把握形成过程　突显概念本质

——"找质数"教学实录

东莞松山湖中心小学　何晓瑜

【教材说明】

"找质数"是教育部审定2013年《义务教育教科书·数学》北师大版小学五年级上册第三单元"倍数与因数"的第5小节的内容。本节课是在学生学习了2、3、5的倍数特征以及如何找一个数的因数的基础上进行教学的。本节课的主要内容是使学生理解掌握质数与合数的意义，并通过意义能正确判断一个数是质数还是合数；通过本节课的学习，可以为后面学习公因数、约分、公倍数、通分等打下扎实的基础，在教学上起到了承前启后的作用。通过本内容教学，实施有特色的教学活动，提高学生运用知识解决实际问题的能力，渗透"数形结合"以及"分类"的数学思想方法，使学生体会到数学与生活的紧密联系；在分类中认识质数与合数并关注知识、方法的形成过程；让学生享受独立思考与小组合作学习的乐趣。

【教学目标】

（1）在摆拼小正方形的活动中，让学生在经历探索找质数和合数的过程中，理解质数和合数的意义。

（2）能正确判断一个数是质数还是合数。

（3）在猜想—验证—概括—理解的过程中体会学习数学的乐趣，积累数学学习的方法。

【教学重点】

通过教学活动，帮助学生理解质数和合数的意义。

【教学难点】

通过探索找出寻找质数的简单方法，培养学生的观察能力。

【教学准备】

两人小组一套小正方形学具（12块）、学习单一组1份、每人一张数字卡片、自制课件、智慧课堂平板教师端。

【教法学法】

采用学生自主探究合作的方式。

【教学过程】

（一）引入课题

师：同学们，你们听说过"哥德巴赫猜想"吗？

生：没有。

课件出示：

师：这就是"哥德巴赫猜想"，谁能读一读？

指名一名学生朗读一次。

师：你读完以后，读懂了什么？

生1：没有读懂。

师：谁能说说上面有你懂的部分吗？

生2：大于2的偶数。

师：大于2的偶数是什么意思？你能举个例子吗？

生2：就是比2大的偶数，如4，12，100，……

师：那你哪里不懂？

生2：什么是质数。

师：大家都想知道什么是质数吗？（想）

师：那么今天我们就一起来学习什么叫质数。

板书课题：找质数。

设计意图：激发学生的学习兴趣是一节课成功的第一步，通过把课本后面的"你知道吗？"的课外阅读知识作为本课的引入，使学生带着一种好奇的心态进入本课，学生更想知道什么是"质数"，更有探究的动力和兴趣。

（二）复习旧知

师：同学们，课前老师给每人发了一张数字卡片，你们能在卡片后面写出这个数的因数吗？（学生1分钟完成）

师：你能说说你的是几，因数有哪些吗？

生1：我的是18，18的因数有1、2、3、6、9、18。

师：你呢？

生2：我的是13，13的因数有1、13。

师：还有你的呢？

生3：我的是1，1的因数只有1。

师：对于因数，你们还知道什么？

生4：我还知道一个数的因数最小的是1，最大的是它本身。

设计意图：通过复习找因数，为后面学生用数字卡片进行学习活动做好铺垫。

（三）探究新知

1. 探索活动：摆拼长方形

师：大家还记得我们用12个正方形可以拼成一个长方形，有几种拼法吗？（记得）

课件出示：

用12个小正方形，可以拼成三种长方形

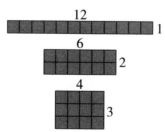

师：通过摆小正方形的方法，我们找到了12的因数有1、2、3、4、6、12。（出示表格数据）

师：我们还发现，12个小正方形，只能摆出3种不同形状的长方形。（出示表格数据：3）

小正方形个数（n）	能拼成几种长方形	n的因数
12	3	1、2、3、4、6、12

师：但是如果给出的正方形的数量分别是2、3、4、5、6、7、8、9、10、11个，又能拼成几种形状的长方形呢？这些数的因数又分别是哪些呢？

课件出示表格剩余的数：

小正方形个数（n）	能拼成几种长方形	n的因数
2		
3		
4		
5		
6		
7		
8		
9		
10		
11		
12	3	1、2、3、4、6、12

你发现了什么？ _____。

设计意图：通过回顾找12的因数，让学生明确通过摆放正方形找到了因数的方法，并且得出可以拼出几种长方形，为后面学生的动手操作活动做好准备。

师：下面，我们两人小组，拿出老师给的小正方形学具和学习单，共同完成。（10分钟学生完成）

......

师：哪个小组来汇报一下自己的研究成果？

其中一组学生上台汇报。

小正方形个数 (n)	能拼成几种长方形	n 的因数
2	1	1 2
3	1	1 3
4	2	1.2 2.4
5	1	1 5
6	3 2	1.2 3.6
7	1	1 7
8	2	1.2 4.8
9	1	1 9
10	2	1.2 5.10
11	1	1 11
12	3	1,2,3,4,6,12

我发现了：偶数能拼成2个以上的长方形奇数只能拼1个长方形。

生1：我们研究的结果如上，我们发现了偶数能拼成两个以上的长方形，奇数的只能拼成1个长方形。

师：下面的同学对他们的汇报有补充和纠正的吗？

生2：你们发现偶数能拼成两个以上，那为什么两个正方形只能拼一个呢？而9个正方形又可以拼成两个呢？

生1：我们接受你的建议，回去修改。谢谢。

师：还有哪个小组上来汇报分享？

生3：我们还发现了这些数中，最小的是1，最大的是它本身。

小组合作报告单

小正方形个数 (n)	能拼成几种长方形	n 的因数
2	2	1.2
3	2	1.3
4	4 34	1.2 4
5	2	1. 5
6	4	1.2. 3.6
7	2	1.7
8	4	1.2. 4.8
9	2	1.9
10	4	1.2. 5.10
11	2	1.11
12	3	1,2,3,4,6,12

我发现了：这些数中最小的是 1，最大的是它本身。

师：你所说的这些数，指的是哪些数？（学生自己去指因数部分）

师：哦，这些发现其实我们上节课已经发现了，就是因数的特征。谢谢你们。

师：还有小组有不一样的成果分享吗？（你们来）

生3：我们小组发现了只能拼成1种形状长方形的那个数，它只有两个因数；拼成两种形状长方形的那个数，有3个或者4个以上的因数。

小组合作报告单

小正方形个数（n）	能拼成几种长方形	n的因数
2	1	1、2
3	1	1、3
4	2	1、2、4
5	1	1、5
6	2	1、2、3、6
7	1	1、7
8	2	1、2、4、8
9	2	1、3、9
10	2	1、2、5、10
11	1	1、11
12	3	1、2、3、4、6、12

我发现了：有些数只有2个因数，有些数有3个、4个、6个因数。

师：大家同意他们的发现吗？（同意）是不是这样？（是）

师：非常棒，真是善于观察的同学。你们知道，为什么这些数只能拼成一种形状吗？

生1：因为它们只有1和它本身两个因数。

师：对，对于这类只有1和它本身两个因数的数，我们数学上把它们叫作质数。（板书）

师：我们一起读一遍。

师：那有一些数有3个因数，有4个因数，甚至有更多的因数，我们也每一种都定义一个名称吗？（不需要）

师：像这些除了1和它本身以外，还有别的因数的数，我们把它们叫作合数。（板书）

师：我们也一起读一遍。

师：现在我们明白什么叫质数，什么叫合数了吗？（明白）

设计意图：此环节通过学生的动手、合作、交流，充分体现出了课题中"找"的目的，培养了学生学习共同体的意识，并且通过小组汇报，各组补充，充分培养了学生倾听和交流的良好习惯。

2. 探究活动：归纳判断的方法

师：我们一起打开课本完成课本里练习。

2~12中，质数有（　　），合数有（　　）。

生1：2到12的质数有2、3、5、7、11。（根据学生回答，板书）

师：为什么你认为这些数是质数？

生1：因为这些数只有1和它本身两个因数，所以是质数。

师：看来你已经掌握了质数的意义，会判断哪些数是质数了。

生2：2到12的合数有4、6、8、9、10、12。（根据学生回答，板书）

师：为什么这些数是合数？

生2：因为这些数除了1和它本身，还有别的因数，所以是合数。

师：你也真了不起，也学会了判断合数的方法。

师：从刚才我们找到的质数与合数，你们知道最小的质数和最小的合数分别是多少吗？

生3：最小的质数是2，最小的合数是4。

3. 体验活动：举牌起立游戏

师：同学们，我们已经知道什么是质数，什么是合数了，现在我们来做一个游戏。请同学们看着自己的号码牌，及刚才列出的这个数的因数，手里拿着质数的同学，请站起来。

师：你手里拿的是多少？

生：27。

师：大家看看，27到底是什么数？

生2：27是一个合数，因为它除了1和27两个因数，还有3和9两个因数。

师：你听明白了吗？所以你是站着还是坐下？

师：你呢？

生3：我的是33，是一个质数啊。

师：那还得看看大家的意见？你们同意33是质数吗？（不同意）

生4：33这个数除了1和33两个因数外，还有11和3这两个因数，所以是一个合数。

师：看来你还是坐下吧。

师：都检查了，基本都没有错误了，除了刚才的两个站错队的，现在，请合数的同学站起来。

师：都站起来了吗？（没有）

师：谁没有站起来？（拿着1号的同学）

师：你为什么不站起来啊？

生：因为我的因数只有1个，就是1，既不是质数，也不是合数。

师：呀，1真的那么神奇吗？我们大家来看看它有几个因数？（只有1个）

师：看来我们的概念还得继续补充，1既不是质数，也不是合数。（板书）大家一起读一遍。

师：现在大家坐下，不过这位同学得轮到你站一会了，大家看看，它就是这样特殊的一个数，既不是质数也不是合数，现在都认识它了吗？（认识了）好的，请坐下。

设计意图：通过游戏，让学生更进一步理解质数和合数的意义，并且明确1

为什么不是质数也不是合数，回归到质数和合数的意义上，加深了认识。

（四）巩固新知

（1）用13、14、15、16个小正方形分别可以拼成几种长方形，完成见下表。

小正方形个数（n）	能拼成几种长方形	n的因数	质数还是合数
13			
14			
15			
16			

师：谁来汇报一下你的结果。

生1：我们发现，13只能拼1种形状的长方形，它的质数只有1和13，是一个质数。

……

师：通过练习，我发现同学们基本会判断一个数是质数还是合数了，真了不起。如果只看数，不摆正方形，也能判断出质数与合数吗？我们一起来看书上的这道题。

（2）分一分，并与同伴交流你是怎么分的。

27　23　29　11　9　33　14　25　99

质数 ⬭　　　　　　合数 ⬭

师：我们看这位同学的结果，有错吗？

生：有，你们看27刚才不是说过了吗？它是一个合数，因为除了1和27两个因数外，还有3和9这两个因数，所以应该是一个合数才对。另外，33也正好是刚才说过的，也是一个合数。25也是一个合数。

师：你的意思是，质数应该去掉这三个对吗？

生：不对，还要加上29，29也是一个质数。

师：接受这位同学的纠正吗？（接受）请写错的同学赶紧修改过来。

（3）猜猜我是谁。

师：谁来读一读这道题。这道题有什么条件？

生1：和是10，乘积是21。

师：你觉得该怎样想？

生1：我认为，21的因数中，有3和7这两个质数，而且这两个质数的和正好是10，那么这两个质数就是3和7了。

师：同意吗？那我写1和21不行吗？它们的乘积也是21啊？为什么？

生2：不行，因为1和21都不是质数，并且它们的和也不是10。

师：这位同学的思路非常好，考虑问题非常周到，所写的数一定要满足题目中的三个基本条件：质数，和是10，积是21。

（4）出示课前的"哥德巴赫猜想"。

师：现在能明白这句话的意思了吗？谁来举个例子？

生1：6=3+3。

师：很好，还有吗？

生2：12=7+5。

师：继续。

生3：16=11+5。

师：还可以呢？谁继续补充？

生4：16=13+3。

……

师：同学们真了不起，你们已经完全掌握了"哥德巴赫猜想"，你们高兴吗？其实数学非常有魅力，我们只要有一双善于发现规律的眼睛，善于总结规律的大脑，就能解决一切难题。

设计意图：练习设计层层递进，进一步检验学生对概念的掌握情况，同时，呼应课前的内容，让学生体验到通过学习新知，解决了问题，体会到成功的喜悦，感受到数学的魅力。

（五）全课总结

师：通过今天这节课的学习，你有什么收获？

生1：我学会了"哥德巴赫猜想"。

生2：我学会了什么叫作质数，什么叫作合数。

生3：我学会了如何找质数和合数。

……

师：这节课我们就学到这里，下课。

板书设计

找质数

只有1和它本身两个因数的数，叫作质数。（2、3、5、7、11……）

除了1和它本身，还有别的因数的数，叫作合数。（4、6、8、9、10、12……）

1既不是质数，也不是合数。

数	形					
2		1				2
3		1				3
4		1	2			4
5		1				5
6		1	2	3		6
7		1				7
8		1	2	4		8
9		1	3			9
10		1	2	5		10
11		1				11
12		1	2	3	4	6	12

全课评析

　　"找质数"一课选自北师大版小学数学五年级上册"倍数与因数"这一单元，是在学生已经学习了"找因数"的基础上展开的，本节课的主要内容是使学生理解、掌握质数与合数的意义，并通过意义正确判断一个数是质数还是合数；通过本节课的学习，可以为后面学习公因数、约分、公倍数、通分等打下扎实的基础，在教学上起到了承前启后的作用。内容看似简单，但让学生一节课完全掌握还是有一定的挑战。我们知道，根据数学概念学习的心理过程及特征，数学概念的教学一般也分为三个阶段，即"引入—形成—巩固"，本课是关于数的概念，相对来说是比较抽象，学生不易理解并掌握。本节课，我突出体现概念的形成过程，并对数形结合思想以及分类思想很好的渗透。为了在教学中使学生更加准确地理解概念，本节课的特色设计主要体现在以下几个方面。

　　1. 问题引入，力争概念潜意识发生

　　数学概念的引入是数学概念教学的首要环节。概念引入得当，就可以紧紧地围绕课题，充分地激发起学生的兴趣和学习动机，为学生顺利地掌握概念起到奠基作用。本课教学，先以"哥德巴赫猜想"引入，猜想中涉及两大数的概

念，即"偶数"与"质数"，开课出示的时候，受限于学生的知识水平，学生能理解"大于2的偶数"而不能理解什么叫"质数"，这样就无法进一步理解和验证"哥德巴赫猜想"，抓住学生的好奇心，进而激发学生学习的兴趣与欲望，为这节课的成功打下基础。

2. 互助学习，力促概念真正形成

根据教学进度，学生在学习因数一课时，已经有了摆12个小正方体的经验，因此教学中根据学生实际，我没有让学生一开始就摆长方形来找数的因数，而是先回顾找12的因数的方法，然后再让学生以小组形式完成摆2～11个小正方形能得到怎样的长方形，完成学习报告单，力助概念的慢慢形成，真正让学生们理解什么是质数与合数，体现了学生学习的自主性。同时，互助学习的方式让学生学会与他人交往，并在交往的过程中交换意见，从中吸收自身所需的信息并加工形成大家达成共识的探究结论，达到共同进步的目的。本课在体会"质数"部分，安排了小组动手操作、探究的活动——摆长方形，目的是让学生通过与同桌合作交流，进一步发挥团队意识，并且用"形"的形式来体会"质数"，体现出数学思想方法——数形结合，为概念的形成和巩固打下基础。

总之，数学概念是数学知识的"细胞"，数学概念是数学教材结构与小学生数学认知结构中最基本的成因，也是新课标中"四基"教学的核心。我借助活动，让学生经历"感知、表象、形成"的过程，学生通过自己的思考和分析，最终获得质数与合数的概念，让概念学习和形成更加深刻。

下 篇

教学论文

　　我们把每一节课堂作为研究对象，探索更有效的课堂形式；把每一位学生和老师的"改变"作为研究目标，追求更深层次知识与能力的建构，逐渐形成了较为稳定的教学活动结构框架和活动程序。我们所追求的数学课堂聚焦四个特征：

　　（1）本质与变式，即在学习内容方面，学生把握了本质与变式。

　　（2）探究与协同，即在学习方式方面，学生亲历了探究与协同。

　　（3）建构与反思，即在学习过程方面，学生展开了建构与反思。

　　（4）迁移与运用，即在学习结果方面，学生学会了迁移与运用。

　　实质上，对教育教学我们并不缺认识，缺的是把认识变为行动；我们也不缺理念，缺的是把理念变为实践。我们要坚持做到把易逝的课堂定格为常存的文字，用心记录课堂中的亮点、败笔、意外，让瞬间变成永恒，继而品味、咀嚼自己的课堂教学，对自己的教学实践进行反思和重建，给忙忙碌碌的日子增添清新明亮的色彩。

　　让我们真正沉下心来，立足学生教学，在坚持中思变，于执着中求新，不断积累提高，走出属于自己的精彩从教之路。

以"长程两段"的视角关注课堂教学

——以"整数笔算乘法"为例

东莞松山湖中心小学　刘贤虎

一、研究思考

数学教学中，无论是课程目标的达成，还是学生学习能力的形成和提高、数学素养的提升和完善，都需要经历一个循序渐进的、长期的过程。在教学时，教师往往更多地关注本节课的教学目标，通常是三年级教三年级的，四年级教四年级的。四年级的教师不知三年级或三年级之前的教学内容的相关性，甚至出现同年级各单元之间内容的割裂。

美国教育心理学家布鲁纳主张教学的最终目标是促进学生对学科基本结构的理解。结构是指知识构成的基本架构，学科的基本结构是指学科的基本概念、基本原理。布鲁纳认为，如果教材的组织缺乏结构或者学生缺乏认知结构的基本知识，发现学习是不可能产生的。因此，布鲁纳把学科的基本结构放在设计课程和编写教材的中心地位。

我国叶澜教授倡导的"新基础教育"改革对课堂教学进行了重建，在数学教学中的典型体现是改变以往"点状教学"，走向利用知识的内在结构促进学生主动学习的"结构教学"。其教学策略就是"长程两段""整体感悟""融合渗透"。

注重课堂教学的整体综合性设计，就是将每节课看成整个教学单元或教学长段的细胞，将教学单元或教学长段看成整个学年或整个学段的细胞，将整个学年或各学段看成小学和初中阶段的细胞。这种对教学目标有机性的把握，要求对各年级或各年段的分级要求有一个整体把握。有了这样一个整体规划的框架，教师就容易明确数学学科总体的教学目标，也容易了解各年段的具体目标，并通盘考虑，前后衔接。

"长程两段"是采取相对系统的教学行为，具体地说就是教师改变原来教学中一个一个知识点匀速教学的方式，摆脱和超越具体的每一节课的限制，在

整个单元知识结构的基础上，将每一个结构单元的教学分为教学结构阶段和应用结构阶段。在教学结构阶段，主要采用发现的方式，让学生从现实的问题出发，在问题解决的过程中，发现和建构知识，充分地感悟和体验知识之间的内在的、关联的结构存在，逐步形成学习的方法结构。这一阶段的教学要适度放慢，便于让学生充分把握学习的方法结构。

在运用结构阶段，主要让学生运用学习的方法与步骤结构，主动学习和拓展与结构类似的相关知识。由于学生已经掌握和能够灵活应用结构，进行主动学习，这一阶段的教学适合以加速的方式进行，这种教学能体现知识整体的结构。

二、教学实践

下面以人教版三年级下册教材第46页中"整数笔算乘法"的教学为例，分析如何进行教学的"长程"设计。"整数笔算乘法"在小学数学计算教学中有着举足轻重的地位，它是学生计算能力结构体系的重要组成部分，是小数乘除法学习的直接基础。从教材内容的编排来看，这一知识被划分为三个阶段：多位数乘一位数—两位数乘两位数—三位数乘两位数。

第一阶段多位数乘一位数，这是笔算乘法的起点。这部分内容是学生学习笔算乘法的开始，是在学生会做表内乘法，掌握了整十、整百的数乘一位数口算的基础上进行教学的。主要探讨每一位数上的积都不满十的任意多位数乘一位数的计算方法，帮助学生理解笔算乘法的算理，并掌握乘法竖式的书写格式。从表内乘法到口算乘法到笔算乘法，这是学生乘法运算技能的一次飞跃。

第二阶段两位数乘两位数，两位数乘两位数笔算起着承上启下的作用。本课重点是解决乘的顺序和第二部分积的书写位置的问题，这将为学生继续学习三位数乘两位数的计算做好铺垫。在教学过程中，需要借助直观点子图，让学生充分体验由直观算理到抽象算法的过渡和演变过程，从而达到对算理的深层理解和对算法的切实把握。

第三阶段三位数乘两位数，这是整数笔算乘法的最后一个内容。教学中两位数乘两位数的算理和算法都将直接迁移到三位数乘两位数笔算中来，因此，学生对算理和算法的理解和探索并不会感到困难，但是，由于因数数位的增加，计算的难度也会相应地增加，计算中就会出现各种不同的情况。同时这部分内容有利于学生完整地建构整数笔算乘法的知识结构，为今后学习小数乘法奠定基础。三位数乘两位数这个技能的掌握对学生而言并不是难点，可以两位数乘两位数为支点，类比迁移至三位数乘两位数、多位数乘多位数，因此这个内容需承载类比推理思想的渗透。在类比推理的运用中，学生能顺利扩展到整个整数乘法运算领域。对于整数笔算乘法这部分内容，教材怎样调整重组更有利于学生建构知识，更有利于培养学生学习的方法呢？我们进行了如下尝试。

（一）引导学生走——教学结构

例"多位数乘一位数"

1. 复习导入，揭示课题

口算下面各题。

10×3 30×2 40×2

13×3 32×2 42×2

2. 创设情境，探究算理

（1）创设情境，提出问题

出示人教版三年级上册教材第60页例1情境图。

提问：从这幅图中，你获得了哪些数学信息？根据这些数学信息，你能提出数学问题吗？

求一共有多少支彩笔？也就是求什么？怎样列式？

你会口算吗？你是怎样算的？

（2）类比迁移，创造竖式

① 尝试：我们学习加法、减法时都可以借助竖式来计算，那乘法是不是也可以用竖式来计算呢？请大家在练习纸上尝试着写一写12×3的竖式。

② 交流：老师收集了几位同学的算法，我们一起来看一看。（先后出示①②号竖式）

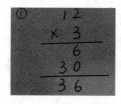 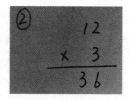

① 号竖式谁读懂了？请你上来说一说。

② 号竖式谁读懂了？说说你是怎样想的。

追问：为什么把6写在个位？为什么把3写在十位上？

③ 优化：这两个竖式的积都是36，但是它们在写法上有一些不同，你们喜欢哪一种，为什么？

教师边板书边讲解：先写12×3，从个位乘起，先用3乘个位的2得6，6写在个位上；再用3去乘十位上的1得3个10，把3写在十位上；两次乘得的积加起来

就得36。也就是先算3个2，再算3个10，最后加起来。

（3）练习巩固，适时小结

竖式计算34×2、12×4，算完后说一说是怎么算的。

3. 类比迁移，掌握算理

（1）类比迁移，拓展思维

提问：你们还能用这样的方法计算更大的数吗？举个例子，你还能算什么？

学生自己尝试计算三位数乘一位数、四位数乘一位数各一道，一位学生到黑板上写竖式。

交流：谁看明白了是怎样算的？三位数乘一位数你们怎么会算？你们是根据什么想的？四位数乘一位数，你们是怎么算的？这个四位数乘一位数你们怎么会算，你们又是根据什么想的？

（2）明晰算理，交流小结

多位数乘一位数怎样计算？

4. 拓展运用，巩固算法

练习略。

5. 课堂总结，提升算理

这节课我们一起学习了多位数乘一位数（不进位）的笔算乘法，通过这节课的学习，你有什么收获？同学们不仅创造出两位数乘一位数的乘法竖式，还自己尝试解决了三位数乘一位数、四位数乘一位数的笔算。更为重要的是，我们在学习的过程中发现，一些数学知识的道理是相通的、相似的，可以用相同的方法去解决。在今后学习数学知识时，我们也要把新知识和旧知识联系起来，如果是相似的，我们就可以尝试着用同样的方法去解决。

［评析：这一节课是学生第一次接触乘法竖式，要给足时间，让学生去发现和创造乘法竖式，教学节奏要慢一点。知识的形成过程要基于学生已有的认知基础，让学生去对话交流、相互启发、互动生成、达成共识。在掌握两位数乘一位数的算理和算法后，多位数乘一位数就可以放手让学生去尝试（它只是数位的增加，本质上是一致的）。让学生学会借助类比推理，学会自主学习。这样的学习才是有意义的学习，才能促进学生的成长和发展。］

（二）扶着学生走——理解结构

例"两位数乘两位数"

1. 温故——渗透算理

（1）口算

40×7 20×2 68×30 15×20

（2）竖式计算

38×51　43×6

2. 引新——感知算理

（1）出示"队列表演（一）"的情境图，让学生说说是怎样借助点子图和方格图算出结果的。

（2）尝试：你能用竖式计算 14×12 吗？结合一位数的乘法，让学生独立尝试用竖式计算 14×12。

（3）交流：展示学生的算法，并让学生说一说是怎么想的。

（4）类比：你认为应怎样列竖式？一位数乘两位数、三位数都是一步就能算出结果的，那两位数乘两位数呢？需要几步计算？先算什么？再算什么？

3. 深究——理解算理

（1）启思：结合点子图，说一说如何把"拆分求积"的思考过程转化为竖式计算。

（2）导读：

① 从点子图看，我们是分几步计算 14×12 的积的？

② 每一步分别算的是什么？

③ 用"先算……再算……然后算……"的句式说一说计算过程。

学生说完过程后，教师边强调边板书：14×12 是2个14加上10个14，竖式计算时先用个位上的2去乘14，再用十位上的1去乘14，然后算这两部分积的和。

（3）观察：竖式计算与点子图的联系是什么？你用哪种方法计算？说说自己的想法。

（4）类比：两位数乘两位数与一位数乘法有什么联系和区别？

（5）思考：在口算10乘14时，我们是怎么算的？"0"在这里起什么作用？为什么4要写在十位上？

（6）归纳：两位数乘两位数笔算方法和过程。

4. 练习——消化算理

（1）补充完成下面的计算过程。

```
     22          42
   × 31        × 12
   ────        ────
     22          84
```

（2）下图是一道乘法算式，仔细观察，积中的"□□"表示（　　）。

$$
\begin{array}{r}
33 \\
\times\ 32 \\
\hline
66 \\
\square\square \\
\hline
1056
\end{array}
$$

A. 99　　　　B. 99个10　　　C. 99个100　　　D. 一个不知道的数

（3）反馈练习：完成课本上"练一练"中的习题。

（4）拓展练习：两位数乘两位数我们都会计算了，那你还会计算更大的数吗？举个例子。学生举例，选择一道题计算完成。

5. 总结——提升算理

这节课我们学到了什么内容？闭上眼睛想一想，这节课我们是怎样学习"两位数乘两位数"的笔算方法的？计算两位数乘两位数，你想给同学们提些什么建议？

（评析：两位数乘两位数利用点子图，让学生借助直观感知算理。通过多位数乘一位数的类比，迁移理解算理。再进行巩固练习和拓展练习，再次类比迁移，初步对整数笔算乘法形成整体感知。这个教学过程既让学生掌握了笔算乘法的知识结构，更理解了这一类知识的学习方法结构：类比、迁移、尝试、简化。）

（三）放手学生走——运用结构
例 "三位数乘两位数"

1. 复习引入，渗透类比

21×4=　　　　　　　35×2=　　　　　　　132×3=

145×2=　　　　　　1234×2=　　　　　　45×12=

前面几题口算，最后一题笔算。让学生说说是怎样想的，为什么这样算。

2. 探究新知，感悟类比

（1）创设情境：王老师从广州乘坐普通列车去南京用了12小时，普通列车每小时行145千米。广州到南京有多少千米？

认真读题，你知道了哪些信息，要求什么问题？会解决这个问题吗？

比较45×12和145×12有什么不同？

（2）尝试估算：你能不能先估计一下广州到南京有多少千米？

（3）自主探究：广州到南京到底是多少千米？你能算一算吗？

同桌交流：说一说是怎么算的，每一步计算的是什么。

（4）感悟类比：你们都是这样做的吗？我们还没有学三位数乘两位数的知识呢，你们怎么就会了呢？你们是根据什么这么算的？

教师板书学生的计算过程：计算12个145，可以先算2个145加上10个145。先算2小时行的路程，2×145=290（千米），表示290个1，所以积的末位和个位对齐，再算10小时行的路程，1×145=145（千米），表示145个10，所以积的末位和十位对齐。接着把两部分积相加。

板书：145×12=145×2+145×10。

（5）独立验算：要想知道我们做对了没有，怎么办？你有什么好办法？

（6）异中求同：比较45×12、145×12这两道题的计算方法，有什么相同点和不同点？

3. 巩固练习，深化类比

（1）巩固练习：完成教材第47页做一做第二行的4道题，并想一想你是怎样计算的。

（2）深化类比：之前我们会计算两位数乘两位数，今天我们通过两位数乘两位数的计算方法，又会计算三位数乘两位数了。你觉得现在还会计算哪些题目？

2145×12、1234×56、145×123……

选择一个算式进行计算：145×123，说说这道题你是怎样计算的。

四位数乘两位数、三位数乘三位数我们都没有学，你们也会做了。那你们又是根据什么计算的？

4. 拓展思维，升华类比

这节课你有什么收获？大家学会了这么多知识，掌握这么多的本领，老师真替你们感到高兴。我们通过今天的学习，发现有些知识不一定要老师教，可以用我们已经掌握的知识去解决一些相似的问题，我们今天学会的不仅仅是计算的方法，还学会了一种思考问题的方法。这是本节课我们更大的收获。

（评析：这一节课教师比较轻松，复习回顾两位数乘两位数的算法和算理后，放手让学生自主探究三位数乘两位数，这实际上是运用结构。学生已经掌握了相应的方法结构，所以可以主动参与到相关知识学习的过程中。整数笔算乘法共有的本质联系的存在，为我们从整体上利用知识结构的内在关系作为教学的资源提供了可能。从而学生就能主动运用以前学习的结构去类比迁移，整体把握笔算乘法的内涵，让本节课成为笔算乘法的总结课。）

三、分析小结

在结构教学中，可以是一个教学单元或一个教学长段内的教方法结构和用

方法结构，也可以是一节课内的教方法与用方法结构。以上三节课的教学，从整体上看，较好地体现了"长程两段"的教学策略。

（一）利用横式打通算理

在教学素材选择上，多位数乘一位数的口算乘法选用小棒，笔算乘法选用彩笔盒；两位数乘两位数的口算乘法选用立方体，笔算乘法选用点子图；三位数乘两位数直接列竖式。前两个阶段注重小学生直观视觉或动作感受，第三阶段直接迁移，逐步建构乘法竖式算理和算法结构体系，顺应了小学生的认识发展。

多位数乘一位数要让学生尝试创造竖式，两位数乘两位数要理解两层竖式，三位数乘两位数要理解算理，都需要解决对位、从哪位算起等问题。笔算乘法既要让学生熟练掌握算法，又要让学生深刻理解算理。教学中对算法、算理的处理（知识结构）要有整体的思路，注意横式和竖式之间的联系。竖式是讲清算法，横式是讲清算理，从这个意义上讲，横式比竖式重要。实质上，乘法的竖式就是利用乘法分配律来讲清楚算理。因此，三个阶段的教学都借助横式讲算理的方法，促进学生形成方法结构。例如145×123，就是先算3个145得435，再算20个145得2900，接着算100个145得14500，再把三次乘得的积加起来得17835。教师板书3×145+20×145+100×145，让学生对算理加深理解，印象深刻。

（二）借助类比完善体系

人教版三年级、四年级教材编排这部分内容历时两个学年，分为三个阶段，虽然三个阶段各有不同的侧重点，但都需要关注对过程的感悟、对乘法计算的理解、对数学素养的发展。根据乘法竖式的共同特点，可以把整个教学长段分为两段，在多位数乘一位数教学时，注意引导学生把握学习的方法结构，即从数的对位、运算顺序、结果定位的角度来思考乘法竖式，在以后的两位数乘两位数和三位数乘两位数时，就可以运用结构，主动地开展学习活动。在教学结构阶段主要用发现的方式，让学生从现实的问题出发，逐渐找出笔算乘法的结构和发现结构的步骤与方法；通过总结，形成知识、方法、步骤综合的"类结构"模式。从第一阶段开始，要引导学生了解和把握这个方法结构，这样学生在以后的计算探索过程中就可以主动按照这个方法结构开展研究活动。

数学的教学内容贯穿着两条主线：一条是数学基础知识，一条是数学思想方法。数学基础知识是明线，用图文的形式在教材中呈现，反映了知识之间的纵向联系。数学思想方法是暗线，附着于知识之中，反映知识之间的横向联系，需要教师在教材中加以分析。当用一条暗线把知识贯通起来时，能看到知识间的演化发展、认知视角的变迁，以及人类精神思想的进化。这三节课都充分利用类比推理，让学生对知识进行结构化的学习，可以减轻学生学习的负担；又可以使学生对知识进行内在关系的沟通，形成学生认知的结构化；还可以使学生学习到具有一定意义的知识，提高学生个性化理解知识和创造性运用知识的水平。

"长程两段"的结构教学改变了局限于知识点的思考和认识，改变了点状的孤立的教学行为，改变了千篇一律的"准备—复习—新授—巩固—总结"的教学模式，具有较知识点教学要强得多的结构和沟通能力，为学生结构化地把握知识，进行有意义的学习提供了可能，为学生理解知识背后的思想，进行知识的创造性应用提供了可能。通过结构化的教学，知识就不再是零散的、点状的，而是组块化和群集化为结构群。可见，"长程两段"的结构教学有利于学生形成认知的结构化，促进了学生的自主发展。

参考文献

[1] 布鲁纳.教育过程 [M].邵瑞珍，译.北京：文化教育出版社，1982：41-48.

[2] 吴亚萍，王芳.备课的变革 [M].北京：教育科学出版社，2007：129-134.

[3] 叶澜.重建课堂教学价值观 [J].教育研究，2002（5）：3-7+16.

深度学习：让学习真正发生

——构建小学数学深度学习课堂实践探索

东莞松山湖中心小学　操　珍

深度学习是一种有意义的学习方式，是在理解的基础上，学习者能够批判地学习新思想和分析事实，并将它们融入原有的认知结构中，进而提升学习层次，强化学习能力，去适应新环境、新情境，探究新问题，生成新能力的综合学习。所谓"深度学习"说到底就是让学生经历情感、思维、想象，深度思考、体验、建构、反思进行深度学习，不仅要求学生把握数学知识的本质，更要求学生把握数学知识的结构，把握知识的来龙去脉。深度学习不仅关注学习的结果，也重视学习的状态和学习过程。

有效的数学学习是学生自我构建的过程，在这一过程中，学生掌握知识，学会思考，积累数学活动经验和数学思想方法，形成数学素养，发展数学思维。目前在教学中仍然存在着诸如形式化、碎片化等浅层学习和低效率学习现象，事实上要使学生取得数学学习的最佳效果，只有在课堂中通过深度学习才能不断建构自身的数学体系，同时体会思考的乐趣，让学习真正发生，最终实现有效的数学学习。

只有教师较好地做到了"深度教学"，学生才有可能做到"深度学习"，即学生能够通过数学学习促进自身思维的发展，特别是学生能逐步学会思维更清晰、更深入、更全面、更合理。在我校开展的基于深度学习的教学方式变革中，我们希望培育小学数学深度课堂，全面提升学生深度学习的能力，为培养学生的深度学习能力进行了小学数学"深度教学"的实践探究。我们在小学数学课堂的实践探索中寻找到了自己的角度：从问题的驱动性、提问的有效性和建模的科学性三方面让学生在自主探究中思维可见，在答疑思辨中完善思维，在动手动脑中发展思维，从而培养学生的深度学习能力。

一、问题驱动——在自主探究中思维可见

问题是推动学生思维发展的关键，也是进行数学教学的载体。所谓问题驱动式的数学教学就是指教师通过巧妙设计数学教学任务，紧扣核心问题启动学生的数学学习活动，引导学生利用必要的课程资源，通过自主、合作、探究学习，获得数学化的知识建构和能力提升。它应当是一种最大限度地促进学生优质化发展且相对稳定的教学策略。问题的驱动性即"勾引"学生投入学习，变学生的"被动学习"为"主动学习"。

数学课堂应是学生期待的课堂，每天都有新鲜事、新发现、新收获，教师需要把枯燥的数学知识变得有活力，为学生带来不一样的数学课堂，催化学习的深度展开，用问题驱动思考。在实际教学中，教师可以根据学生的实际情况，把教材适当加工，设计一些学生能够"跳一跳"解决的问题，他们就会有新鲜感，自愿展开学习。

宁老师执教"认识三角形"，她确定了一个本原性问题及三个子问题：

什么样的图形是三角形？

（1）你先画一个三角形，和周边同学画的有哪些一样的特征？

（2）你能用一个最本质的特征来描述三角形吗？

（3）你还会这样描述哪个图形？

这就由问题驱动学生探究：首先学生将自己画的三角形与他人画的三角形进行比较、分析，发现三角形都有三个顶点、三条边和三个角的特征，接着由"你能用一个最本质的特征描述三角形吗？"驱动学生对特征进行筛选、质疑、判断，在思辨的过程中，亲历概念的本质意义的产生，学生对三角形概念的描述由模糊到清晰，慢慢浮出水面，再由三角形概念的方法拓展到描述四边形和五边形……

从这个课例来看，学生在问题的驱动下，由读记三角形的概念转变为自主探究三角形的概念形成的过程，也就是变"理解记忆知识"为"关注知识的生成过程"，变"被动学习"为"主动学习"。学生在学习中经历了思考、质疑和思辨的过程，在自主探究中思维可见，学习是真正发生的。

二、有效提问——在答疑思辨中完善思维

在课堂中设置疑问是必不可少的一项数学活动，而且适当地追问能够有效地打开学生的新思维，调动学生的思考欲望，让学生可以对数学内容有一个更深入的认识。在数学课堂教学中，教师根据具体教学内容对学生的回答进行适

当的追问，以最大限度地激活学生的探究欲望，活跃学生的数学思维。

目前的小学数学课堂教学中，提问的有效性差的问题相当突出：不重视创设问题情境，缺少质疑和认知冲突的激发；忽视对问题的精心设计和组织，随心所欲地提问；问题欠思考或太过玄奥；以简单的集体应答取代学生深入的思维活动；问题提出后，急于求答，不善于启发答问的思路；提问的技巧、时机掌握不够好；忽视学生的提问，课堂教学中严重存在低效提问、无效提问的现象，甚至出现不良提问和失误提问；等等。因此，增强课堂提问的有效性，值得每位教师认真研究、探讨。

提出有效问题以培养高阶思维能力为目的，将问题整合、加工，变封闭型问题为开放型问题。既要给学生思考的时间和空间又要适度地有目的地引导，让学生养成"长时间思考"的习惯与能力，帮助学生学会反思。

"搭配"是人教版"数学"三年级下册的内容。

课始，教师出示1、3、7、9这四张数字卡片，提问：你能用这四张卡片摆成几个没有重复数字的两位数？大家想一想！

结果，出现了2、4、6、8、9等多个不同的答案。其实，这些是学生凭直觉进行猜测的结果，而不同的答案激发学生操作验证的需要。验证之后，教师并没有让学生进行汇报，而是说："同学们在写数的时候，老师也在思考。现在我把摆成的两位数写在黑板上，你们帮我检查一下，好吗？"能帮助老师检查，学生都挺乐意的。老师在黑板上写下13、17、37、79、73、39、91、37。接着，教师问："同学们，你觉得老师摆得怎么样？"学生纷纷发表自己的意见："不好""你重复了""还遗漏了""你没有有序地摆"……

课堂上，让学生来评价教师的做法，甚至进行质疑、提出建议，这不仅能改善师生关系、调动学生学习的积极性，而且能使师生间的"对话"更加有实效。根据低年级学生的心理特点，教师与学生一起思考，并故意出现"重复""遗漏"的情况，让学生发现、指出教师摆数中存在的问题，从而提出"怎样摆才能不重复也不遗漏"这一核心问题？

"敢于指出老师没有有序地摆，这很好！可你刚才摆得有序吗？如果是有序的，怎样把你的顺序告诉别人？如果觉得不是很有序，你可以进行调整，好不好？"学生认真检查自我反思。

让学生查看自己摆得是否有序，其目的不仅要让学生思考如何有序地摆数，从而找到正确的答案，更在于让学生与自己进行对话，反思自己的思考过程。这种反思性学习的意识要从小培养，而一旦成为习惯，会促进自主学习，学生将终身受用。

"要有序思考"作为一个要求，连学生都能提出。而真正"会有序思考"，则必须在实践中去感受、体悟思想方法和策略，积累数学思维活动的经验。通过探索活动，学生不仅对"序"会有更深的理解，而且对数学思想方法和策略等也会有所感悟，此时，学生的思维还有发展的空间。

"同学们用4个数字一共摆成几个两位数？"学生马上回答是"12个"。给出4个数字，你们总可以摆出12个两位数，是吗？这时，绝大多数学生迟疑着、思考着……

在学生想来，我们用两种不同的"序"都摆出了12个两位数，难道这种结论会有问题？问题提出后，学生思考着，教师静静地等待……

"有意见！"终于有学生忍不住高举着手。

"如果有一个0的话，0不可以做十位数。比方说，0、1、2、3这四个数字，是不能摆出12个两位数的。"

师追问："4个数字中如果有一个0的话，为什么不能摆出12个两位数？那能摆出多少个不同的两位数？"

在教师的追问下，学生将有序思考运用到新的情境中进行新的探究。学生通过验证得到4个数字中如果有一个0，就只能摆出9个不同的两位数。最后教师提出：怎样的4个数字才能摆成12个两位数呢？学生缜密思考，终于归纳得出：不为零且不重复的4个数字，一共能摆出12个两位数。

这节课中教师有效的提问，引导学生进行深度思考，适当的追问引发学生深度反思。"问题引领"正是教师实现"深度教学"也即有效地促进学生思维发展最重要的方法或途径。这也就是指，教师在教学中应当通过适当的提问、有效的提问特别是启发性的问题，将学生的思维逐步引向深入，使学生的思维更加清晰、更加合理、更加完善。

三、科学建模——在动手动脑中发展思维

在数学教学中，我们注重给学生探索的机会，让学生在比较和发现的基础上，主动建构数学知识，形成数学领悟，实现深度学习。有效的数学建构不能停留在猜想上，需要让学生带着问题，深入实际，自己去操作和探索，从而找到解决问题的关键，并以此为开端来挖掘数学规律，完善认知体系。这样的学习可以给学生更真实的体验、更多样的认识，让学生更接近真实的数学，为数学建构过程助力。

学生的数学学习活动应当是一个主动、生动、活泼和富有个性的过程，因此在教学过程中要善于引导学生自主探究、合作交流，对学习材料和学习发现

主动归纳、提升，从而建构数学模型。很多数学课都有探究活动，在探究活动中要正确处理"动手"与"动脑"的关系。

片段一："长方体的认识"探究活动设计

1. 认识长方体的点、线、面的特征。

活动一：搭一个长方体

思考：需要几个接头？几根小棒？小棒的长度有什么要求？（学生先思考，再回答，教师不做评价）

问题：在搭长方体的过程中你有什么发现？

在设计活动的过程时，考虑到长方体中不是所有的面都是长方形，所以给每个小组的小棒数量和种类的长短有不统一的，让学生在动手操作的同时要动脑思考，让学生在活动的过程中发现长方体的特征。通过学生搭建长方体的过程，让学生对"长方体"这一空间图形形成了表象。活动过程中，在注重让学生经历的同时，更抓住学生的思考（搭长方体之前的思考、观察小棒过程中的思考以及对为什么需要分成3组相等长度小棒的思考），用这些思考来促进学生对长方体的棱和长方体的面的特征的理解。

2. 认识长方体的长、宽、高

活动二：拆长方体

问题：如果让你抽出其中一根小棒，你还能想象出原来长方体的样子吗？你认为这样的小棒可以抽出几根？最后剩下几根？

追问：为什么剩下这三条棱就能想象出原来长方体的样子呢？

学生讨论得出：剩下三条棱的特点——交于一个顶点的三条棱。

说明：这样的三条棱的长度分别叫长方体的长、宽、高。

拆长方体的活动其实是一个引发数学思考的过程，其真正目的是理解"面"的特征。引导学生拆的过程是思考面的特征，也是进一步强化学生对长方体棱的特征的理解，这渗透了长方体的长、宽、高来决定长方体的大小。从抽象的几何图形回到生活中的物体原型，进一步发展学生的空间观念。设计一个有利于学生思考的活动，才能真正把课堂还给学生，真正发展学生的深度学习能力。

教师在"长方体的认识"中设计了"一搭一拆"这两个活动，让学生在动脑思考、动手操作中建构了长方体的模型，理解和掌握了长方体的特征。

片段二：以"三角形的面积"探究活动为例

活动设计：从给出的四个三角形中任选一个算一算它的面积。

操作材料：（异质配备）5个小组给出的4个三角形中有两个完全一样的三

角形，另外5个小组给出的4个三角形是完全不一样的。

学生活动：

（1）从4个三角形中选取两个完全一样的，拼成一个平行四边形。

（2）找不到完全一样的，勉强拼出的普通四边形，面积计算没学过。取其中一个在纸上描出和它完全一样的，用图形和实物拼一个平行四边形。

（3）只用一个三角形，沿三角形的高剪开，再拼成一个平行四边形。

因为异质材料的配备，没有两个完全一样的三角形时，学生积极主动地去思考，采用了画一个一样的三角形等方法，需要两个完全一样的三角形的观念也是学生在操作中得到的。通过探究活动，激起学生真正的思维，让学生在活动中正确处理"动手"和"动脑"之间的关系。既动手又动脑，学生的高阶思维得到发展，实现从直观到抽象的"数学化"过程。学生在活动中明白"÷2"的来历，三角形面积计算的模型由此产生。

在我们的数学课堂中，教师给学生充分的时间体验交流，实践操作，让学生主动参与学习过程，充分调动学生多感官协同参与学习过程，做到手脑并用，把教学过程变成学生带着问题学习、不断探索解决问题的过程，让学生通过自己思考，自己动脑动手，自己发明创造，在亲自感知思考、操作实践中加深对知识的理解，建构知识体系。

四、总结

有这样一句话：我听到的，我忘记了；我看到的，我记住了；我说过做过的，我懂了！学生经历的，他们会深深地记在心里。在我们数学学习的课堂中，教师用问题驱动激发了学生学习的兴趣，让学生主动参与学习、主动思考；适当有效的提问让学生在答疑思辨中思维更加完善；在操作探究活动中学生亲历探究与协同，经历建构与反思，发展高阶思维，从而培养了学生深度学习的能力。深度学习是对学生的学习能力提出的一种高要求，我们作为教师只有深度钻研教材，深度反思，才能进行深度教学，促使学生主动努力学习，学会学习，享受学习的过程，最终提高深度学习的能力。在探索的道路上，我们还需继续努力前行，让学生的学习在课堂上真正发生，让学生真正成为学习的主人。

参考文献

［1］郭华.深度学习及其意义［J］.课程·教材·教法，2016（11）.

［2］郑毓信.学科视角下的核心素养［J］.小学数学教师，2016（2）.

［3］王旭辉.提高小学数学课堂提问有效性的教学案例及反思［J］.甘肃教育，2012（13）：88-89.

［4］陈涛清.让实践操作走向实质——引领教师培养小学生数学实践操作能力的几点做法［J］.小学教学参考，2007（12）：33.

教学生"会学" 培养深度学习能力

——例谈学生学习能力的培养

东莞松山湖中心小学　宁俊玲

一、一次随堂听课的思考

这是一节已经上课5分钟后被悄悄潜入听到的教育部审定2016年《义务教育教科书·数学》人教版二年级下册"图形的运动（一）"——"平移"常态课。被观察者，邓卓滢同学一节课的情绪变化：愉快—失落—"快哭了"。

课堂情况是这样的：教师让学生画出小房子向右平移7格后的图形。为了保证不出错，教师要求学生先找原图的点，再依次找对应点，点对点的数平移格数，画图。在展示交流环节，教师只请了跟自己思路相同的学生讲解思路（在学生操作环节教师已掌握学生的方法）。邓卓滢同学几次举手，被老师"忽视"；老师经过她身边的时候，邓卓滢甚至试图"缠"住老师，都被老师轻松躲过。这个学生的表现引起了我的注意。为此，进行了课后采访：该生、同伴、授课老师。

该生："中间4格（平移前后图形之间），它（图形本身）3格呀，7格刚好。"该同学在这个环节，对同伴和老师的否定是委屈的，交流时同伴只听到她数中间空的4格，就制止不让说了。汇报时老师也没给她完整表达的机会。该生一直认为自己的方法又快又好，当快于别人完成任务，又核实对了的时候，她是开心的。所以当同伴不认同的时候，她会白眼；当老师没有肯定的时候，她会不开心，当老师授意全班用数点的方法再次验证时，该生才不愿意去数，认为麻烦；当同伴告状老师裁决被误会时，"快哭了"！

同伴："老师说了，要从点数到点的，她数了中间的空格。"所以针对数两个图形中间的空格的方法，同伴不认同。同伴是个听老师话的"好学生"。

与授课教师交流，教师认为"只数中间的空格肯定不对"。

思考：老师在批作业的时候，也是每一本都"从点数到点"吗？期末试卷我们负责批操作部分的老师是如何判断对错的呢？跟踪调查的结果是老师批改的时候竟然和邓卓滢同学的方法相似，或看中间的空格，或看图形边缘的空

格。那么，为什么我们在教学时一定要强调"从原点到对应点数7格"这样的方法呢？当老师这样强调的时候，究竟有多少学生是完全按老师教的方法做的？后来授课"平移"的老师说了实话：没有让该生表达完急于制止的原因，一是该生表达的确很慢，没有耐心等；二是授课老师有顾虑，怕她的想法把全班学生带"沟"里。当学生的回答和自己想要的不同时，就选择屏蔽了该生的表达，从而失去了课堂碰撞的精彩瞬间，失去了课堂生成的机会，（该生的想法给时间思辨，将是了不起的发现，是好方法）并且"伤害"学生的思维，属教师备课不足。难能可贵的是，尽管同伴和老师都不认同，她依然坚持自己的想法，在接下来画平移图形时，是用平移的总格数5减图形本身格数3等于2，坚持数了两格后开始画图形。

二、对培养小学生深度学习能力的思考

小学数学的核心素养是指小学生在学习数学的过程中，将数学基础知识、数学逻辑、数学方法和数学思维内化为自身的素质和能力，即在生活和学习中可以有效运用这些数学知识、逻辑、方法和思维，来观察分析问题、思考问题和解决问题。

小学数学的学习不仅是为学生的数学学习打基础，更是让学生形成数学学习的良好习惯和心态，保证学生在以后的数学学习中有更大的进步，教师的每一步指引对学生来说都有很大的作用。如果教师注重学生的数学能力和素养的培养，小学生就会从中受益颇多；但如果教师忽略了这一点，学生就会被耽误。没有这一概念，在学习时目标错误，只为提高眼前的分数，对于能力和技巧的提升没有任何要求。就像"平移"中，如果教师不是采用"堵"而是采用"疏"的方法，对于小学生学习能力的培养是有益的。因此小学生数学核心素养的培养离不开教师的指引，教师要找到合适的方式和机会让学生养成这种学习能力。"授人以鱼，不如授人以渔。"

东莞市教育局教研室的陈小燕老师在观摩了在广东佛山举行的"第十三届小学数学改革交流展示培训活动"后，有感而发，写了一篇"不再追求"完美"的背后"阐述了不再追求"完美"的课堂所折射出来的目前小学数学课堂教学改革的新变化，即教师在课堂上花更多的时间带领学生去探究、去体验，即使一节课没有上完，也"不紧不慢"。以"教"为中心真正向以"学"为中心转化，"以生为本""学生主体"的理念在课堂教学中得到真正落实。文章还指出这是教育理念在实践层面真正落地的一次"质"的变化，我们应该努力学习并践行之！

怎样真正做到把"课堂还给学生"？小学数学课堂我们教师应该"怎么教"？

三、教学生"会学"，培养深度学习能力

在知识以指数级速度增长的今天，只是"学会"将很难助力孩子的未来。教学生"会学"——拥有深度学习能力，培养学生数学核心素养，已经成为基础教育发展的新趋势。因此，转变学生的学习和思维方式，向深度学习迈进，是应对时代的挑战，是教育觉醒的必然选择。以注重知识之间的内在联系，旨在培养学生的高阶思维能力的主动式学习为深度学习，要求"改变过于强调接受学习、死记硬背、机械训练的现状，倡导学生主动参与、乐于研究、勤于动手"。

（一）成为学习主体，养成思考习惯

在课堂教学中，让学生主动地、积极地探究知识，有自己独立思考的时间、空间和活动。

以"圆柱的表面积"为例，一上课教师首先呈现圆柱体，提问学生：你会求它的表面积吗？学生根据已学知识，很快就会知道：圆柱上下两个底面都是圆。而圆柱的侧面打开是长方形，可是不知道长，没办法计算。这时学生已知和未知产生强烈的冲突。

教师让学生以小组为单位用两张白纸做一个圆柱。学生先是很兴奋，觉得很简单，第一反应都会先用卡纸卷起来，形成圆柱的侧面，再去制作圆柱的两个底面。由于底面圆的大小不好测量，显然很难做出圆柱体。

教师及时提出问题：做不成功的原因是什么？学生说出自己的困惑：底面不是大了，就是小了，圆柱侧面卷成的圆筒又很软，没办法用它的底印出一个圆形底面，总是变形。老师又适时点播：为什么底面大了小了都不行？你有什么发现？学生七嘴八舌地补充"圆片得和圆筒一样大""底面的圆形的周长要和圆筒的周长一样长，才好对接成圆柱"……

老师引导说："既然发现了底面的圆形的周长要和圆筒的周长一样长这个规律，现在你能不能计算出它的表面积？"

在这个例子中，教师在上课之前是知道讲什么的，但是上课没有直接告诉学生圆柱的表面积怎样求，也没有让学生机械记忆圆柱和展开图之间的关系。而是带着学生去经历知识发现的过程。学生通过制作圆柱体的过程（虽然失败了，但是在"再创造"的过程中进行反思），发现了圆柱体表面积的本质特征。这里的"本质特征"就是我们要关注的建构数学意义和策略知识。在圆柱

体表面积计算方法的探究中，必须知道什么条件才能计算圆柱的表面积，这是一个思辨的过程，这其中涉及的"分析、评价、创造"的认知过程维度都能很好地培养学生独立思考的习惯。

我们说的学生主体，首先的表现形式是操作，或者说是学习，是主动获取知识，他大脑的指令是自觉的。刚才这堂课学生完全进入了自觉学习当中，一直跟着教师说这个是什么，那个是什么，这个到底有什么规律。整个过程学生是自觉自愿进入的，而且是深度进入进去的。在这个过程中，学生确实是一个学习主体，在这种情况下教师是主导。让学生作为主体"探索""发现""经历"知识的形成过程，使得知识变得可感，让学生体会科学的思考方法。

（二）追溯知识本源，养成思维品质

"以学生发展为本""培养学生核心素养"作为新时代课程教学改革的基本理念，也要求"改变过于强调接受学习、死记硬背、机械训练的现状，倡导学生主动参与、乐于研究、勤于动手"。我们的数学课堂应该让学生在经历知识产生的过程中学会学习，在探索知识本质的意义中培养学生的问题求解能力。

以人教版四年级下册"三角形的特性"为例，在研读教材时先确定这节课的核心是什么。（是稳定性）那么稳定性的本质又是什么呢？是拉不动吗？讲到"拉不动"是三角形的稳定性的时候，学生会结合实际生活质疑：四根木条钉成长方形，只要钉得牢固，也拉不动？是否拉得动跟材质有关，还是跟钉的方式有关？

那么稳定性的本质是什么呢？教学中，我们需要带领学生去追溯稳定性的本质源头：三角形三边固定，形状和大小就固定，并通过对比四边形、五边形边的长度固定，大小和形状不固定这一现象，带领学生在对三角形稳定性的本质的探问与追溯的过程中，体会三角形稳定性显然不是拉不动，而是三角形的形状和大小的唯一性。这个才是小学数学课堂中教师需要教学的本源，就是"对数学知识本质的认识"。培养学生的思维习惯，发展高阶思维。

以"面积与面积单位"为例（人教版三年级下册）。设置探究环节：

（1）把四个图形按从小到大排列并追问："还有其他方法吗？"

（2）用自己的方法比较①号和②号长方形的面积（①号和②号长方形面积接近，形状不同）。

学生一开始用直观法判断出最小和最大的，①号和②号图形比较大小会产生思维障碍：观察比不出来，没有格子不能数，也没办法重叠。第二个问题的设置让学生用自己的方法比较是学生思维的体现。学生首先想到用树叶、小花、手掌，进而意识到既然这些可以，更精确一点，可以用三角形、正方形、平行四边形……到这里已经有结论：面积是可以比较大小的。老师在这里可以进一步引导学生：哪种图形做面积单位更合适？学生通过操作体验，产生自己独立的思考：三角形、平行四边形得转方向，比较麻烦，用正方形做面积单位最合适。

整节课学生在主动探究中解决问题，又在解决问题中不断发现新问题，又在纠错中不断深化思维过程，在不断地比较中优化思维，最终追溯到面积单位最合适的选择是正方形。高阶思维就在思考—对比—操作中一点点显现出来，又在分析、思辨中完善，学生的创新能力、问题求解能力、决策力和批判性思维能力得到很好的发展。

（三）科学建模，促进深度建构

数学知识习得的过程，类似于建筑学里的"建构"，需要经历探究、思考、反复修正、不断完善，是一个全过程的综合反映。

以教育部审定2013年《义务教育教科书·数学》人教版二年级下册"笔算除法"为例，司空见惯的教学通常是先做乘除法的口算题，然后选其中一道进行教学笔算，或者是给出一个情境，列出除法算式引导学生怎样笔算。这些都无可厚非，关键是除法的笔算过程为什么是这样的？教师都避而不谈，觉得是理所当然的，书本上就这样写的当然这样教。甚至大部分教师根本就不知道也从未深究过除法竖式的由来。可是这样的教学，学生接受吗？学生会有想法吗？

当然有！学生学习除法竖式的基础是加法竖式、减法竖式、乘法竖式。类比出除法竖式应该是这样的。这才是学生想当然的除法竖式。

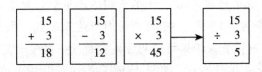

所以，当学生的想当然与老师的理所当然发生冲突的时候，我们就非常有必要带领学生去探寻除法竖式的产生，才能真正帮助学生建模，构建并完善学生头脑中的知识结构。这就是要带领学生经历"竖式对运算的记录意义"这一探究过程，如除法15÷3=5该怎样写竖式？先引导思考的方向：除法在四种运算中最特别，这种特别会不会是因为除法这种运算的缘故呢？确定好一个思考方向，进而带领学生重温除法的意义，体验运算记录。经历平均分的过程：15个苹果分到3个盘子里。再对操作过程进行梳理：共15个苹果，分掉15个，还剩0个。最后通过辨析：两种竖式写法哪一种比较合理？显然第二种竖式能够记录平均分的过程，来帮助学生建构起头脑中除法竖式的模型，并发展学生的批判性思维能力。

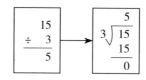

建构是一个全方位、长时间的过程，某一节课，或许能完成一个模型的建构，也或许只是一个建构的开始。因为有了如此深入的探究，我们愿意相信，学生的思维正在沿着自己的方向深入，而且还会带着疑问继续建构除法竖式这个概念。教师最重要的任务是引发学生的学习愿望，把学生引到学习过程中来。到真正学习的时候，教师只给学生方向，学习过程本身还是要学生自己学，才能很好地对知识进行深度的构建。

（四）培养创新意识，发展深度学习能力

教是不能脱离学而存在的。反过来说，学是可以独立存在的。如果不能让学生参与到其中，这个教就不能称为教。如果教师将知识传授给学生，学生被动地、机械地模仿或记忆，这个教也不能称为真正意义上的教。我们常说"师父领进门，修行在个人"，最重要的是引发个人学习。叶圣陶说"教是为了不教"也是这个意思。深度学习一定是学生主动参与教学过程。在教学中，为学生创造探索的情境，提供"开放"的素材，培养他们独立获取知识的能力和勇于创新的主体意识，促进学生深度学习能力的发展。

以人教版四年级下册"认识三角形"为例。第一部分学习了三角形有3条边、3个角、3个顶点的特征之后，让学生描述三角形的概念时，超过90%的学生会这样说：有3条边、3个角、3个顶点的图形是三角形。很多公开课的老师是通过让学生看书质疑，重点词语解读的方式突破这一教学难关的。

三角形的概念描述看似与三角形特征无关，所以学生很难在此处建立联系。如果在此处，我们提供开放的情境，让学生尝试创造概念就可以很好地解决这一问题，并能培养他们独立获取知识的能力和勇于创新的主体意识。例如，发现三角形的特征后，教师要求学生尝试用三角形的"一个特征描述三角形"。对四年级的学生而言，这不是一件容易的事，从来创新思维也不是从显而易见的知识学习中而来的，让学生经历思考、筛选、尝试，学生才有可能创新。我们来看课堂中两个学习主题对于这一知识学习的一段相关实录：

生1："三个点肯定不行。"

同桌："嗯，三个点都没有角，应该是三个角，有三个角就是三角形。"

记录：有三个角的图形是三角形。

左右看其他小组同学，过了一会儿，说："三条线段也不行，交叉在一起肯定不行。"

同桌："就是有三个角的图形。"

全班同学一起汇报交流。

生2："我能画出有三个角但不是三角形的图形。"（黑板上画）

受到质疑的生1看黑板，大声说："这也行？这都不是一个图形。"

同桌："可以把这三个角连起来，也不是三角形，像星星。"

生1：在本子上画，疑惑："可是三条线段组成的更不行，看……"画相交于一点的三条线段给同桌看。

在反例面前，生1和同桌知道自己的结论不正确，似乎"山重水复疑无路"了。

班上其他同学的交流思辨仍在继续着，"线段的端点要连接起来""围成一圈"。……各种理解方式涌现出来。

生1：想了一下，用手指比画"端点连接"。同桌拿他的笔摆了一个三角形。

生1不说话，拿走一支笔，又放上去。解释说："围起来，端点连起来……"

在三角形概念的再创造过程中，让学生在分析、评价、思辨的过程中培养团队的协作意识，培养有效沟通能力，发展批判性思维，在经历知识产生的过程中学会学习，在探索知识本质的意义中培养问题求解能力，发展学生的深度学习能力。

以培养学生"学科核心素养"为导向，努力践行将课堂还给学生，学生通过主动探究形成知识的问题结构和认知框架，变碎片化学习为结构化学习、变被动学习为主动学习、变模糊的学习为可见的学习。培养学生的思维方式和思维习惯、思维品格，促使学生从基本的数学思维向理性思维转化。这就是我们要培养的，学生在数学课堂中对知识的获取不仅仅是"学会"，更是"会学"，也就是对知识的获取能力。具备这种能力，我们小学数学课堂中才会出现"学习真正发生"。

变问题为游戏　促知识成宝藏

——租船问题游戏化教学实施的探讨

东莞市南城阳光第六小学　毛　媛

一、游戏化教学策略的实际应用

（一）游戏化教学的目的和设计策略

　　林地公园高中的亚伦·萨姆斯老师说："翻转式课堂通过教师和学生角色的颠倒使得教师的责任更大了，这种课堂中需要的是有责任、有爱心、懂设计的专业教育者。"也就是说，翻转课堂从表面上看，教师退居课堂幕后，学生主宰课堂走向。然而这种"放"对于思维无边界的学生而言可能是灾难性的，40分钟的课堂一不小心就沦陷为"漫无目的"的"侃侃而谈"。那么如何"放"才能避免"灾难"，创造高效课堂成为教育界的热门话题。笔者认为，翻转课堂的目的是为了实现生生互动，游戏化教学的引入从根本上改变了学生学习主观能动性有待提升的现实状况；使用闯关模式实质又达到分解教学目标、层层递进的效果，真正淡化了教师的课堂引导，实现了生生互动。

　　教师在课堂上的"退"缘起在教学设计上的"进"。这就意味着教师要在熟练掌握游戏化学习设计理念的基础上，将各种游戏化学习设计策略融入日常教学设计中（见下表），借助游戏化教学之力，实现"以生为本"的课堂翻转，达到两者的完美融合。

序号	游戏化学习设计策略	翻转课堂设计需求	实施方法
1	游戏关卡策略	知识片段化、学习动机	升级
2	动机激发与奖励策略	情感态度、学习动机	通关
3	交流反馈策略	学习支持	团队沟通
4	竞争协作策略	独立思考	团队任务
5	反思策略	反思能力	文字性学习收获

（二）游戏化教学设计的优势

与传统课堂相比，游戏化学习理论运用于课堂教学能有效提高学习者在自主学习过程中的学习热情。学生在游戏状态下，经历探索、发现、思考、解决、反思等多次重复的体验过程，充分发挥主观能动性，教育教学目标的实现亦水到渠成。可见，游戏化教学具备以下几个优势。

1. 游戏化教学充分调动学生的主观能动性，有效实现课堂翻转

例题源于课本，而游戏化教学设计却将走向生本，用"最吸引学生眼球"的方式，触发了学生的兴趣；用"最受学生欢迎"的方式，启发了学生的思考；用"视觉听觉相结合"的呈现，刺激了学生的求知欲。这已然促成了学生翻转课堂的主动性。

2. 游戏化教学分解各个教学目标，逐步实现教学效果

在游戏化教学中，教师创设需要解决问题的一个或若干个场景，需要学生根据具体场景去领悟建构知识。游戏任务知识点并不是直接呈现的，知识点往往都是被细化分解后，再隐藏在一个个小任务、小难关中，每个任务载负一个小知识点。知识点之间具备层层递进、层层深入的特点，学生每过关一次，貌似就完成了学习任务，而后的关卡又对知识的难度或者是运用的灵活度提出了更高要求，使学习者的整个思考系统运行起来，促进学习者从"第一关"开始，直至完成"通关"，最终实现这节课的学习目标，形成实质性的学习收获。

3. 游戏化教学激发学生求胜欲，大量呈现团队合作

学习者在游戏过关的过程中总是在经历"问题、进行探索、解决问题、又遇到新的问题、继续探索解决"的过程，而这个过程单靠自己一人的思考是远远不够的。所以游戏化教学过程中，教师为学生创造了一个又一个自由交流的空间，学习者可以在这个空间中将自己在游戏关卡中收获的方法或者是感悟分享给其他学习者；而游戏失败的学习者也能在沟通和交流的过程中逐步寻求到游戏获得胜利的思考方式和策略，在提高学生自主学习效率的同时增强了学习的信心。学生在逐个通关过程中经历探索、发现、思考、解决、反思的过程，将思考的成果呈现在学习记录纸上，并在与同伴的交流过程中逐步生成游戏通关的方法。

4. 游戏化教学借助现代化科技手段，注重创新教学体验

游戏化的课堂运用必然要求使用平板电脑、网络平台等信息化产物，这样的现代化科技手段相比传统教学的优势是显而易见的。利用电子产品的技术反复呈现游戏过程，学生根据对成功和失败的游戏过程对比，反复思考原因，最终生成反思和总结，通过自主学习确保实现知识和思想的双重收获。

（三）游戏化教学设计案例分析

笔者选择小学数学人教版四年级下册租船问题作为案例，该例题旨在通过学生对租船人员的合理安排，使所用的租船费用最少。虽然此类型的情境在学生的生活实践中时常出现，但是在实际教学过程中此情境无法很好地激发学生的学习热情，更难以实现通过学生有层次性地收获到租船最省钱的办法的生本课堂目的。故教师在设计课例时将游戏化的理念引入其中，跳脱出租船问题的情境本身，使用图形消消乐的创新游戏，让学生逐步感悟消除一定数量图形的最省钱的办法。

接下来，笔者将根据教学实践过程的每个环节，逐步分析其中所使用到的游戏化教学策略。其总原则是在"租船问题"课例的设计中，尊重游戏趣味性第一的目的，将知识点分散在游戏通关过程之中，并在每个关卡的设计时，合理安排学生之间的交流反馈和竞争协作，以期实现学生学习主观能动性的最大化。

游戏要求：游戏关卡图如下，大按钮每次可消除6个图形，每次使用需要花12个金币；小按钮每次可消除4个图形，每次使用需要花10个金币。使用最少的金币消除全部图形就能取得游戏的胜利。

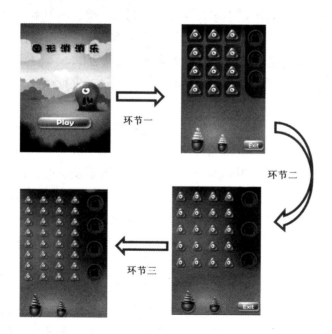

环节一：

课堂起始阶段由学生独立尝试了解游戏规则，并仅有一次机会试玩第一关——消除12个图形（如图示环节一）。此关游戏结束之后，通过不同层次学生之间的沟通和交流，找到游戏胜利的关键是选择消除单个图形耗费金币较少的大按钮。

此环节运用了"游戏关卡策略""竞争协作策略""反思策略"。在游戏方法的解读过程中，旨在让学生明确玩游戏的原则和方法分别是什么？通过一次游戏之后，有些学生成功了，有些学生因为对游戏原则理解不透而失败了，成功地实现了"竞争策略"并引发了两类思考：一部分学生在自行总结成功的关键方法，而另一学生同学则是在疑惑自身失败的原因。这不仅激发了学生学习的主观能动性，更在竞争中激发了学生强大的学习动力。此时再让成功的学生分享游戏方法，使得全体学生都在基础体验之后，掌握了"大按钮的均价更省钱"和"只有用最少的金币消除全部图形才能取胜"。无疑在这样的教学过程中又实现了"知识片段化"的目的。学生初步收获到：当刚好可以消除全部的图形时，使用大按钮所花的金币数量是最少的。

环节二：

根据"游戏关卡策略"继续创设冲突，游戏第二关20个图形（如图示环节二）。20个图形这个数量的设计是经过了多次斟酌的，较第一关的图形数量来看，这个数据有以下几个特点：一是使用小按钮刚好能全部消除20个，但大按钮却不行，与第一关收获到的结论产生了冲突。二是如果全部用大按钮，最后一次又出现了浪费，使用一次大按钮本可以消除6个图形，那么$20 \div 6 = 3$（次）……2（个）使得在本关的第四次使用大按钮时，却只剩下两个图形需要消除了。三是引发学生在游戏失败的结论之下的思考，即能否大小按钮配合着使用？分别使用几次才能最省钱？

由设计策略就成功引发了学生的"动机激发策略"，学生的好胜心已被完全激发。这时让学生开展小组讨论，运用到了"交流反馈策略"和"反思策略"。在团队沟通中，让他们将这个环节的任务当作团队任务来一起完成。这时全班学生不再是一个独立的个体，而是一个极具爆发力的团队，在这个团队中，学生都无私地将自己在游戏中的失败经验和成功经验一一分享，实现了学习动能的最大化，和思维分享的全面化。

紧接着，利用"反思策略"将"如何消除才能最省金币并取得游戏的胜利"作为反思的题目，学生充分发挥自己的"反思能力"和调动已有的知识经验，自行操作并将游戏操作的过程，即"使用几次大按钮和小按钮"分别记录在学习纸上。这样的一份记录纸（见下表），充分反映了学生在学习过程中的思考。与此同时，教师再引导学习者跳脱出游戏情境，分析数据，利用算式和

理性思考，寻找到"使用大按钮的前提下，还需要根据图形剩余的数量进行合理的调整"的方法。

图形数	大按钮使用次数	小按钮使用次数	金币数	是否成功
20个图形				
20个图形				
20个图形				

在这个环节中，使用了"游戏关卡策略""交流反馈策略"和"反思策略"，通过学生的独立操作和团队沟通，实现了知识的片段化和学习主动性的最大化。

环节三：

运用知识收获游戏第三关32个图形消除时最省钱的方法（如图示环节三），这是在学生利用自主学习所得的基础上，再次将自己的反思和成果进行实践和运用，最终返回书本知识，解决租船问题。

此环节让整节课以游戏开始，又以游戏结束，在不同的关卡中将碎片化的知识进行重组，并回归课本原题。这种做法让游戏不再停留在游戏的表面，而更深入数学学习的本质。

游戏化教学使用过关的形式激发学生挑战的兴趣，实现自然习得，这个过程远不是单纯地过关那么简单，每个关卡都承担着自身的知识点和数学思想的渗透点，学生不仅在玩，更在生生互质之中获得思维上的收获，看似"过关"，实则是思维飞跃。这种飞跃是学生自然习得的，而非教师"授之以鱼"，这样的课堂难道不正是传承着翻转课堂的精髓？每一次的团队交流合作、方法呈现和反思、赢得胜利，都充分地实现了学生的主观能动性，教师只是在课前通过信息技术为学生构建了个性化协作式的学习环境，并将游戏化学习设计的策略融入翻转课堂当中，生进师退，学生成就课堂，再次呈现翻转课堂之美。

由此可见，将游戏化的学习理念运用到课堂中，从一定程度上提升了学生的学习热情，激发了学生学习的主观能动性，让学习的过程变得润物细无声，使学习成果的习得更加潜移默化，从根本上实现了课堂的翻转。

二、游戏化学习理念在课堂运用中的反思

虽然从理论分析和租船问题的教学案例可以看出，游戏化的课程设计实现了最大限度的生本课堂，但在课例实践过程中，也同样面临着以下几个有待改

进的方面。

（一）教师的游戏设计能力有限，趣味性不足

许多教师虽然非常期望或者尝试着在翻转课堂中使用游戏化的学习理念，却又不具备游戏的开发能力，导致教师设计的程序性教学游戏的形式非常单调，很大程度上影响了学生学习的主观能动性。

（二）游戏内容与学习内容结合度不高

游戏化的教学是基于对教学内容和游戏环节的整合，通过游戏来呈现教学内容的，也使得教学活动变得生动有趣。而在实际的游戏教学过程中，很难做到每一个教学内容都有与之相对应的游戏，即使有，也常常出现一些不能引发学生深入思考的形式化游戏。可见，教师只有对教材和游戏双向的不懈研究和实践操作，才能实现游戏和翻转课堂的真正融合，使游戏成为有效教学中不可或缺的一部分。

（三）教师的实际组织能力还需提升

游戏化教学的引入，使平时毫无生气的课堂变得生机勃勃，甚至可以说变得"难以掌控"。因为游戏的过程是随着思维的深入而逐步进行的，每一个环节的游戏都在为翻转课堂教学目标的实现做铺垫，所以学习者的团队讨论、反思都在时刻进行着，通过讨论、展示、辩论才能由表面上的成与败衍生出对书面知识的深入理解。在游戏过程中，学生的配合程度等因素影响着游戏教学的效果，何时该记录、讨论、反思、反馈都取决于教师的课堂组织。那么游戏化翻转课堂的实施，要求教师具备较强的组织能力、应变能力、掌控能力，能适时调控，使得教学过程顺利开展。

（四）游戏过程中的记录与反馈如何落实

学习者由于本身还处于爱玩、想玩的年龄阶段，游戏化教学虽然提升了学生学习的主观能动性，但是同时也产生了学生自控能力差、沉迷于游戏的视觉效果刺激的后果，导致学习者不能深入思考游戏中包含的知识内容。那么游戏化的翻转课堂中，使用哪些合适的记录方式，让学生边玩边记录边反馈，使得学生需要根据每个关卡游戏的解决生成记录数据，再根据对数据的分析和总结、同伴之间的相互讨论与帮助，最终生成属于学生团体的思考成果，并通过语言、文字等形式呈现出来，就成为游戏化翻转课堂亟待解决的问题。只有根据不同的教学内容和游戏方式，设定适合的记录反馈表，方能实现游戏化翻转课堂教学的学习目的。

三、结语

文章通过一个教学案例描述了游戏化教学设计对于实现课堂翻转的作用，阐述了将游戏化理念引入课堂的策略和不足。由上文可见，游戏化教学在激发学生学习的主观能动性、加深学生的学习体验、拓展学生的思考深度等方面具备的优势非常明显，而有待提升的部分也是通过教师不断地实践和思考能逐步避免的。希望通过本文的论述，能引发各位教师对于游戏化教学的认可和不断地实践，完善游戏化课堂教学的具体教学模型，从而能有更翔实、更丰富的案例对游戏化教学设计的适用课型和教学效果进行更深入的研究，为真正实现翻转课堂做出贡献。

参考文献

［1］程君请，朱晓菊.教育游戏的国内外研究综述［J］.现代教育技术，2007（7）.

［2］王静.小学游戏化教学的教学设计［J］.网络财富，2009（4）.

［3］王大平.基于游戏化学习的网络教学交互设计研究［D］.长春：东北师范大学，2005.

［4］牛玉霞，任伟.游戏化教学初探［J］.教育技术导刊，2006（5）.

［5］张金磊，张宝辉.游戏化学习理念在翻转课堂教学中的应用研究［J］.*Journal of distance education*，2013（1）.

［6］张跃国，张渝江.透视"翻转课堂"［J］.中小学信息技术教育，2012（3）.

［7］张金磊，王颖，张宝辉.翻转课堂教学模式研究［J］.远程教育杂志，2012（4）.

基于STAD模式小学数学"生生合作学习"的有效实践与探索

——以人教版四年级下册"小数的读法和写法"为例

东莞市大岭山镇向东小学 黎静雯

一、引言

学习小组成绩分工法（Student's Team A-chievement Division，STAD），是美国约翰斯·霍普金斯大学的斯莱文教授创设的。这是一种易于实施的合作学习教学模式，是一种有效的交流合作学习的教学策略。STAD模式所涉及的学习内容和标准与传统的数学教学方式虽有非常相似之处，可也存在学习方式、方法、交流等方面的差异，因此是一种适合初次接触和尝试生生合作学习的教学方式。对于小学数学的生生STAD合作学习，每一个小组成员都应设有一定的学习任务，负责本小组合的作学习，即每一位小组成员的合作成绩都直接影响着生生合作学习成绩的好与坏，是一种数学学习任务分工、生生合作、学习团体积分的合作学习方式。

二、小学数学生生合作学习存在的误区

合作学习倡导者认为："在课堂上，学生之间的关系比任何其他因素对学生的学习成绩、社会化发展的影响，都更强有力。但课堂上同伴相互作用的重要性往往被忽视。"这说明了无论哪个学科，由于传统教学模式的影响，生生合作学习的学习方式都容易被忽视，也反映出小学数学生生合作学习现实存在的问题。

（一）师生之间地位矛盾突出，影响生生合作学习的时机

在数学现实的主流教学中，教师与学生在教学过程中的地位完全不平等。数学教师是完成任务的控制者，学生是学习活动的被动接受者，生生的合作学习过分依赖教师的预先制订。在这样地位矛盾突出的情况下，虽有强调实施生生

合作学习，可不和谐的学习关系导致学生丧失了数学合作学习的时机，被迫地参与学习活动，被动接受知识的灌输。长期以来，学生之间的合作学习缺乏应有的独立性、主动性和创造性，忽略合作学习对所有学生发展的促进作用。

（二）生生学习缺乏交流互动，阻碍生生合作学习的成效

1. 生生交往缺乏合作互助

由于传统数学目标结构的稳定性，生生之间的学习都体现了浓厚的独立性，即学生都是为自己的成绩而学习的，数学学习过程与其他同学仅有"空间"关系，而没有发生思维碰撞的机会，缺乏了相互交往、互相合作和互相帮助。这样一来，即使偶尔进行生生合作学习，学生容易只对学习结果产生兴趣，而完全忽视了合作过程所体现的和谐的人际关系，从而这样非正式的生生合作学习的效果并不理想。

2. 生生间存在竞争性目标

受传统数学教学观念、评价观念等方方面面的影响，生生之间在数学课堂教学行为中还存在一种竞争性的目的行为，也就是说某些学生的学习成功往往会建立在另一些学生学习失败的基础上。例如，在数学课堂中提问一些未举手的学生，学生回答错误，而数学教师自认为是"圆场"地继续提问："你能帮助他来回答这个问题吗？"这种情形，在常态的数学教学中并不少见，教师就是这样无声无息地制造了一个学生间的竞争性情境，学生得不到相应的参与机会，因此产生为了得到自我肯定，而期望其他同学失败的消极心理。

三、基于STAD模式"生生合作学习"的有效实践与探索

小学数学生生合作学习就是学生与学生之间的合作互动交流、互助探索的学习方式。有效的STAD合作学习改进了教师先进行授课的教学模式，转变成学生先进行课前预习探索，根据学生的实际情况组建学习情况相当、均衡、确定个人基础分的讨论组，从而进行课堂交流数学知识、分工汇报学习成果的生生合作学习，同时产生个别提高分，再应用传统方法的小测验检验小组的学习效果，最终以"小组得到认可"来评价这一知识点的掌握情况，其中心目标在于强调有客观答案的简单陈述性知识的教学目标，促进生生间形成和谐的合作关系，促使学生为同一个目标、同一项任务进行集体学习。基于STAD的生生合作学习需要对各自教学中的角色与任务发生较大的转变。STAD学习模式主要是"主体活动—小组活动—生生互动—评价阶段"，从而保证所有学生不脱离小组，产生更大的学习凝聚力。

（一）合理组建合作学习的讨论组，建立生生合作学习依存关系

小组的组建是STAD学习方式的主要特征，强调团队学习模式（也是生生合作学习的先前保证）。基于STAD型合作学习的数学教学在课前就要求学生进行合理分组，便于课堂中生生间讨论交流与合作学习。合理、科学地组建生生合作学习的谈论组的环节如下。

1. 混合能力分组

教师应根据数学教学目标、内容和学生的综合学习能力、具体能力、素质等情况确定小组的成员（包括课室座位的安排），通常以4～5人为宜。分组过程中应体现小组成员的异质性，也就是教师抛出数学问题后，生生间能顺利开展小组谈论活动，包括谈论问题、比较方法、纠正错误等。最后教师根据每一位学生平时的数学学习成绩、能力等情况，给每位学生设立一个基础分，并体现客观原则。

2. 确定组员职责

（1）推选小组长：确定好小组成员后，可以由教师指定或组员推选小组长，刚开始的小组长应具备一定的管理能力、学习能力、交流能力。合作学习一段时间后，可以采取轮流制，减少对小组长的依赖，并让其他学生也得到管理的机会。

（2）确定组员分工：明确人人是数学学习活动的主角，各有各的职责，定期轮换。

3. 进行小组建设

（1）为了增强小组成员的责任感，每个小组都应该设立一个独特的小组标识，确定每个小组的组名，如阳光组、奋进队等。

（2）为了增加小组成员之间的凝聚力，每个小组都应设计一句学习口号，要求朗朗上口并具有意义，如阳光组，可以设计口号为"阳光伙伴，伙伴阳光"。

（3）为了保证小组每次数学合作学习的有序进行，每个小组都应该制订一个独有的组规，每位组员都必须严格遵守每一条规定，确保每一次的合作学习能顺利开展。例如，阳光组的组规可以制定为：人人都做自信的我、勇敢的我、积极的我，做小组中的榜样，加油，努力！努力使自己更好，帮助学困同学，取长补短，提高成绩，让优的更优，待优的变优。

4. 进行全员培训

在学生进行或完善小组文化建设时，数学教师应对每个小组进行培训，保证小组合作的有效实施。培训内容包括小组长的理念、组织方法与全体学生进行合作学习的意义和方法。让每个小组长明确自己的责任，增强团队意识，并

让全体学生清楚合作学习的必要性。因此可以选择一个小组作为示范并对其进行点评，从而引导学生如何组建队伍。

（二）以非互助预习引导独立思考，为生生合作学习做知识铺垫

捷克教育家夸美纽斯说过："一切后教的知识都要根据先教的知识，即理解新知识需要旧知识做基础。"因此STAD合作学习的前提是让学生进行独立的非互助的预习，使学生自身发现旧知识结构中的薄弱环节并沟通其中的数量关系，再通过迁移发现新知识的重点所在，杜绝了学生独立思考缺失的发生。可非互助课前预习强调明确预习任务并不是完全掌握将要讲授的内容，在新课前留给学生一个引导性强的预习空间，能让学生在单独、充分的思考中形成自己对新知的把握与理解，产生自己心中的疑问，为课堂的生生合作学习提供铺垫，而这一环节的学习评估体系主要是个人与小组，以个人为主，形成生生合作学习最先的一次小组计分。

例"小数的读法和写法"非互助预习单

预习内容	预习教材第35、36页：小数的读法和写法	
预习目标	1. 了解关于小数的读数与写数的主要学习内容	
	2. 尝试理解并小结小数的读数与写数的一般方法	
复习题（旧知回顾）	1. 回忆一下整数的数位顺序表并填空。 | 项目	整数数位顺序表
---	---
数位	
计数单位	| 2. 填一填。 （1）9082，个位上的数是（　），表示（　）个（　），千位上的数（　），表示（　）个（　）。这个数读作：（　）。 （2）九万零八十写作：（　）	**小结：** 1. 整数读数时，中间有一个"0"或连续有几个"0"都只读（　）个零，末尾不管有几个"0"都（　）。 2. 整数写数时，哪个数位上一个单位也没有，就在哪一位上写（　）占位
试读	观看微课后，尝试找出本知识点的关键知识	
新知探索	1. 小数主要由哪几部分组成? 2. 请把下面小数的数位顺序表填完整。	

项目	整数部分					小数点	小数部分		
数位	……	万位	千位	百位	十位	个位	·			
计数单位	……	万	千	百	十	个				
				6	8		.	2	6	1

续　表

新知探索	3.68.261中每一个数字分别在什么数位？分别表示什么？ 4.你会读出或写出下面的小数吗？怎样读或写一个小数？ 58.58读作：＿＿＿＿＿＿＿。 一点四八写作：＿＿＿＿＿＿		
你的疑问	通过观看微课，在预习过程中，你有什么困难？有什么不理解的地方吗？请写 下来		
自评	预习效果评价	满意5分（　　）	较满意3分（　　）	仍需努力2分（　　）
小组长	合作学习评价	全对或者错2题以 下10分（　　）	错4题以下5分 （　　）	错5题以上2分 （　　）

教学材料：课前设计预习单，明确这节课的预习内容，利用预习单引导学生独立进行预习，并尝试依据预习表给的线索，探索小数的读数与写数的方法。

（1）回顾整数的数位顺序表，并确定其所表示的意义。

（2）回想整数的读数与写数的方法，为下一步的探索做迁移准备。

生生合作学习：学生之间依据预习单进行小组答案交流，达成共识，然后全班集体交流订正，并让同桌交换批改。学生个人先对自己的预习结果进行一次自我评价，小组长针对预习单的正确率，再给予一个客观的评分，最终取小组人数的平均值，形成小组积分总分（见下表）。

组别：阳光组　　　　　　　　日期：　　　　　　　学习内容：小数的读数与写数							
学生	基础分	预习学习		课堂合作学习	小测试	个人提高分	个人总分
		自评	小组长				
A：成绩优秀，学习能力强							
B：成绩中上，思维能力较好							
C：成绩中下，学习不够自觉							
D：成绩较差，理解能力较差							
小组平均分							

（三）课堂自主交流所需探索知识，提高生生合作学习实质效果

国务院《关于基础教育改革与发展的决定》指出："鼓励合作学习，促进学生之间的相互交流，共同发展，促进师生教学相长。"这说明学生之间的合作学习及相互交流是数学学习的有效途径。只有为生生合作学习提供充分自主交流的平台，才能充分发挥生生合作的人力资源及作用，实现学习活动建立

在更广阔的交流背景上，逐步培养学生的合作技能和合作意识，让学生在自主交流新知的同时，产生实质的思考差异空间，各自得到补充，提高学生的参与度，提高教学效果。

例 "小数的读法和写法"谈论问题设计

教学材料： 依据小数的读数与写数这一节课的内容，考虑该知识点的教学重难点，设计几个需要主要解决的问题。

（1）小数主要由哪几部分组成？

（2）小数的数字顺序表是怎样的？

（3）小数的每一部分所在的数位所表示的意义分别是什么？

（4）小数的读数方法。

（5）小数的写数方法。

生生合作学习： 学生之间根据所给出的问题预先进行了独立预习，并有了自己对问题的结果的想法，再在小组内交流。在讨论过程中，各小组成员可以互相争论、辨析，最终形成较完整的知识体系，得到组内谈论交流的结果。最后全班进行小组汇报（每节课随机抽两三个小组进行汇报）。汇报时，各小组成员都应有各自的任务，包括质疑与提问。教师在部分小组汇报的过程中应该注意观察其余小组的聆听情况和汇报小组的汇报情况，为这次生生合作学习打分（见下表）提供依据。主要以教师评价为主（分数等级为10分、8分、5分），激发学生每次参与的积极性与感受生生合作的成功感。

组别：阳光组		日期：				学习内容：小数的读数与写数	
学生	基础分	预习学习		课堂合作学习	小测试	个人提高分	个人总分
		自评	小组长				
A：成绩优秀，学习能力强	90	5	10	10			
B：成绩中上，思维能力较好	90	5	5	10			
C：成绩中下，学习不够自觉	75	5	5	10			
D：成绩较差，理解能力较差	55	3	2	10			
小组平均分	77	4	5	10			

（四）以个人小测试检验学习效果，及时反馈生生合作学习效率

在生生合作学习找出所要寻找新知的结果后，要及时对学生应掌握的数学知识进行强化，并通过个人小测试来反馈教师的课堂讲授和小组合作学习的不足之处，为下一次的STAD合作学习提供改善和充实的策略。而个人小测试的内容是对本节课学生对新知识的掌握程度的检验，作用是为了体现课堂的教学与生生合作学习的效果。STAD具体测试方法与以往的"巩固练习"环节的区别在于以往的巩固练习都是"呈现—独立思考—集体订正"，主要在集体中完成，而STAD个人小测试以"独立完成—小组互评（教师独评）—得出分数"为一般步骤，小组成员必须独立完成测试，禁止小组成员间的谈论与互助。这样的个人小测试主要强调是个人责任，最终的平均分数才是小组的评价分数，主要激励学生在小组学习时积极地进行互助活动，互相解释所要学习的内容，明白只有"全员通过"才能努力保持并提高他们个人及小组的基础分。

例 "小数的读法和写法"个人小测试

测试内容：小数的读法和写法　　　　姓名：　　　　班别：　　　　　得分：
一、填一填（每小题10分，共50分） 1. 7.83是由（　　）个1，（　　）个十分之一和（　　）个百分之一组成的。 2. 小数每相邻的两个数位之间的进率是（　　）。 3. 写出下面几个数中的"5"所表示的意思。 50.06　　5.48　　0.57　　0.865 4. 读出下面各数。 34.75读作（　　），6.772读作（　　），0.305读作（　　）。 5. 写出下面各数。 七千八百零七点一写作：（　　），零点零四三写作：（　　）。 十一点零四三写作：（　　），七百点零零五写作：（　　）。 二、判断题（每小题5分，共20分） 1. 小数和整数的读法完全一样。　　　　　　　　　　　　　　　（　　） 2. 0.45是由4个0.1和5个0.01组成的。　　　　　　　　　　　（　　） 3. 八点零零二写作8.02。　　　　　　　　　　　　　　　　　（　　） 4. 0.013中的"3"在百分位上。　　　　　　　　　　　　　　　（　　） 三、选一选（每题5分，共15分） 1. 下面各数中的"4"表示的是4个百分之一的是（　　）。 A. 400　　　　　B. 2.045　　　　　C. 19.42 2. 下面各数，读数时只读一个"0"的是（　　）。 A. 200.03　　　B. 9.005　　　　　C. 102.01 3. 写数时只写一个"0"的数是（　　）。 A. 四点零八　　　B. 四十点零八　　　C. 四百点零八 四、用5、0、7、6组成符合要求的数。（只写一个，每题5分，共15分） 1. 小于1且小数部分是三位的小数是（　　）。 2. 大于7且小数部分是三位的小数是（　　）。 3. 0不读出来且小数部分是两位的小数是（　　）。

教学材料：课前针对小数的读数与写数的主要内容，设计相关的巩固练习，确保每位学生一份，并预留充足的答题时间给学生进行测试，试卷的批改可以小组内互评或教师自己评，教师在下一节课前统计出测试分数（见下表）。

组别：阳光组		日期：			学习内容：小数的读数与写数		
学生	基础分	预习学习		课堂合作学习	小测试	个人提高分	个人总分
		自评	小组长				
A：成绩优秀，学习能力强	90	5	10	10	100		
B：成绩中上，思维能力较好	90	5	5	10	90		
C：成绩中下，学习不够自觉	75	5	5	10	85		
D：成绩较差，理解能力较差	55	3	2	10	60		
小组平均分	77	4	5	10	83		

生生合作学习：在个人测试过程中，屏蔽生生合作学习，学生全程独立完成，不可进行交流与互动。

（五）设立"小组得到认可"条款，激发生生合作学习积极参与

小组得到认可是建立在学生课前预习的情况、个人小测试和小组总分平均的基础上的，主要包括提高分的计算、小组得分平均分、小组成绩的认可，任务在于计算学生个人提高分和小组总分的平均分，并针对最终的结果给予相应的奖励。

1. 个人提高分的计算

个人提高分的计算取决于学生个体为小组积累的分数是多少，也就是相对于他们原有的基础分所提高的程度，由个人小测试的分数减去基础分的差得出，最后作为小组提高分的根本依据（见下表）。可个人提高分不涉及负分，旨在学生努力后，还少于基础分或分数保持不变，应不否定其努力成果，因为运用基础分与提高分的对比目的在于尽可能使所有学生都能为小组赢得最大分值，关键在于他们数学学习过程中的进步。在得到个体提高分后统计小组的团体总分，再除以小组人数来确定小组最后的学习得分（见下表）。

测试：小数读数与写数	
测试分	提高分
低于基础分10分以上	0
低于基础分1~10分	5

续　表

测试：小数读数与写数	
等于基础分或高于10分以内	10
高于基础分10分以上	20
满分	30

组别：阳光组　　　　　　　　日期：　　　　　　　学习内容：小数的读数与写数

学生	基础分	预习学习		课堂合作学习	小测试	个人提高分	个人总分
		自评	小组长				
A：成绩优秀，学习能力强	90	5	10	10	100	30	25
B：成绩中上，思维能力较好	90	5	5	10	90	10	20
C：成绩中下，学习不够自觉	75	5	5	10	85	20	20
D：成绩较差，理解能力较差	55	3	2	10	60	5	16
小组平均分	77	4	5	10	83	16	合计：80

2. 小组得到认可

针对提高分计算的平均值及预习学习与课堂合作学习的总和，最后确定小组评分等级，包括学习过程（见下表所示）与学习效果（见下表）两个等级评选。在STAD的合作学习中，并非所有的小组都能得到奖励，生生合作学习旨在"组外成员竞争，组内成员合作"的评价理论。为了促进小组间的竞争和小组内部成员之间的合作，把竞争与合作有机地统一起来，让学生认识到自己取得的进步和存在的不足，并激励学生继续努力，以争取更好的成绩，激发学生通过互相激励、互相帮助来掌握所需理解的知识与技能，让学生亲身体会到要得到小组的认可，必须帮助小组成员学会所要学习的知识。下表中阳光组的个人提高分的平均分为16分，所以学习的效果可以评定为飞跃进步组，对于学习过程主要针对全班所有小组的预习学习与合作学习的总分而定。

测试：小数读数与写数（统计预习学习与合作学习的总分前5名）	
标准	奖励
总分第一名	笔记本
总分第二名	作业本
总分第三名	圆珠笔

续 表

测试：小数读数与写数（统计各小组个人提高分平均值）	
标准	奖励
10	努力奋进组
15	飞跃进步组
20	超级学霸组

四、小学数学STAD模式有效实践的体现

STAD模式在小学数学中进行一段时间后，不同的学生在实践的过程中得到了不同收获。学生的合作意识增强，主要体现为优生会主动辅导或帮助后进生，后进生的数学学习积极性增强，遇到困难会主动寻找帮助，久而久之，学生中形成一种积极向上的学习氛围。在STAD模式的实践过程中，学生都能明显地感受到自己在数学学习中的价值。小组合作学习离不开任何一个人的努力，因此学生都养成了独立思考、合作学习的良好的学习习惯。

五、结语

有效的STAD学习模式倡导学生在课堂上大胆发言，展现自我，让学生的学习活动转变为生动、主动、个性化、互助的学习过程。有效的生生合作学习使学生通过与同学互动来发展寻求新信息的能力，使学生由被动接受转为主动求知，突出了学生的主体地位，降低了对数学教师的依赖性并突出了小组合作的重要性。STAD合作学习能有效地提高小学数学课堂的效率，促进学生之间的合作学习，在学习者之间自然存在的多样性促使学生彼此依赖，每位学生都能在每次的数学合作学习中发挥个人价值，增进小组成员的人际关系，使彼此能鼓励与督促学习。

参考文献

［1］中华人民共和国教育部.义务教育数学课程标准（2011年版）［M］.北京：北京师范大学出版集团，2012.

［2］刘宇静、高艳.合作学习教学策略［M］.北京：北京师范大学出版社，2011.

［3］郭应曾.独立思考与合作学习［M］.南京：江苏凤凰科学技术出版社，2014.

［4］（美）弗雷，（美）费舍，（美）艾佛劳芙.教师如何提高学生小组合作学习效率［M］.北京：中国青年出版社，2016.

［5］高禹斌.走向合作性教学［M］.太原：山西教育出版社，2005.

［6］（美）哈维·斯莫基·丹尼尔斯，南希·斯坦尼克.合作学习技能35课：培养学生的协作能力和未来竞争力［M］.北京：中国青年出版社，2016.

以思辨促思维

东莞松山湖中心小学　高艳丽

一、概念法则的认知思辨——激发思维

制造认知冲突，尤其是在新内容学习时，如新概念和新方法，启发学生交流探究，相互质疑问难，相互讨论有分歧的内容，在交流中碰撞思维的火花，从而锻炼学生的发散思维能力，让学生对新概念从内涵和外延各个角度把握。

例如，教育部审定2013年《义务教育教科书·数学》人教版三年级上册"长方形和正方形"——"四边形"，常规做法：圈出四边形—观察总结有什么特点—练习，给出一些图形，识别哪些不是四边形，为什么？自从关注了思维深度之后，我设置了这样的认知冲突，总结出四边形的部分特点，如有四条边、四个角之后，说："来，孩子，咱俩合作画一个四边形，你先画，我接着画，到你了，最后一条边是我的……"当我画完最后一笔后，那个学生迫不及待地说："哎呀，老师，这也行？不行不行，你错了！"我就是用这个错误的图形，来激发学生思辨，"想一想，我错在哪儿了？"这时候，学生可以画出各种各样错误的四边形。其实，就是把原本在练习中出现的反例用这样一种错误冲突的形式进入学生的大脑，这种错例不是眼睛看到的，而是思考辨析之后想出来的。这种思辨引发的思维能量很大，学生根据四边形的特点，积极创造出似是而非的四边形，还能继续设计出修改方案，怎样变一变它又变成了四边形。

在我们数学老师眼里，计算教学是比较枯燥的。倘若给计算中的认知冲突一些思辨的时间，计算教学也可以变得有味道，能从中品尝到计算法则中的高阶思维。比如，教育部审定2013年《义务教育教科书·数学》人教版三年级上册"多位数和一位数"——"末尾有0的乘法"这一课，通常教师是以示范的方式手把手教学生要这样写，学生模仿着练习几次，基本上完成了学习任务。至于为什么要这样写？学生和老师都容易忽略这个问题。在末尾有0的乘法竖式这里产生的认知冲突可不小，可以用来好好思辨一番，这是发展学生高阶思维的好素材。学习时，先让学生们尝试列出竖式，列出的竖式基本上和原来是一样的，学生认为："没什么特别的呀，跟以前学过的方法一样，甚至更简单，个位上都不用算，直接写0就是了。"这时候，把书上的计算方法呈现出来，前面学过的竖式中一直都是数位对齐，突然这里可以不对齐了，这样冲突就有了，思辨的话题也就有了。学生开始嘀咕了：

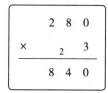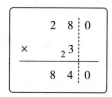

"为什么是这样啊？不对吧？数位都没对齐？"

"列竖式的时候，数位是要对齐的，你看加减法不对齐就不能计算呀。"

"虽然数位没对齐，可结果是对的。"

"数位没对齐，过程已经错了，过程都错了，就不用管结果对不对了。"

"可是为什么错误的过程能得出正确的答案呢？"

对，我们就不能用自己的智慧给这个错误找到使其正确的理由吗？我们有没有让它起死回生的本领？再一次引发思辨，有的学生说，口算时，我们是怎样怎样的，有的说，如果数据再大一点，末尾有很多0，你也一个一个算吗？

其实，这个冲突会持续很长时间，学生一直在思辨，有的学生就是不接受这种数位不对齐的写法，他坚持认为这是错误的。

二、观点答案的批判思辨——发展思维

引导学生在学习过程中勇于对各种观点和答案进行判断、辨析，判断所提出和发表的"数学观点"是否正确，辨析"数学表达"是否根据某个数学原理，等等。

例如，教育部审定2013年《义务教育教科书·数学》人教版三年级上册"长方形和正方形"——"周长解决问题"这一课，三年级有一道这样的例题（第86页例题5），用16张边长是1分米的正方形纸拼长方形和正方形。怎样拼，才能使拼成的图形周长最短？设计拼图时，超过半数的学生首选4行4列拼成正方形，其次是2行8列的长方形，1行16列的情况出现得最少。同时只有少数几位学生拼了3个图形，约一半的学生拼了一个长方形和一个正方形。到这里，我们常常会问："还能怎样拼？谁有不同的拼法？"举全班之力列举出3种不同的拼图方法，这样做，只是列举，思辨在哪里？思维如何发展？目前，我们想稍微做个小小的改变。比如，我出示一位学生的作品，他只拼了一个1行16列的长方形。"我们猜一下，接下来他会怎样拼？为什么？"应

该说，这是一个莫须有的猜测，学生本身并没有什么想法，但这个猜测不仅能列举学生的拼图，更能引发学生对这个答案的思辨，发现其合理性甚至是优越性。学生七嘴八舌地说开了，有的说："我觉得他会拼4行4列，这个最简单。"有的说："应该会拼2行吧，把第一行平均分成2份，就能拼2行了。再把2行又平均分成2份，就变成正方形了。"这个思辨实质指向拼图的顺序，旨在让学生发现、体会"有序思考"这一数学思维，按1行、2行、3行这样的顺序来思考。通过这几分钟的思辨，我对这个与众不同的答案做出评价、反思，同时，我也告诉学生，当遇到不一样的答案或方法时，停下来想一想，为什么？接下来，可以提醒学生"在以前的学习中，哪里用到过这种有序思考？"让思维在不同的知识点间架起衔接的桥梁。

三、方法策略的评价思辨——完善思维

任何一门学科的学习过程都不仅仅是掌握知识的过程，更是总结出方法和策略的思辨过程。例如，认识什么是周长后，教材有这样一道习题（见右图）：下面每组图形的周长一样吗？你是怎样想的？

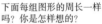
下面每组图形的周长一样吗？你是怎样想的？

常规做法：出示图形，观察后猜测，再通过量一量或平移的方法，发现周长相同或不相同，然后再延伸一点（见右图），哪条路近？哪条路远？这样，学生掌握了知识要点。像这样的情况，周长也一样。

可是高阶思维在哪儿呢？于是，我再次思考，设置认知冲突，让学生在方法、策略上进行思辨，从而发展高阶思维。这样呈现：贴长方形作品，用剪刀剪去一个小长方形，问"周长变了吗？"引发学生分析思辨：

"老师，剪掉了，周长肯定是减少了。"

"对，减少了。"

"不对，减掉的是面积，周长反而更多了，原来是直的，现在转了个弯。"

"周长好像没变，感觉长度和原来差不多。"

大家的想法不一样，想办法证明自己的结论——进一步加深分析。除了量和平移，学生还想到了别的办法：重叠比一比。经过一番思辨，得出结论：从长方形中剪掉一个小长方形后，周长不变。

再次设置冲突：周长真的就不变了吗？以此激发反思性思辨，什么情况下不变？在什么情况下会发生变化？最后，再来一个创造性思辨：从长方形中剪

掉一个图形，还可以怎样剪，周长不变？从长方形到图形，学生跳出长方形的限制，思考三角形、梯形、平行四边形、圆、不规则图形等，在变与不变中理解周长、发展思维。

我们在发展学生高阶思维的路上已经开始迈步了，前进的过程中，会有很多困惑，如如何设置冲突引发思辨？问题的难易程度即思辨的程度到什么层次比较合适？比如上面这个例子，课本的要求是只要能辨识周长是否相等就可以了。教学中，我们进一步思辨图形的周长在什么情况下变，什么情况下不变，还设置了创造性思辨，可以怎样剪，使周长不变？这样越往高层次走，能参与思辨的人数越少，而花的时间也越多，这样的设置该如何评价？这些问题有待进一步研究探讨。

培养小学生数学空间观念的实践与思考

东莞市企石镇中心小学　刘笑英

空间观念是创新和发明所需的基本要素，未来世界的人才较量就是创新和发明的比拼。小学是培养人才的重要基地，发展学生空间观念已经成为小学数学课程的重要发展能力之一。小学阶段是空间观念形成的重要时期，但由于空间观念的特有要素和难度，作为一线教师在教学中都显示出对空间观念培养力度不足的问题。因此，小学阶段培养学生的空间观念显得任重而道远，但我们要不畏艰难，多渠道学习提高对空间观念的认识。为进一步推进空间观念的发展，特此对小学数学"几何和图形"的教学进行探讨与思考。

一、明确空间观念的表征和意义

《义务教育数学课程标准（2011年版）》（以下简称《课标》）指出：空间观念主要是指根据物体特征抽象出几何图形，根据几何图形想象出所描述的实际物体；想象出物体的方位和相互之间的位置关系；描述图形的运动和变化；依据语言的描述画出图形等。《课标》虽然没有给"空间观念"下一个明确的定义，但对空间观念的四个表征进行了描述。理解这四个表征的时候要注意两个点。

一是从第一个特征的描述可知，我们要重视"三维图形与二维图形的相互转化"。在生活中我们经常看到的三维空间的实物画在平面上，或者看到平面图形想象出实际物体。在相互转化的过程中充满观察、分析、比较、想象、推理等活动。

二是《课标》对空间观念的描述提到的"想象"一词非常重要。没有想象，很难谈到对现实世界的了解与把握，很难谈到发明与创造，因此发展学生的空间观念一定要重视想象。

二、发展空间观念的主要途径和方式

发展空间观念的主要途径是实物、情境、模型、图形、语言文字，二维图形和三维图形的相互转化。发展空间观念的主要方式是实验操作、观察和想象。

三、在"图形与几何"教学中培养小学生的空间观念

"图形与几何"是发展学生空间观念的载体。在"图形与几何"教学的全过程中落实好教材提供的教学内容。教师要细心钻研教材，根据教材的内容搭建空间观念的平台，多方位地培养学生的空间想象意识和空间想象能力。

（一）活用教材，搭建空间想象平台

（1）教材是学生学习知识的重要载体，深入研究教材中知识的编排和例题的作用，为培养学生的空间想象意识搭建一个平台，创设一个支点。

"图形与几何"领域安排的内容较多，建立好和整理好这一领域的内容，对于提高教学的基础性、系统性和连续性都有着重要的作用。现把第一学段的人教版"图形与几何"领域的教学内容进行整理（见下表），主要内容有4个部分，即图形的认识、测量、图形的运动、图形的位置，涉及13个方面。

册数、页码	教学内容	知识点	属于"图形与几何"的哪个领域	教学要求
一年级上册 P34～P35	认识立体图形	通过实物和模型辨认长方体、正方体、圆柱和球	图形的认识	主要通过观察实例或情境、操作实物或具体模型，直观、整体认识常见的立体图形和平面图形
一年级下册 P2	认识平面图形	能辨认长方形、正方形、三角形、平行四边形、圆等简单图形		
二年级上册 P39～P41	角的认识	结合生活情境认识角，了解直角、锐角和钝角		
三年级上册 P79～P80	认识长方形和正方形	通过观察、操作，初步认识长方形、正方形的特征		
二年级上册 P2～P3	认识基本的长度单位（厘米和米）	经历用不同方式测量物体长度的过程，体会建立统一度量单位的重要性	测量	是对一维长度、二维面积、三维体积的度量操作。教学中鼓励学生选择方法测量，让学生测量体验单位的意义，选择适当的单位、测量工具及方法
二年级上册 P7	一根旗杆的高度是13厘米还是13米？	能估测一些物体的长度并进行测量		
三年级上册 P21～P27	认识毫米、分米、千米	在实践活动中，认识长度单位千米、米、厘米、分米、毫米，并能换算和选择长度单位		
三年级上册 P83～P84	长方形和正方形的周长	结合实例认识周长，能测量简单图形的周长，探索并掌握长方形、正方形的周长公式		

册数、页码	教学内容	知识点	属于"图形与几何"的哪个领域	教学要求
三年级下册 P61～P66	长方形和正方形的面积计算	结合实例认识面积，体会并认识面积单位平方厘米、平方米、平方分米，能进行简单的单位换算		
二年级下册 P30～P31	图形的运动（平移和旋转）	结合实例，感受平移、旋转现象	图形的运动	图形的运动最基本的形式有：平移和旋转。探究图形运动的性质，提高学生几何直观能力和空间观念
二年级下册 P29	轴对称图形	通过观察、操作，初步认识轴对称图形		
一年级上册 P9～P10	位置	会用上、下、左、右、前、后描述物体的相对位置	图形与位置	定性刻画物体的位置，用上、下、左、右、前、后描述物体的相对位置，用东西南北描述物体的绝对位置
三年级下册 P3～P8	位置与方向	知道东西南北四个方向，会用这些词语描绘物体所在的方向		

（2）认真钻研教材，明确"图形与几何"各个部分的教学要求。

第一学段教材的"图形与几何"编排的内容丰富，是为奠基好和发展好学生的空间观念精心安排的知识领域。教师要紧靠教材，实实在在地研读好教材的教学要求，明确每个知识点，落实重难点，思考如何突破重难点，才能在第一学段这个关键期抓好学生的空间观念，发展学生的创新思维，为中高年级的空间发展打下基础。

（二）在动手操作的过程中发展学生的空间观念（以第一学段为例）

小学生以具体形象思维为主，直观的、形象的、看过的、亲身经历的学习材料和模式有利于他们的学习，教师在教学过程中要多提供让学生动手操作的机会，多让学生通过眼、耳、口、手多种感官参与活动，激发学生多想、多说、多思。

例如，在教学人教版一年级上册中"认识立体图形"这节课时，设计了如下的学习活动。

活动一：让学生动手摸一摸。学生在摸日常生活中的物品的活动中初步感知这些物体的特征，从中认识这些物体的名称。

活动二：动手把物体按特征分类，从中进一步感知物体的特征，并从亲身感受中正确区分正方体和长方体。

活动三：动口说一说。感受物体的特征后用自己的语言描述清楚物体的特征并从中留下模型特征，掌握物体的名称。

活动四：动手找一找。我们的身边还有哪些具有这些特征的物体？

以上四个精心组织的学习活动都让学生动手、动口，多种感官参与学习活动并获得深刻的学习活动经验，从具体直观到抽象，丰富了学生的空间观念。

（三）在观察想象的过程中发展学生的空间观念（以第一学段为例）

空间观念的发展离不开想象，足够的时间和空间去观察和想象使学生对亲身经历所积累的感官认识更加深刻。

例如，教学人教版二年级下册轴对称图形时，我先拿出剪好的一棵对称的小圣诞树问学生："你们想不想也剪一棵像这样美丽的圣诞树？"学生很感兴趣去动手，但我并没有急于向学生讲述剪法，而是留着时间和空间放手让学生动手尝试。可能一开始学生不知如何下手，但从多次尝试的失败中再继续剪，从同桌的交流中摸索出剪法，从动手操作中发展学生的空间观念，最后学生从亲身经历中得出剪轴对称图形的方法：先对折，再沿着对称轴画出图形的一半。知识得来的过程虽然不易，但在充足的时间和空间中却是通过学生自己的所想所悟而获得成功，比依葫芦画瓢强多了。

（四）在多维度的转换过程中发展学生的空间观念。（以第一学段为例）

对于低年级小学生，认识三维图形比认识二维图形要困难。教师在进行认识图形的教学时，要帮助学生沟通图形间的联系。这很重要，有利于发展学生的空间观念。

从狭义上讲，在"空间与几何"上，0维度指的是"点"，1维度指的是"线"，2维度指的是"面"，3维度指的是"体"。维度越大，要求学生的空间能力越强。教学中要遵循从简单到复杂，从点、线、面过渡到体，这样的做法符合学生的认知规律。

例如，在教学比较平面图形与立体图形的属性特点时，学生比较难想象从面到体的延伸，需要通过空间想象从一个面到六个面的立体组合。虽然这个过程比较困难，但加强图形之间的联系是非常重要的，为学生的后继空间与几何的学习打下了想象的基础。

四、以计算机应用为载体促进学生的空间想象观念

依据小学生的认知特点和年龄特点，靠直观观察物体就想象到背后抽象的一些特点对低年级学生来说是有困难的，有效地使用信息技术的图像、声音和动态的辅助使物体生动、立体起来，这样有助于学生更好地理解图形与几何的特征，发展空间想象观念。

随着信息技术的飞速发展，学生的学习方式和教师教的方式和手段也发生了巨大的变化，数学课堂上信息技术的融合和运用也日渐成熟，对课堂教学产生了重要的影响，它既丰富了学生的学习资源，使教材的内容活泼灵动，也使学生解决问题、吸收知识的渠道更加宽广而有效。

例如，在教学人教版二年级下册"平移和旋转"的练习教学中，我运用了信息技术资源的支撑。

利用Flash动画呈现了动感的小房子图形运动之后形成的图形，判断出哪几座房子通过平移能互相重合。这样的练习给学生提供了想象的空间，小房子图形曾经发生的平移过程在学生的头脑中有了模拟的空间。另外，还运用在线作业设置了随堂检测，及时了解学生对平移、旋转知识点的掌握情况。最后运用了微课拓展了学生对平移和旋转这个知识点的巩固和补充。

培养学生的空间观念，提高学生的空间想象能力，对学生的能力发展有着非常重要的意义，这是一个需要长期而且不断坚持的过程。教师要想方设法在丰富学生空间观念的素材来源、加强学生动手操作和亲自参与途径等方面多思良策，并以信息技术为载体制作课件等多渠道、多维度地发展学生的空间观念，为培养社会新型人才做出努力。

参考文献

[1] 中华人民共和国教育部.义务教育数学课程标准（2011年版）[M].北京：北京师范大学出版集团，2011.

[2] 杜志建.专题调研立体几何[M].汕头：汕头大学出版社，2011：52-96.

[3] 周浩森.数学教学中培养学生创造性思维能力[N].学知报，2011（04）.

题"网"战术新思考

——结合空间图形例谈毕业复习的高效选题

东莞市大岭山镇中心小学　利远军

　　小学毕业班数学复习的三大任务是归类整理、查漏补缺和发展提高。在新课程背景下，搞题海战术的方式、方法固然需摒弃，但离开解题来复习数学同样也是不恰当的。在复习期间有很多题可以贯穿和俯视整个小学阶段的知识体系。如果一道题能对学生的知识、技能、思维策略、思想方法等方面进行综合训练，那么毕业复习效率将会事半功倍，如：

　　下图是由棱长为1厘米的小正方体搭拼成的立体图形。

　　（1）画出从正面、左侧面和上面看到的平面图。

　　（2）它的体积是（　　），表面积是（　　），占地面积是（　　）。

　　（3）如果把这几个小正方体并排成一个长方体，它的体积增加（　　）立方厘米，它的表面积增加（　　）立方厘米。

　　（4）写出看到三个面的面积比。正面：上面：右面＝（　　）：（　　）：（　　）。

　　（5）至少还需要（　　）个这样的小正方体才能搭拼成一个正方体。

　　围绕一个简单的立体图形，涉及了知识的纵横体系，思想转化、想象能力、推理能力和初中一些衔接问题的训练（如下图）。

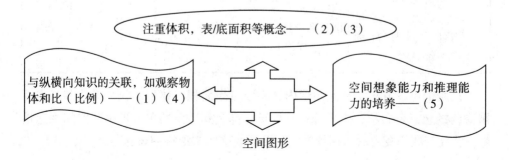

在毕业复习中如何编拟类似上题的练习，如何建立起知识·人·衔接的三维高效题网？下面结合空间图形来进行例谈，以便对其他内容的复习也有所启迪。

一、从知识脉络的生发点构建"结构题网"

通过对小学阶段系列教材（人教版）的分析，空间图形主要分布在第一学段的一年级和第二学段的四五六年级（见下表）。

学段	册数	图形的认识	图形的测量	图形与位置	课时	总课时	百分比
第一、第二两个学段	一上	第四单元：认识图形（长方体、正方体、圆柱、球）	—	第二单元：位置（上下、前后、左右）	6	61	9.8%
	一下	第一单元：认识图形（二）（长方形、正方形、三角形、圆形）	—	—	3	60	5%
	四下		—	第二单元：观察物体（从各方向观察物体）	3	60	5%
	五下	第三单元：长方体和正方体（认识）	第三单元：长方体和正方体（单位和进率、表面积、体积、容积和容积单位）	第一单元：观察物体（从各方向摆物体）	19	60	31.7%
	六下	第三单元：圆柱和圆锥（圆柱和圆锥认识）	第三单元：圆柱和圆锥（表面积、体积）	—	9	60	15%

从表中可以看出，空间图形内容主要有表面积、体积（容积）这些基本而重要的概念，表面积、体积公式的推导计算及其衍生的单位进率和空间观念培养。为此，我们复习就必须依据空间图形的这些知识特性来选题。

（一）选题要把零散的知识和概念系统串联起来

面积（底面积、表面积、侧面积）和体积（容积）是图形的基本概念，在不同的章节和学段都会涉及。在毕业复习时，我们不像新授课那样一节课只学习和认识其中一个概念，而是必须系统地把这些概念有机地放在一起，以便对比和深化。

【例1】两张完全相同的长方形纸片，一张以它的长做底面周长，另一张以它的宽做底面周长，分别卷成圆柱形（接口处不重叠），再装上底面，所得两个圆柱体的（　　）一定相等。

A. 表面积　　　　　　B. 体积　　　　　　　　C. 侧面积

D. 底面积　　　　　　E. 容积

本题明显是选C，但教师可以让学生深化辨析一下A、B、D、E为什么不相等，怎样改变题目的条件会使形成的两个圆柱A、B、C、D、E都会相等。

【具体强化】如下图所示，甲的体积（　　）乙的体积，甲的表面积（　　）乙的表面。

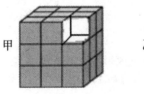 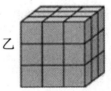

甲　　　　　　　　　乙

A. >　　　　　　　　B. <　　　　　　　　C. =　　　　　　　D. 无法确定

空间概念的认识离不开实体模型，必须有现实的情境或模型才会有意义。学生只有通过对实体的对比、辨析说理、交流才能对概念认识更系统、理解更透彻、掌握更全面、运用更游刃有余。

（二）选题要把关联性的知识综合起来

一个篱笆三个桩，一个好汉三个帮，空间图形与其他知识的关联综合也要强势分析。毕业复习阶段，对一系列教材的俯视，加强不同知识间的关联分析研究，才会像华罗庚所说：复习就是把书本从厚变薄。做好空间图形与相关联知识的综合选题，才会平衡知识多与时间紧的矛盾，才会走出一条高效的复习之路。空间图形通常会与哪些知识产生关联呢？

【例2】（1）如下图所示，某广场摆放着一个巨大的石柱和类似大的石球。在比例尺是1：2000的图上测得圆柱的半径是0.5厘米，高是10厘米，这个石柱的实际体积是多少立方米？

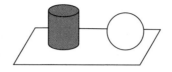

（2）请填出下面的平面图是从哪个方向看到的？

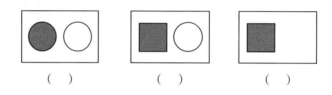

（　　）　　　　　（　　）　　　　　（　　）

在上面的教材分析表中我们看到，空间图形在第二学段中有"观察物体"单元，那么观察物体就建立起了立体与平面的对应关系；如果把空间图形或观察所得的平面图形按一定的比例画在图纸上，那么立体图形与比例尺也建立了关联。

【例3】（1）两个正方体的棱长比为1∶3，这两个正方体的表面积比是（　　）∶（　　），体积比是（　　）∶（　　）。

（2）圆柱体的侧面展开图是一个正方形，它的底面直径与高的比是（　　）。

　　A.1∶π　　　　B.1∶2π　　　C.1∶4π　　　D.2∶π

比是表示两个数的一种关系，很明显，当研究两个空间图形时，自然与比这一知识建立关联，如表面积比，体积比，如（1）。这样两种知识的结合是对面积和体积公式的理解和灵活运用，以及比的基本性质等成为中学生复习过程中必须掌握的背景知识，而且在整体的计算过程中，已经超越了由具体量上升为抽象量的转变。然而，空间图形与比所产生的关联远不止表面积比和体积比那么简单。因此空间图形与比这两大知识点的结合为我们提供了选题的思路：我们除了关注面积比、体积比、容积比等，还要分析空间图形的哪些知识与比的结合，并将这些内容在复习中加以训练，如（2）。

在与比的知识的结合中，我们看到很多涉及公式的计算，正是因为空间图形的计算公式较多，而且至少出现三个量（底面半径/高/体积，底面积/高/体积等），为正反比例的判断提供了相互结合的背景。

【衍生例题】判断：圆锥的体积一定，底面半径和高成反比例。（　　）

空间图形除了与比/比例结合，由于比与分数是可以相互转化的，那么空间图形与分数应用题/百分数应用题的结合也是家常便饭的事了。

【例4】一个装了半桶油的圆柱形油桶，把桶里的油倒出2/5后，还剩24立方分米，油桶底面积是20平方分米，求油桶高。

【多种关联】一个长方体的长是10厘米，宽是长的70%，高与长的比是3：5。这个长方体的表面积是（　　）平方厘米，体积是（　　）立方厘米。

选取至少两类不同知识关联在一起的习题是一种源于教材而又高于教材的有效复习题。通过前后知识之间的纵向比较和邻近知识之间的横向比较，自然会加深学生对各部分知识的理解，形成完整的结构。

二、从学生接受知识的实际构建好"心理题网"

我们都知道，小学生思维发展的基本特点是以具体形象思维为主要形式逐步过渡到以抽象逻辑思维为主要形式，而且这种抽象逻辑思维在很大程度上仍然是直接与感性经验相联系的，仍然具有很大成分的具体形象性。学生在思维特性和知识本身的特点的共同作用下，在复习空间图形时会出现三种共性错误。

（一）公式理解机械化

公式是空间图形的一大重要内容，我们通过小调查发现，能用公式进行计算的占93%，但不能合理解释方法的占50%。说明学生对公式在理解和运用时只会生搬硬套，特别注重具体数据的计算，而对公式的真正意义上的理解相对弱化。所以我们在选题时一定要注重公式机械化的集体防治。

【例5】下面说法正确的有（　　）个。

① 圆柱的底面积扩大3倍，体积扩大3倍。

② 等底等高圆柱体体积比圆锥体体积大2倍。

③ 圆柱体体积是圆锥体体积的3倍，这两者一定是等底等高。

④ 高一定，圆锥的体积和半径成正比例。

⑤ 里面量长9米、宽6米、高5米的长方体仓库最多可以放入33个棱长为2米的正方体木箱。

A. 0　　　　　B. 1　　　　　C. 2　　　　　D. 3　　　　　E. 4

通过对学生的作答分析，可以看出学生对公式机械化理解的表现：

（1）不清楚决定公式的多个条件是平等的，如①必须由底面积和高两个条件共同决定圆柱的体积。

（2）不会灵活变化和进行互逆理解，如②③，等底等高的圆柱体体积是圆锥体体积的3倍也意味着圆柱体体积比圆锥体体积大2倍，然而当圆柱体体积是圆锥体体积的3倍时，它们不一定局限于等底等高。

（3）不会利用等式性质进行变换。虽然学生会背等式的基本性质，但在实际答题时不会做出相应的变换，如④，学生不会换成 $V/r=1/3\,\pi\,rh$，然后再做判断。

（4）学生不会根据实际情况灵活处理公式，如⑤，很多学生用长方体体积除以正方体体积，然后用去尾法选取结果，但实际上不是仅仅理解成大体积包含多少个小体积，还要考虑这些小正方体木箱能否真正放进去，如长方体的高是5米，那么这个长方体只能放两层，以次类推只能放进24个，而不是33个。

（二）关联知识顾此彼化

【例6】用120厘米的铁丝做一个长方体框架，长、宽、高的比是3：2：1。这个长方体的体积是多少立方厘米？

当两种或多种知识关联在一起时，学生往往只会注重某类知识而分散对多种知识的周密思考，从而导致学生常常会在分析时出现顾此失彼的错误。长、宽、高的比是3：2：1这个条件占据学生的整个思考空间，弱化长方体的隐藏特性（4条长、4条宽、4条高），那么120厘米与份数的对应关系就会出现理论化错误，也就是很多学生认为120对应的是（3+2+1）份，而没有考虑到120应该对应（3×4+2×4+1×4）份。

（三）生活实体模糊化

【例7】把长、宽、高分别是5厘米、4厘米、6厘米的长方体削成一个最大的圆柱，这个圆柱的体积是多少？

学生通常定式考虑下图的第一种可能，由于缺乏实体，很多同学认为圆柱底面（圆）会与长方体的上面（长方形）四边相切，认为半径是2.5厘米（但实际只有两边相切，半径只能取2厘米），从而造成实体认知的模糊化。在实际解题中除要注重三种不同的削法，还要注意每种削法中半径的选取，否则就会出现实体模糊化的错误。

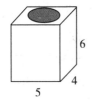 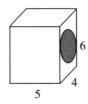 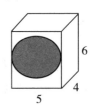

三、从思想方法上构建好"策略题网"

空间图形的学习很注重转化与组合思想，这也是拓展图形空间观念的重要途径。在复习选题时，当然少不了这方面的训练。

（一）从空间图形的自身转化上选题

空间图形的自身转化十分注重空间观念的培养和想象。在复习选题时，除了有目的地让学生想象空间形体，还要考虑空间图形的一些面是由平面图形构成的，所以在空间图形的复习时要有针对性地带动平面图形的复习。

【例8】将一个底面半径是6厘米，高20厘米的圆柱平均分成两份，表面积会增加多少平方厘米？

空间图形自身转化的复习选题一般都会注意到：

（1）考查学生的缜密分类思想，要逐一分析。

（2）培养学生一定的空间想象能力，当沿侧面或直径切开时，得到的面是什么平面图形？

（3）分割前后的变与不变：表面积哪里发生了变化？这些平面的面积计算条件与立体图形的数据存在怎样的关联？

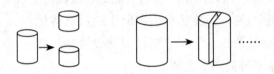

（二）从空间图形间的不同转化上选题

【例9】李明星期天邀请6名同学来家做客，他选用一盒长方体（见下左图）包装的饮料招待同学，给每名同学倒上一满杯（见下右图）后，他自己还有饮料喝吗？（计算说明）

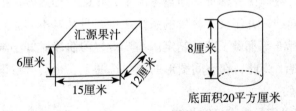

现在学过的空间图形，不论是规则的长方体、正方体、圆柱、圆锥还是不规则的空间图形都可以相互转化，也可以相互组合成不同的形体。例9是长方体到圆柱的转化，在转化分析中抓住变与不变的同时，突显多种不同的解法：可从果汁体积与7杯容积比较，也可以从果汁倒出的杯数与人数进行比较，还可以从果汁倒出7杯，每杯的体积进行比较，强化辨析。

（三）从空间与平面图形的互相转化上选题

【**例10**】制作一个无盖圆柱形水桶，有4种铁皮可供搭配选择。（单位：分米）

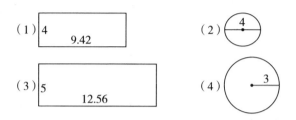

（1）你选择的材料是（　）和（　）号。

（2）选择的材料制成水桶的容积是多少升？

空间离不开平面，平面构成空间，平面与空间犹如形与影。平面与空间的转化十分考验学生的空间观念：包括转化后的图形形状，转化后平面与空间的图形的数据对应关系。例如例10，在选取底面和侧面时不仅要注意匹配，使圆的周长等于长方形的长，还要从平面图形中的数据转化到圆柱容积计算所需条件，学生才能较为准确地参与解题。下面的例题也有异曲同工之处。

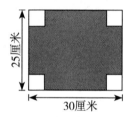

【**类似例题**】用一块长30厘米，宽25米的长方形铁皮，从四角各切去边长为5厘米的正方形，做成一个盒子，求盒子的容积。

四、从小学到初中的过渡中构建好"衔接题网"

《义务教育数学课程标准》通盘考虑了九年的课程内容，把现行小学和初中作为整体共同纳入九年义务教育的系统之中，且从基本理念到设计思路、课程目标、内容标准等都做了统一制定。在毕业复习阶段做好小学与初中的衔接也显得尤为重要。为此，在空间图形的复习选题上，也要有意识地注重小学到初中的过渡训练。

（一）用字母表示数衔接数与式

在小学里学生已接触过用字母表示数的形式，如简易方程中的未知数x，一些定律和公式也用字母表示，初步体会到字母比数更具有一般性，小学生主要是学习具体的数，而到了初一接触到的是用字母表示数，建立了代数概念，研究的是有理式的运算，这种由"数"到"式"的过渡的桥梁，则是"用字母表示数"。

【例11】观察右图，在括号内填字母，使等式成立。

$$\frac{上面的面积}{（\quad）}=\frac{前面的面积}{（\quad）}$$

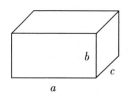

【类似例题】一个圆柱体，底面周长是c分米，高是h分米，如果高增加2分米，那么表面积比原来增加了（　　）平方分米。

A. $2（c+h）$　　　　B. $2h$　　　　C. $2c$　　　　D. $（2+h）c$

（二）用方程的策略衔接算术与代数方法解题

小学学过的应用题既可以用算术方法解，也可以用代数方法解，有时算术方法容易些，有时代数方法容易些。但是，随着学生升入初中，遇到的问题也就越来越复杂，将会看到使用代数方法的优越性越来越大。教师要把用方程这种代数方法解题作为一种策略贯穿复习始终，逐步克服算术解法的思维定式。

【例12】一堆圆锥形沙堆的底面积是28.26平方米，用这堆沙恰好铺成一条长117.75米，宽10米，厚2厘米的路。这堆沙原有多高？

学生如果用算术方法解题，可能在处理公式中的1/3时会遇到麻烦，让学生感受用方程的策略的优越性，从而让学生更习惯用方程的策略过渡到初中解题。

（三）增强空间推理能力衔接图形演绎证明

在毕业复习中除了要增强学生的空间观念的复习（如图照镜子），还要加强空间推理能力的发展，以便今后对平面几何、立体几何的推理演绎证明起到一定的过渡作用。

【例13】下面四个正方体中，（　　）正方体展开后可得到右边的展开图。

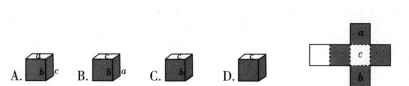

【类似例题】下面的长方体是由棱长1厘米的小正方体摆成的。算出它们的体积。

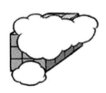

我们知道，复习时采用题海战术势必会沉溺于题海，而提高复习效率的关键是精选习题。在复习过程中，我们在复习内容分析和定位的基础上，选题既要遵循《课标》中知识与能力、过程与方法、情感态度与价值观三维思考，也要恰如其分地从知识生发点、学生学习心理，思想方法和知识的衔接方面构建精干典型题网，形成知识·人·衔接的另一种三维思考，在高效的复习中全面提高学生的数学素养。

参考文献

［1］武泽涛.小学毕业总复习·数学［M］.乌鲁木齐：新疆青少年出版社，2008.

［2］张育民.数学新型题库［M］.长春：长春出版社，2008.

体验生活　动手操作

——让"综合与实践"绽放魅力

东莞市东坑镇多凤小学　谢淑玲

《义务教育数学课程标准（2011年版）》在课程内容中设置了四个部分，分别是数与代数、图形与几何、统计与概率、综合与实践，而"综合与实践"是在新一轮课程改革后，小学数学教学中新增设的一个教学内容，它的教学活动应当保证每学期至少一次，可以在课堂上完成，也可以课内外相结合，这就是《义务教育数学课程标准（2011年版）》的一个特色，"综合与实践"的教学也成了2011年版课程标准教学的一大亮点。如何正确理解"综合与实践"的内涵，将"综合"与"实践"有机地结合在一起呢？只有在综合实践活动课上让学生主动参与学习活动，动手操作，体验生活，让学生成为课堂的主人，才能使"综合与实践"绽放魅力。

一、体验生活，绽放魅力

"综合与实践"是数学课程中的一个较新的内容，它的主要内容为经历观察、操作、实验、调查、推理等实践活动，能运用所学知识和方法解决简单问题，感受数学在日常生活中的作用，体验运用所学的知识和方法解决简单问题的过程。"数学源于现实，扎根于现实，应用于现实"，这是荷兰数学家、教育家弗赖登塔尔提出的"数学现实"原则。基于这个原则，小学数学教学应该从学生的具体情况出发，把实际教学与社会现实生活联系起来，使数学教学问题生活化，使生活问题数学化，使学生认识到数学的重要性，激发他们的学习热情，培养其数学学习意识，让学生体验和认识社会生活。我们要遵循小学生的年龄、性别、兴趣特点，以学校生活、家庭生活、社会生活为素材，让课堂从生活中来又反作用于生活，实现课堂的"返璞归真"。教师应注重教学内容与日常生活的巧妙结合，让学生在真实的生活情境中，在熟悉的生活现象中，对照书本知识，开动脑筋。例如，教学四年级下册"营养午餐"时，我先从学

生熟悉的食堂情境入手，引入新课，让学生说出自己日常生活中的午餐食谱，也就是午餐吃什么。我有针对性地播放相关菜谱图片，然后说："午餐在生活中很重要，你们觉得一份什么样的午餐才是最好的呢？一份好的午餐除了满足好吃的要求，有足够的营养是至关重要的，这是保证我们身体健康的重要条件之一。"课一开始就让学生知道数学源于生活，数学应用实践更服务于生活。为此，教学活动以日常生活的饮食现象为载体进行引导，旨在培养学生的"生活数学"观念，同时又让数学课堂显得自然、贴切。课堂结束时，我提问："同学们，我们生活中经常会看到有些人很胖或很瘦，至少说明这两种人的营养补充是不科学的，你们能运用今天所学的知识对这两类人群的食谱进行分析吗？请结合课前我们收集的一些资料进行课后讨论交流。"数学应用技能最终要回归到日常生活，所以在课堂结束之际设计了"分析偏胖偏瘦两类人群饮食"和"制作健康食谱"的课外活动，为延伸课堂教学找到了载体，更为学生技能的巩固发展提供保障，真正实现了数学教学活动的根本目的——发展学生技能，服务日常生活。

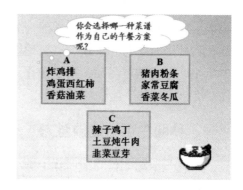

　　又如，教学人教版三年级下册第106页"我们的校园"时，我是这样用情境导入的："同学们，你们现在是三年级学生啦，在我们学校已经过了差不多三年了，喜欢我们的学校吗？喜欢我们的校园吗？校园就是我们平时生活学习的地方，我们的校园里有两块草坪，可是草坪上的草不够茂盛，建议换草皮，接下来就让我们为学校设计一个更换草皮的合理方案吧！"接着，我让学生小组合作探究，解决"铺草坪"的问题。学生运用之前学过的长方形面积公式，合理地搭配，在只有3000元费用的前提条件下计算与比较，找出合适的铺草坪方案。最后为体育老师设计了一份赛程安排，使单一的数学课与体育课进行有机结合，改封闭安静的数学课堂教学为开放式的室外体育活动，把学习活动延伸到体育课堂，让学生在玩中学习数学。本节综合实践课我都是围绕校园环境设计实践活动的内容的，提供贴近学生实际的真实问题，让学生体验生活，使"综合与实践"在数学课堂上绽放魅力。

二、多媒体创设情境，激发学习兴趣

随着新课程改革的不断深入，多媒体现代教学方式已广泛运用于小学数学课堂教学中，使课堂教学新颖、生动、有趣，富有美感和吸引力，促进了学生对未知领域的探索，课堂教学逐渐活了起来。教师可以结合学生的情况、教材内容、教学的需要，借助多媒体创设情境，激发学生学习"综合与实践"的兴趣，更好地实现教学目标，对小学综合实践教学的改革和发展起到了推动作用。在综合实践教学中运用多媒体，可以为教师和学生解决许多实际的困难。例如，教学人教版四年级上册第33页"1亿有多大"，这是在学习"大数的认识"后安排的"综合与实践"活动。你能想象1亿有多大吗？学生对1亿的猜想有很多，如1亿个书包可以堆成十几座大山，1亿个汉堡包够一家五口吃10年。学生都是凭感觉去猜想，1亿对于学生来说实在太抽象了，但有了多媒体课件，学生就能直观明了地认识1亿了。多媒体课件是这样显示的：100张纸重叠在一起的厚度是1厘米，1000张纸重叠在一起的厚度是10厘米，10000张纸重叠在一起的厚度是100厘米，100000张纸重叠在一起的厚度是1000厘米，1000000张纸重叠在一起的厚度是10000厘米，10000000张纸重叠在一起的厚度是100000厘米，100000000张纸重叠在一起的厚度是1000000厘米（1万米），再结合最高峰珠穆朗玛峰的高度8400多米，学生通过多媒体课件的演示感受白纸由少到多的变换，建立了对1亿的感性认识，取得了良好的教学效果。

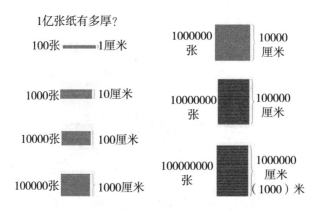

1亿张纸有多厚?

100张 ▬▬ 1厘米

1000张 ▬ 10厘米

10000张 ▬ 100厘米

100000张 ▬ 1000厘米

1000000张 ▢ 10000厘米

10000000张 ▢ 100000厘米

100000000张 ▢ 1000000厘米（1000）米

在教学人教版二年级下册第72页"小小设计师"的时候，我制作了一个有声有色的课件，融入了一些视频和生活中的一些图案。通过视频播放一些经过轴对称、平移等变换得到的图形，让学生了解一些美丽的图案是由基本的图形通过变换得到的。学生看到那些漂亮的图案，都赞叹不已，跃跃欲试，大大提升了他们的主动性和创造欲。有时候，根据讲课内容，用一些他们感兴趣的动画片段、电影片段导入新课，带他们进入梦幻神奇的世界，通过刺激大脑皮层来丰富他们的想象力。多媒体的运用还能够帮助学生建立形象思维，如把静态图变成动态视频，让学生在观看动态模拟演示过程的同时，通过分析、综合、推理、判断、小组讨论等，提高观察能力、分析能力、解决问题的能力，也促进了思维的纵深发展，提高教学效率，达到事半功倍的效果。

三、动手操作，提高探究

综合实践活动教学与数学学科教学有联系也有区别。数学活动教学是通过生动有趣的活动使学生掌握数学知识、技能、思维方法；而综合实践活动则是综合运用数学知识解决实际问题，培养学生的问题意识、应用意识和创新意识。各类学生的活动经验提高了学生"综合与实践"的探究能力，也就是说，综合实践

活动课离不开学生的动手实践操作活动。例如，教学二年级下册"小小设计师"，这是一节"综合与实践"的活动课。在学生学习了轴对称、平移和旋转等相关知识的基础上，通过实践操作活动，运用所学的轴对称、平移和旋转等图形运动的知识，欣赏并创造图案，能用自己的语言描述图形的运动，逐步发展空间观念，感受生活中的数学美，培养创新精神和实践能力。开始上课时，我让学生欣赏生活中图形运动的实例，使学生在欣赏数学美的同时，初步认识到生活中存在着大量的图形运动现象，通过仔细观察，发现这些图案的共性，都是将一个图形通过轴对称、平移或旋转变换设计出来的，从而激发学生动手设计的欲望，培养学生的探究能力，体现了数学学习的价值。接着我通过有层次的三个实践活动，首先让学生观察生活中的图案，了解一些美丽的图案是由基本的图形通过变换而来的；然后让学生利用教材提供的图形，运用所学的图形运动的知识，在正方形中贴出自己喜爱的图案；最后学生自由设计图案，并在正方形中画出来。让学生经历"学习—模仿—创造—探究"的过程，既加深了学生对图形运动的认识和理解，又为学生创新实践提供了较大的空间。最后让学生自己在4张白纸上画基本图形，并根据基本图形的运动创造美丽的图案。我用照相机拍下来用大屏幕展示，让学生看到自己的作品，使学生有了成就感和自豪感，感受到学习数学的乐趣。

总之，综合与实践活动是小学数学必不可少的教学环节，其能促使学生将所学知识有效运用到实际生活中，培养学生的探究能力。我们将不断研究、不断改进、逐步完善，使实践活动能真正促进学生的发展，使学生真正在实践中学有价值的数学，人人都能获得必需的数学，不同的人在数学上得到不同的发展，使"综合与实践"在课堂上绽放魅力。

参考文献

［1］刘季洁.拓展实践空间，培养学生数学应用能力［D］.霸州：霸州市崔庄子小学，2015.

［2］中华人民共和国教育部.义务教育数学课程标准（2011年版）［M］.北京：北京师范大学出版社集团，2012.

［3］刘彩艳.论小学数学综合实践活动课程的开展［J］.才智，2010（33）：110+323.

突破几何教学瓶颈　彰显翻转课堂特色

——试论翻转课堂下中高段几何形体教学的新模式

东莞市厚街镇三屯小学　陈慕贞

传统课堂下的几何教学内容普遍抽象化、形式化、多样化、相似化。教学时，学生因操作少，空间观念淡薄，想象能力较差，导致认知结构和认知方式对这一领域的学习产生阻碍。特别是学困生到高年级通过传统的课堂教学仅能了解立体图形的计算公式，无法利用掌握的知识解决实际问题，从而产生厌学、畏学情绪。如何突破几何教学瓶颈，彰显翻转课堂特色呢？通过对教学实践的不断探索、不断反思和不断积累，我依托学生已有的生活经验和基础知识，对如何运用翻转课堂突破几何教学瓶颈做了初步的探讨，希望与大家共勉。

一、有效整合教材，梳理几何瓶颈

《义务教育数学课程标准（2011年版）》指出："积极开发和有效利用各种课程资源，合理地应用现代信息技术，注重信息技术与课程内容的整合，能有效地改变教学方式，提高课堂教学的效益。""图形与几何"的主要内容可归纳为点、线、面、体，而点和线属于一维空间，面属于二维空间，体属于三维空间。一维空间和二维空间比三维空间更直观，学生学起来相对容易，即使遇到较难理解的地方也可以借助生活经验、直观图形和动手操作等途径帮助理解和发展空间观念。从点到线，从线到面，从面到体，每一次新知识的渐变过程都是从具体到抽象的转变过程，都是学生空间思维的提升过程，都是学生思维的飞跃过程。

几何课程始终是中小学数学改革的焦点，而小学阶段是几何课程的启蒙阶段，在数学学习中起着举足轻重的作用。空间与图形在小学数学中至关重要，空间与图形的应用在生活中随处可见，与我们的生活息息相关，但小学生空间观念比较缺乏，空间想象能力比较薄弱，因此培养学生的空间观念，发展学生的空间思维，提高学生的空间想象能力显得尤为重要。如何建立并发展学生的

空间观念呢？这是我们几何教学中长期存在的瓶颈问题。学习数学不仅是要获取知识，更重要的是形成能力。针对几何教学中存在的瓶颈，我们该如何对教材进行有效整合，并调整自己的教学策略呢？数学教师要明确自己的教学目标，制订科学合理的教学计划，让学生不仅在课上学得开心，在课后也能用得顺心，全面提升学生学习数学的热情。这不仅是数学的特质要求，也是新时期教育的可持续发展方向。而翻转课堂的到来，恰恰可以缓解几何教学中的燃眉之急。

在翻转课堂中，我们将把传统课堂上节省的时间着力向课堂深度挖掘，向广度拓展，课堂上侧重解疑释惑，学生在小组合作中充分发挥各自的优势，帮助不同层次的学生解开疑惑，使学生在不同程度上获得不同的发展，体现了课程标准的教学理念。针对传统课堂的种种弊端，我对几何教学做出了大胆的尝试。例如，在教学人教版四年级下册第68页"三角形的内角和"时，课前先让学生观看微课"三角形的内角和之争"（如下图），课堂上着力挖掘三角形内角和的验证方法，并把课堂延伸至求多边形的内角和的方法。如：

【片段一】小组汇报，释疑解惑（预设约15～20分）。

出示各种大小不一的锐角三角形、直角三角形和钝角三角形。

（1）量一量（如下图）。

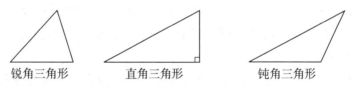

锐角三角形　　　　直角三角形　　　　钝角三角形

师：请选择你喜欢的三角形，量一量它的3个内角，并算一算它们的和，你发现了什么？

生：三角形的内角和是180度。

师：一定是180度吗？谁还有更好的办法？

（2）拼一拼（如下图）。

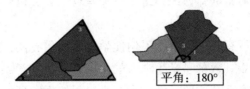

平角：180°

师：请选择你喜欢的三角形，把它的内角分别标好序号后撕下来，再拼在一起，比一比，看拼成的角是不是平角。

生：应该是一个平角。

师：真的是平角吗？我们一起来试试看。

生上台演示并讲解。

师：看起来是一个平角，但还是不够有说服力。再想想，你还有更好的办法吗？

（3）折一折（如下图）。

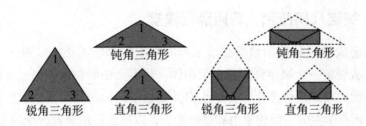

师：要想知道三角形的内角和是多少，实际上就是想办法把三角形的三个内角转化为我们学过的角——平角。像拼和折的方法，也是这样。

师：其实这三种方法都很有道理，但是还不够有说服力。请再想想，还有更好的办法验证三角形的内角和一定是180度的方法吗？

（4）演绎推理（如下图）。

课件演示：两个完全相同的三角形内角和等于360度，一个三角形内角和等于180度。

师：你觉得这种方法怎么样？是不是更有说服力呢？

学生顿时茅塞顿开。

师：这种方法避免了在折拼的过程中由于操作出现的误差，非常准确地验证了三角形的内角和一定是180度。

师：无论是量一量、拼一拼还是折一折，这些方法都有异曲同工之妙，就是都用了转化的策略。我发现你们都有数学家的头脑。知道吗？数学家在证明

这一猜想时，也用了转化的思想，一起来看看吧！（动画播放验证的全过程）

师：三角形的内角和你已经知道了，那四边形、五边形的内角和又是多少度呢？

经过对教材进行有效的整合，不但使学生学得更扎实，而且也使学生的思维得到了更好的发展。教师是学生学习的协助者，是"解惑者"，而不是在讲台上的"圣人"。本环节主要让学生先在小组里探索验证的方法并上台展示，由"小老师"来讲解，台下的学生可以提出疑问，"小老师"来解答，最后由老师来做点评。这样的模式充分发挥了学生的主体作用，使学生在热烈的讨论中深刻地理解方法，学生的学习热情也因此而"膨胀"，学习效果也较为显著。

因此，我们只有认真研读教材、感悟教材、领会教材，梳理几何教学的瓶颈，才能更好地把握教材、创造性地使用教材。我们只有不断地更新教学理念，针对传统课堂与翻转课堂各自的优势与不足，领悟其内涵，对教材进行有效的整合，才能把翻转课堂的新模式运用得"炉火纯青"，进而彰显学生的主体地位，彰显教育的人性化，培养出全面发展的社会之才。

二、突破几何瓶颈，巧用翻转课堂

空间想象能力是数学教学必须培养的基本数学能力之一。对于三维空间的学习，从观察一个物体到观察多个物体，从生活中的物体原型过渡到几何图形，从实物抽象到立体图形，为学生设计观察学习的阶梯，帮助学生学会合理地观察，培养学生的空间想象力和思维能力，以便更好地突破教学的重难点。

以想象促思考，以想象促发展，每一次想象过程都是学生对空间的又一次认识过程，每一次想象过程都是学生开阔空间视野的过程；每一次想象过程都是学生对空间观念的发展过程。让我们多为学生营造想象的氛围，多培养学生的空间想象能力，使学生的空间观念得到更好的发展。翻转课堂后的几何教学，不但更新了教学理念，更彰显了学生的主体地位。这一系列转变将会更充分地发挥学生的主体作用，使学生真正成为学习的主人，而教师则升格为学生学习的设计者、指导者、帮助者和学习伙伴。

例如，在教学人教版六年级下册第17页"圆柱的认识"时，如何让学生理解圆柱的高呢？侧面上的高可以看得到，但里面的高呢？又怎样理解圆柱有无数条高呢？在预习的过程中，通过微课或动画演示，让学生有了初步的认识（如下图）。又如何让学生深入理解圆柱的剖面和横截面呢？这些都是比较抽象的，而且也很难想象出来，显然，此时的动画演示也显得非常有必要了（如下图）。

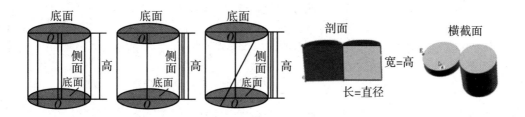

在多媒体辅助教学上，学生思维的发散性充分表现出来，而这种发散性品质正是借助多媒体电脑可组合、可扩充的显著优势表现出来时。以多媒体激兴趣、以多媒体突重点、以多媒体析难点、以多媒体促效率。适当借助多媒体教学，是学生学习兴趣被激发的过程，是课堂效率的提升过程，更是学生空间观念的提升过程。如何让学生理解点动成线、线动成面、面动成体呢？从一维到二维到三维的抽象过程就是学生空间观念形成的过程。此时巧妙地运用翻转课堂中的微课演示，这一几何教学瓶颈就能迎刃而解了（见右图）。

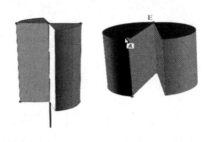

教无定法，重在得法。翻转课堂不是简单的变"先教后学"为"先学后教"的过程，也不是单纯的互联网学习，而应是借助互联网的便利，带动学生课前主动预习和课堂主动探讨的新型学习模式，让学生不但预先感知所学知识，还便于学生对新旧知识进行对比与思考，促进学生形成良好的学习习惯。同时，翻转课堂的学习也能促进学生对数学知识的领悟和思维能力的提高。如何巧妙地运用翻转课堂突破几何教学瓶颈呢？

在教学人教版四年级下册第60页"三角形的特性"中，如何让学生动手操作，推导出任意两边之和大于第三边呢？学生在操作的过程中有时候也难免有点误差，此时的微课演示，不但清晰明了地呈现了三角形三边关系的各种不同情况（如下图），更形象直观地验证了三角形的三边关系——任意两边之和大于第三边。在观察与对比中，学生也会深入地把对三边关系的理解提升到更高的层次——最短的两边之和大于最长的边和任意两边之差小于第三边。本环节的设计是本节课的最大亮点，也是本节课与传统课堂的最大区别。课前的微课学习使学生有了更充裕的思考时间与空间。课堂上对于教学的疑难点，介入微课或动画进行适时点拨，不但扫除了学生的学习障碍，让学生"知其然"，更"知其所以然"，还更好地提升了学习效率，可谓两全其美。

当两边的和小于第三边时

5厘米　　　　3厘米
10厘米

不能围成三角形

当两边的和等于第三边时

5厘米　　　　3厘米
8厘米

不能围成三角形

当两边的和大于第三边时

6厘米　　　7厘米
8厘米

能围成三角形

　　对学生的已有想法，教师要审时度势地点拨和引导，或是放大学生的精彩想法，或是明晰学生含糊不清的想法，或是聚焦学习内容中的重难点，解决问题的关键点，或是关注学生学习中的疑点、误点、混淆点，或是凸显方法的提炼、思想的感悟。只有这样，方能让我们的课堂变得更加有效、更加精彩，焕发出勃勃的生命活力。

　　在教学中，只要我们把握好教学的方向，勇敢地尝试新的教学手段，巧妙地翻转课堂，课前做好充分的准备，就能在课堂上挥洒自如，不但把数学学习的精髓传授给学生，而且能有效提升学生的学习能力，发展学生的思维能力。学生只有掌握了自主学习数学的方法，并形成良好的学习习惯，才会更好地提高学习效率，为以后学习乃至终身学习打下坚实的基础。

三、彰显翻转特色，构建几何模式

　　有效实现课堂翻转必须"网络辅助、学案引导、微课支撑"，其渗透的是"以生为本，先学后教"的人本理念，实现的是"个性发展，共同成长"的教育目标，促进的是"技术融合，教学相长"的教学改革。在翻转课堂中，教学重心由"教师如何教"转变为"学生如何学"，即自主学习基本模式：①课程开发；②课前学习；③课堂内化；④测试与反馈；⑤研讨总结。教师的备课重点不再是教材的分析和知识的传授，而是如何调动学生的学习积极性，如何指导学生开展个性化的学习，如何针对学生的不同情况因材施教，如何把教学设计的主体迁移到学生身上等方面。翻转课堂改变了传统课堂中"重知识而轻过程"的弊端，既注重了学习的过程，又注重了对学生活跃的思维方式培养；既注重了对学生自主学习习惯的培养，又注重了对学生合作精神的培养。

教无定法，重在得法。以翻转课堂为前提，突破传统的课堂教学模式，促进教学方式与学习方式的变革。翻转课堂强调自主学习（如下图），更强调小组合作；关注学习方式，更关注学习效果。翻转课堂改变了原来僵死的教学模式，体现"先学后教，当堂训练"的思想。在传统课堂与翻转课堂的处理上，只要我们去其糟粕，取其精华，对教学模式进行合理的整合，就能使我们教得轻松，学生学得愉快。传统课堂关注的大多是知识点本身，缺少了数学知识的形成过程，造成了很多学生在学习中会出现"只知其然，而不知其所以然"的现象。而翻转课堂恰恰对这方面做了较大的调整，特别关注知识的生成和能力的形成过程，适时地向学生渗透必要的学习方法，培养学生良好的数学思维能力及数学素养。

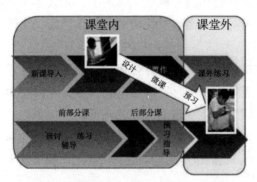

课堂教学变革：学生自主学习+教师个性化辅导

随着互联网及信息化的飞速发展，网络教学管理平台、远程教育资源、多媒体教学等在提高数学课堂效率、优化课堂结构等方面起到了不可估量的作用。尤其是"微时代"的教育产物微课，更是以它特有的网络化、碎片化、视频化、可移动性满足了多方网络学习者的需求，对于学校教育，微课带来的翻转课堂已经在改变我们的教学方式和学习方式。

例如，在教学六年级下册"圆柱的表面积"时，我大胆尝试了翻转课堂的新模式：课前，让学生通过观看微课自学；课堂上，学生汇报学习成果，并对重难点逐个突破，使学生对圆柱表面积的理解更深刻，对表面积公式的推绎过程更清晰，为进一步应用公式打下了坚实的基础。（如下图）

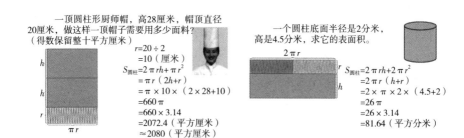

一顶圆柱形厨师帽，高28厘米，帽顶直径20厘米，做这样一顶帽子需要用多少面料？
（得数保留整十平方厘米）

$r=20\div2$
$=10$（厘米）

$S_{圆柱}=2\pi rh+\pi r^2$
$=\pi r(2h+r)$
$=\pi\times10\times(2\times28+10)$
$=660\pi$
$=660\times3.14$
$=2072.4$（平方厘米）
≈2080（平方厘米）

一个圆柱底面半径是2分米，高是4.5分米，求它的表面积。

$S_{圆柱}=2\pi rh+2\pi r^2$
$=2\pi r(h+r)$
$=2\times\pi\times2\times(4.5+2)$
$=26\pi$
$=26\times3.14$
$=81.64$（平方分米）

陶行知先生说："处处是创造之地，天天是创造之时，人人是创造之人。"我们的教学也如此，只有通过不断尝试，不断反思，不断总结，才能逐步探索出适合学生学习的新模式——学生充分利用小组间的合作，借助微课或课件，彼此帮助，相互学习，取长补短，无论是课前，还是课中，抑或课后都相互合作，共同进步。学生可以借助科技工具对要学习的内容进行课前预习（自学）—课中释疑解难—课后（展示后）测评互改。经过一年多的实践，翻转课堂下的几何教学模式初见成效，学习效果也较为显著，深受学生和家长的厚爱。学生之前遇到的几何"瓶颈"解决了，尤其是对立体图形的理解及公式的推导过程更清晰明了，懂得了几何图形从点到线、从线到面、从面到体的过渡过程。

一般来说翻转课堂都需要有针对性地设计学生的学习任务单，促使学生有目的有条理地观看视频，并及时发现难点，学会自我调整学习方法，同时因为有了自己的困惑，课堂上就更认真主动参与学习了。通过当堂测试，95%的学生都掌握得非常好，效果也十分显著。对于翻转课堂下几何教学的新模式，我们一直在研究的路上，我们也努力地向着新的模式（如下图）迈进。

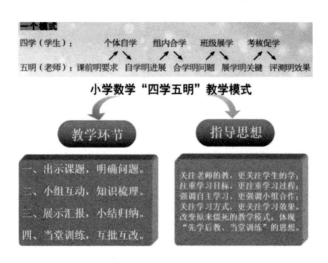

翻转课堂不仅给我们提供了丰富的教学手段，更为我们的专业发展指明了方向。让我们踏着课程改革的浪潮，借着翻转课堂之风，从教学的每一个环节做起，灵活整合教学手段和教学模式，巧妙突破几何教学瓶颈，彰显翻转课堂特色，努力探索出翻转课堂下几何教学的新模式，使教学如鱼得水，"鱼渔"灵动，为学生的全面发展做出自己最大的贡献！

参考文献

［1］中华人民共和国教育部.义务教育数学课程标准（2011年版）［M］.北京：北京师范大学出版社集团，2012.

［2］林炳连.课内课外两手抓，双向提升小学生数学能力［J］.华夏教师，2015（2）：57.

［3］刘爱东.有效先学：数学高效课堂的应然追求［J］.现代中小学教育，2014（5）：43.

［4］黄发国.翻转课堂导学案编写指导与案例分析［M］.济南：山东友谊出版社，2014.

微课制作和运用有效性的思考

——信息技术与课堂融合

东莞市黄江镇中心小学　卢改云

信息技术的快速发展和网络资源的丰富和共享将影响传统课堂内容。同时，它还包括互联网和视听产品等辅助内容。"未来的教育=人脑+电脑+网络"。东莞市教育局多次提出：开展"智慧课堂"研究，探索"智慧课堂"建设，促进"信息技术与学科教学深度融合"研讨。"莞式"慕课如春风一般吹拂着莞邑大地。

在信息技术与课堂融合中，课堂是最主要的，信息技术紧随其后，信息技术起着举足轻重的辅助作用。但在教学中，数学课堂不可以盲目地为了响应专家的引导而胡乱地应用信息技术，更不应该为了用信息技术而用信息技术，甚至连数学课堂的教学目标也没有达到。不管教育技术如何变革，数学知识的本质才是我们数学课堂的出发点和追求的归宿。我们应该想方设法提高学生的学习能力和学习效果而选择合适的信息技术。

微课教学在课程中的信息量大，题材形象丰富，形式活泼多样，学生可以超越时间和空间的限制，随时随地、随心所欲地进行学习，更好地自行安排学习。这些方面的优越性在未来教学改革与发展的过程中确立了主导地位。这种现代化的教育方法已被各个学校广泛地推广和应用。特别是在语文、数学和英语三个主要学科使用了新的教科书之后，许多课更依赖多媒体教学。然而，在特定教学的应用中，使用微课的效果不一定好。下面谈谈我的教学经验。

一、微课的制作粗糙，有错误，影响课堂效果

使用多媒体微课，我希望通过动听的声音和漂亮的图像合成生动有趣的视频，让学生在一个愉快的氛围中快乐学习。我拼尽全力地想要发散学生的思维，培养学生的独立学习能力，让学生自行通过观看微课学习而领会到每节课

的教学目标。但是，一些微课表现不佳，微课就好像走过场，这只会削弱学生对学习的热情，并影响课堂的效果。例如，有一部分数学课，不论是例题、公式、定律还是答案，在学生未动手探索之前已让学生自行观看，这样看好像效率很高，但往往学生根本没有真正动手操作，没有积累活动经验，只是简单地看了视频里的总结，这样得来的知识往往只是停留在表面，记忆也不会深刻。而且这些微课就是简单地把例题讲了一下答案，一切都是由计算机辅助完成的，无法体现师生之间的互动，学生也没有参与课堂教学，老师与学生没有思想和情感的交流，这样的课还不如直接使用粉笔、黑板来上有效果。

二、"太过精美"的微课有时会影响课堂效果

一些教师在制作微课时唯恐自己制作的微课不够美观或活泼，在这里增加照片，那里增加Flash等，这些成品版面十分吸引学生，可以激起学生上课的兴趣，可是学生在不知不觉中被精美的动画以及悦耳的声音转移了注意力，导致越是精心设计的版面越不能达到教学目标，反而造成了教学的负担。我认为有必要给微课增加一些音乐或图片，但不能为了微课的美，而滥用音乐和图片。

三、媒体的过度利用导致课堂效率较低

是否所有教学内容都要用微课？一些教师认为，只有一节课里使用了信息技术、运用了微课，才符合课程标准的要求，也就顺应了新时代发展的教学要求了。因此，我们总是尝试在课堂上使用微课进行教学，但微课堂录制是耗时的。每个班级和每个知识点都要制作微课，我们哪有这么多的精力？因此我们使用在线资源，到处去拼凑教学资源，其资源质量没法得到保障，结果好坏可想而知。即使从互联网下载的优质微课也可能无法适应自己的教学。就拿我上人教版五年级下册"不规则物体的体积"一课来说，这节课我以前总是让学生亲自体验做实验，让学生总结、体会不规则物体的体积计算方法。然而，为了节省时间和精力，我在互联网上下载了一个微课。课前、课中各让学生观看了一遍，以为这样，学生掌握这个知识便会万无一失了。谁知道一测试，教学效果还不如以前让学生亲身用排水法来做实验来得更扎实。究其原因是学生根本没有真正自己探究体验，没有积累到活动经验，而且这个微课的设计想法与我班的通常习惯和步骤不一致。结果，我在课堂上感到非常不自信、不舒服，不得不说这是一堂较失败的课。

四、教师重视微课制作技术的钻研，而轻视知识本质的探索

要创作一个微课，从想法的产生到完成，即使使用最简单的录屏软件，往往没有几个小时也不能完成。我见过这样的教师，为了准备公开课，花了足足两个星期的时间准备，单单制作、修改微课就花了近10天，而花在研究教材和学生的准备时间远远少于制作微课的时间。就好像全国特级教师罗鸣亮所形容的：好像抓痒一样，不痒的地方拼命抓，痒的地方没抓到。教学效果可想而知了，我们的教学怎能不本末倒置？

五、微课简单示范，突显其优越性

由于设计和技术原因，大多数微课没有足够的空间供学生参与，不能体现"以教师为主导，以学生为主体"的教学理念。在很多情况下，微课教学已经成为现代"满堂灌"，它只是披着现代化技术的外衣，不能改变其"接受性学习"的实质。学生失去了形成知识的生活经验，这也违背了使用现代教育技术的根本意义。

毕竟，微课只是起辅助教学的作用。只有通过设计微课，才能制作出优秀的微课。那么，微课设计应该从哪些方面入手呢？

（一）从微课的可教性入手

制作微课的目的是优化课堂教学结构，提高课堂教学效率。因此，我们首先要考虑微课的教学价值，即这节课是否有使用微课的必要？如果可以通过师生互动、小组合作学习交流就可以取得良好的教学效果，就没有必要花费大量的精力来制作微课。因此，在确定微课的内容时，要注意那些没有示范性实验或不容易表现的教学内容。例如定义、较为抽象的概念和课外拓展的知识，这些知识对小学生来说理解和掌握是较为困难的。教师可以让学生先自行观看微课进行预习，这样的知识如果通过电脑动画来演示，学生不仅可以看到高度抽象的知识，还可以体会新的视觉冲击和令人兴奋的感觉，激发学习热情，更好地理解和掌握知识的本质。

在上人教版六年级上册"比的应用"这个内容时，让学生自行预习，很多学生看完题目都不理解1∶4的含义，我让学生先观看微课进行预习，到了真正上课的时候很多学生都对这个内容理解得很深刻，不用我讲，都是由学生扮演小老师，让他们自行演绎，小组合作探讨，很快地解决了相关的问题。

（二）去粗求精，从微课的易用性入手

上课的时间只有40分钟，这会不会让教师和学生在微课的调试和控制上浪

费宝贵的时间？因此，微课应该有明确的教学目标，突出重点，突破难点，具体要注意以下几个方面：

（1）微课要易于安装，可以复制到硬盘上进行自由操作。微课视频的开始应该是快速的，不能让教师和学生焦急地等待。微课要力求短小精悍，尽量不要超过6分钟，避免冗长啰唆。随着网络的发展，微课最好能够在网络上运行。

（2）微课运行要稳定。如果教师执行了错误操作，则可以轻松退出或重新启动。

（3）及时交互应答。不能转化为微电影，从头放到尾，要注意留给学生足够的思考和学习空间，让学生有一个渐进的学习过程。

一个教师在讲"鸡兔同笼"时就很好地运用了微课，因为这个内容也是比较难理解的，她先让学生独立思考，再小组讨论，然后通过微课再次总结几种方法的思维形成过程，让学生把难以理解的知识通过形象生动的动画、清楚动听的语言，讲解得淋漓尽致，学生也觉得轻松易懂。这节课因为有了短小精悍的微课增色不少。

（三）从微课的艺术性入手

一个优秀的微课示范不仅可以取得良好的教学效果，还能让人赏心悦目，让人感受到美，这样的微课就是一件成功的艺术品。当然，要做到这一点是很不容易的。教师的艺术基础不仅要扎实，还要有一定的审美能力。所以这一方面的要求也不宜过高。其主要表现有：

（1）界面柔和，画面合理。

（2）为使对象更加逼真，可以采用3D效果。

（3）动画应平滑无间歇或跳跃，但运动的物体最好不要超过两个。

（4）配音要恰当，且音色优美，切忌把音乐从头播到尾，影响学生收听。

总之，信息技术与课程整合不能完全代替学生的活动操作，学生的生活经验是要学生亲身参与各种教学活动获得的，这是无可代替的。教学方法和教学手段的更新不仅要继承和发扬优秀的传统经验，还要充分体现时代精神和创新精神。在整合过程中，教师要加强学习和管理，加强课外辅导，关注学生学科基础素养的培养。在需要学生动手操作实验的时候就要让学生动手，不能直接使用信息技术代替。在制作多媒体微课之前，我们必须做好细致的准备。从书本开始，高于书本，真正使用信息技术来辅助课堂教学，绝不能简单地将书籍电子化。

这些是我对微课在信息技术和课堂整合中应用的一些看法和思考。时下，微课教学作为一种重要的教学手段，越来越体现其优越性，但如何有效利用微

媒体，发挥其真正的辅助教学功能，从简约到丰富，还有待探索和完善。

参考文献

［1］罗鸣亮.做一个讲道理的数学老师［M］.上海：华东师范大学出版社，2016.

［2］皮连生.学与教的心理学［M］.上海：华东师范大学出版社，2009.

一"查" 二"剖" 三"实践"

——"用列表法解决问题"教学的思考与实践

东莞市大朗镇培兰小学 叶永龙

修订后的人教版教材三年级上册第33页"测量"这一内容由原来的7个例题改编为8个例题，并增加了一个新的例题9（如下图）。

9 用下面两辆车运煤，如果每次每辆车都装满，怎样安排能恰好运完8吨煤？

载质量2吨

载质量3吨

这个例题介绍了一种新的解决问题的方法——列表法（见下表），丰富了学生对解题方法的认知，拓宽了学生的解题思路，发展了学生的思维。但也正是这样的一个新例题，让许多学生学得糊涂，也让许多教师教得辛苦。

派车方案	2吨	3吨	运煤吨数	
①	4次	0次	8吨	√
②	3次	1次	9吨	
③	2次	2次	10吨	
④	1次	2次	8吨	√
⑤	0次	3次	9吨	

一、调查双方明困惑

为了更有效地实施这一内容的教学，笔者采取检测与调查访问的方式对部分学生与教师进行了了解，以找出师生教与学的困惑所在。

（一）生之困

学生是课堂学习的主体，课堂一切的教学活动都是围绕这一主体的主动参与而展开的。课前，教师只有充分了解学生的情况，才能更好地把握学生的最近发展区在哪里，做到有的放矢，有效组织教学。

为此，笔者在教学前对学生进行了课前检测，并进行了整理与分析，理出比较有代表性的几种答案（如下图）。

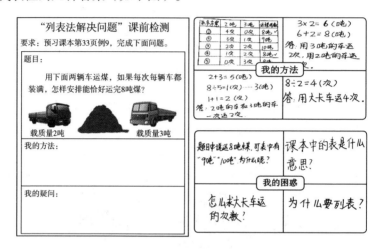

通过调查，笔者从以下两个方面进行分析：

一方面，从"我的方法"一栏的填写可以看出，学生要么照搬课本解题过程，要么习惯性地用先列式再答的方法写出其中的一种方案。通过自学，能完全理解例题解题过程的学生几乎没有。但大部分学生能写对其中一种方案，说明学生对这样的题目其实是有一定的理解和基础的。

另一方面，从"我的困惑"一栏的填写来看，学生的困惑有三个方面是比较突出的：

（1）不明白为什么要列表。

（2）看不懂表的意思。

（3）表中部分数据不会求。

这些问题并不是特别容易解决的，可能通过课堂的学习学生都不能完全弄明白，这也就是为什么学生会学得迷糊了。

（二）师之惑

教师是课堂学习的主导，课堂的教学活动是在教师的引导下展开的。教师有效的引导和组织可以促进学生省时、省力又高效地完成学习任务。教师对知识的理解和对课堂教学活动的设计很大程度上影响着教学的效果。

为了了解教师对"列表法解决问题"这一知识点的看法和课堂教学的处理，笔者对曾经任教三年级的部分教师进行访谈，发现许多教师课堂教学思路都是先画好表格，再教学生填数据，但这些教师认为这样教学生的学习效果不是很好，不知道该怎样教才会更好些。也有一些教师认为列表法对三年级学生来说实在太难，所以，结合以往的经验，改用另外的方法来教学生解题（如下图），学生确实学得比较快了，不知道这样做是否恰当？

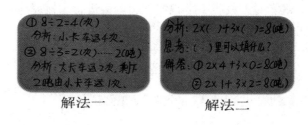

解法一　　　　　　　　　解法二

二、二维剖析理思路

（一）追本溯源，找准教学出发点

对于学生与教师的困惑，笔者认为应该追本溯源，找准问题的本质，弄清"列表法解决问题"这个内容的教学出发点是什么，或者具体到本节课堂的教学，教学目标是什么，对此，笔者深入钻研教材教参，理解如下。

1. 丰富解题策略的认知

教参中对用列表法解决问题的教学目标定位为"了解用列表法分析问题和解决问题"。这里用到的行为动词是"了解"，也就是说本课的教学目标并不是让学生熟练运用列表法解决问题，而是知道有这样的一种解题策略，体会列表解题的特征，看到列表法解题的过程可以读懂表的意思。这一个目标是改用其他方法解题不能达到的。

2. 积累解决问题的经验

教参中对"用列表法解决问题"的教学建议是"一定要让学生参与解决问题活动的全过程，即经历用列表法——列举解决问题的全过程"。经历解决问题的全过程有利于学生积累解决问题的经验。本节解决问题的全过程应该包括"提出问题—分析问题—尝试解决—引发认知冲突—形成表格—总结优化列表法"。这个过程并不是简单地画表和填表。

3. 渗透数学基本思想

教参中这个例题的"编写意图"是"呈现完整的运用列表法解决问题的过程，突出用列表法——列举时，需要不重复、不遗漏地进行思考，使学生感受

列表法的有序性和解决问题的过程的完整性"。数学思想是数学知识和方法在更高层次上的抽象与概况，本节课在学习列表活动过程中需渗透有序思考的数学思想，让学生在解题过程中体会有序思考的必要性。

（二）理清脉络，找准知识生长点

对于学生"看不懂表的意思"和"表中部分数据不会求"的困惑，笔者认为要了解学生的基础知识，以旧知引新知，还要定位好现学知识的目标，效果会更好。为此，笔者对人教版小学数学教材内容进行了梳理与分析，并将与本知识点关联密切的内容整理如下：

教材	内容	作用
一年级下册	分两组做游戏，共8个大人，4个孩子，他们可以怎么分组呢？	根据实际的意义或需要选择分类的标准，将分类的结果整理在统计表中
二年级上册	用1、2和3组成两位数，每个两位数的十位数和个位数不能一样，能组成几个两位数？	排列与组合问题，培养学生有序、全面地思考问题的意识
二年级下册	学校要给同学们定做校服，有红、黄、蓝、白4种颜色，选哪种颜色合适？应该选大多数同学都喜欢的颜色。怎么知道哪种颜色是大多数同学最喜欢的呢？	学生第一次接触正式的统计表
	22个学生去划船，每条船最多坐4人。他们至少要租多少条船？	用有余数除法的知识解决实际问题，并用"进一法"得出问题的答案
四年级下册	教师同学共30人。大船35元，小船20元，大船可乘坐6人，小船可乘坐4人。怎样租船最省钱？	"怎样租船最便宜"的问题，先分析"租大船便宜"和"不空座位更省钱"，用列式计算方法解题，渗透优化思想

根据教材的知识脉络，笔者发现：用列表法解决问题对学生来说并不陌生，虽然在"数与代数"领域是首次接触，但在"统计与概率"领域早已有所认识，如一二年级的分类整理。而本节"运煤问题"是二年级"租船问题"的变式和延伸，它起着承上启下的作用，既巩固了有序思考的数学思想，又为四年级下册学习"怎样租船最便宜"做了铺垫，孕育了解决问题策略的优化思想。

三、三步实践探教法

（一）课前巧练备新学

课前练习常常能起到温故知新的作用。本课涉及已学数学知识，知识面较广，笔者认为设置课前练习十分有必要。而练习题的设置需要建立在正确把握教学难点和学生知识生长点的基础之上，为此，笔者根据学生的认知水平、已有的经验及教学需要设计课前练习题。

1. 数据组块，化零为整

一般列表法所用到的数据都较多，如果一个一个数据来分析，无疑既花时间又很混乱。这时，我们可以找出数据的内部联系，将它们以组块的形式来呈现，把零散的数据整理成一个整体，化零为整，相信教学效果会大有提高。"运煤问题"这一内容中的15个数据可分成3个模块展示（如下图）。

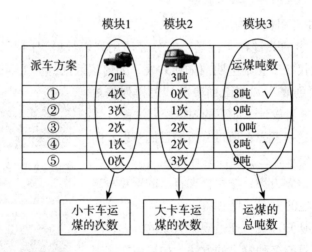

当这些零碎的数据以组块的形式展示出来后，学生对于每个数据所表示的意义、整个表格所表示的意义也能一目了然，学生学习新知识的难点大大降低了。知识模块化有利于化零为整，便于学生从总体上把握知识的联系，让解题思路更加清晰，减少学生学习的负担。

2. 分解题干，化整为零

结合上述所分析的知识模块化，笔者将例题分解，形成了三道课前练习题（如下图）。

> （1）有8吨煤，用载质量2吨的小卡车运，需要运多少次？改用载质量3吨的大卡车运，全部运完，需要运多少次？
>
> （2）有8吨煤，已经用载质量2吨的小卡车运了2次，剩下的由载质量3吨的大卡车运，需要运多少次？
>
> （3）用卡车运煤，载质量2吨的小卡车运了3次，载质量3吨的大卡车运了1次，总共运了多少吨？

其中，题（1）是用表内除法解决问题，对应模块一；题（2）是用有余数除数解决问题并用"进一法"得出问题答案，对应模块二；题（3）是用混合运算解决问题，对应模块三。这三道题都能运用学生已学的知识解决，设计这样的课前练习，将例题化整为零，降低难度，唤起学生的记忆，在课前将模块内容各个击破，为学习新知打下基础。

（二）课中巧引促建构

本内容教学的关键在于让学生充分经历用列表法解决问题的全过程。而这个过程不仅仅在于让学生明白如何列表，如何填数据，更重要的是让学生明白"为什么要列表""怎么列表""怎样列表更好"。为此，笔者设计了如下的知识探究过程：

（1）理解题目意思：通过分析题目的意思，明确已知什么，要求什么，要注意什么。

（2）募集解题方案：学生根据自己的理解写出一种或多种可能的方案（见右图）。

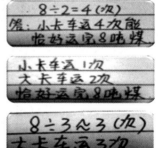

（3）引发认知冲突：通过观察大家的方案，学生发现这个题目有多种解决的方法。如果用文字表述显得很麻烦，如果想把全部方案都找出来又显得有点乱，也不能确定是否有遗漏。

（4）形成解题思路：教师引导，学生回忆，以前学习过什么方法整理数据能使凌乱的数据变得很有条理？能否用类似的方法来解决这道题目呢？让小组交流如何在表格里表示各种方案。

（5）完成解题过程：小组根据自己的思路，设计表格，填写数据，挑选符合要求的方案，并在班级展示。在展示环节，注意发现"有序"和"无序"的两种呈现方式，引导学生对比，突出有序思考的必要性。

（6）小结解题方法：回顾解题过程，小结方法，形成技能。

（7）优化解题方法：观察对比"先考虑大卡车"和"先考虑小卡车"画出的两个表（如下图），发现两表同样能解决问题，先考虑大卡车列出的表更简洁。

派车方案	大卡车(3吨)	小卡车(2吨)	运煤吨数
①	3次	0次	9吨
②	2次	1次	8吨 ✓
③	1次	3次	9吨
④	0次	4次	8吨 ✓

派车方案	小卡车(2吨)	大卡车(3吨)	运煤吨数
①	4次	0次	8吨 ✓
②	3次	1次	9吨
③	2次	2次	10吨
④	1次	2次	8吨 ✓
⑤	0次	3次	9吨

（8）巩固提升技能：将例题改编为租船问题。"8名学生到公园租船游玩，小船每条限坐2人，大船每条限坐3人，如果每条船都坐满，可以怎么租船？"并增加一问"如果租一条小船需要5元，一条大船需要6元，哪个方案更省钱？"相应提问"相同条件下多租什么船更便宜？"这样做，一是巩固了列表法解决问题的技能；二是在表格后面增加一列表示租金，让列表法运用更加灵活；三是渗透优化思想，为四年级的学习做准备。

上述教学活动设计给学生提供自主探索、合作交流的时间与空间；使学生有较多的参与机会，并在活动中进行充分的探索与思考；引导学生自主建构知识，并呈现一个完整的解题过程；让学生真正从中积累解题经验并体会到不重复、不遗漏的思想方法，真正做到"让学生充分经历知识发现的全过程"。

（三）课后巧练助提升

本节教学难点是形成列表法解决问题的技能。这个教学难点，除了在新知探究过程中要让学生理解列表法解决问题的方法和原理，笔者认为还应该通过课后练习来帮助学生巩固技能。

本内容的课后练习常见的是课本例题的变式练习，以解决问题的题型出现（如下图）。这样的练习是课堂所学知识的直接应用，对巩固新知有很大帮助。但是这样的题目对中下层学生来说，难度是比较大的，也需要耗费学生大量的时间来解决。笔者认为，除了这种类型，还应该设置与本课内容相关，但涉及知识点较少、解题步骤较少、计算量较少的题目。题型可以有如下几种：

小明有5元和2元面值的人民币各6张。如果要买一个30元的书包，他可以怎样付钱？

7. （1）如果每条船都坐满，可以怎样租船？
（2）如果租一条10元，租一条8元，哪个租船方案最省钱？

（1）填空题，给定表格填数据。（如下图）

用大、小卡车往城市运20吨蔬菜，大卡车的载质量是5吨，小卡车的载质量是3吨。如果每次每辆车都装满，怎样安排能恰好运完20吨蔬菜？

 可以用列表的方法，把不同的方案都列出来。

派车方案	大卡车5吨	小卡车3吨	运蔬菜吨数
①	4次	0次	20吨
②	（　）次	（　）次	（　）吨
③	（　）次	（　）次	（　）吨
④	（　）次	（　）次	（　）吨
⑤	（　）次	（　）次	（　）吨

从表中可以知道，派车方案_____和_____都可以恰好把蔬菜运完。

（2）选择题，给出方案，选择哪种方案符合要求？（如下图）

一条大船可以坐8人，一条小船可以坐5人。现在32人要坐船，下面的租船方案中，最合理的是（　　　）。
①6条大船
②9条小船
③4条大船，2条小船

（3）简单地解决问题。（如下图）

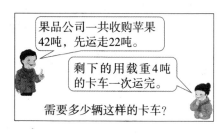

果品公司一共收购苹果42吨，先运走22吨。

剩下的用载重4吨的卡车一次运完。

需要多少辆这样的卡车？

练习的设置题型多样，有利于学生从多个角度去理解新学的知识，促进知识的灵活应用，而难度呈现梯度变化，让不同能力的学生都能获得成功的喜悦，也为解决较为综合的题目奠定基础。

综上所述，课前巧设与新知关联密切的练习，为学习新知做充分的准备；课中巧引学生探究，让学生从认知冲突出发主动学习，体验列表的思想和方法；课后巧设梯度练习，帮助学生巩固知识，提升技能。课前、课后的"两练"将本节难点分散并突破，课中"一引"，促进学生自主建构知识，真正实现"用列表法解决问题"一课的有效教学。

参考文献

［1］全国中小学教师继续教育网.2011年版义务教育课程标准解读小学数学
　　［M］.北京：中国轻工业出版社，2012.

［2］人民教育出版社课程教材研究所小学数学课程教材研究开发中心.教师
　　教学用书.数学三年级上册［M］.北京：人民教育出版社，2014.

提高小组合作学习的有效性，
促进学生自主学习

东莞市黄江镇梅塘小学　陈秀媚

自数学课堂改革以来，小组合作学习是课堂学习的一个亮点。《义务教育数学课程标准（2011年版）》明确地指出："学生学习应当是一个生动活泼的、主动的和富有个性的过程。除接受学习外，动手实践、自主探索与合作交流同样是学习数学的重要方式。"

当前，随着课改的不断深入和发展，小组合作学习是推动学生自主探索知识、构建知识的主要学习活动之一。在数学课堂教学中，小组合作学习的确给数学课堂带来了不少的生气，它避免了"一言堂"的教学局面。小组合作学习不仅活跃了课堂气氛，而且提高了学生的思维能力和交际能力，让学生在民主和谐的气氛中掌握知识。诚然，小组合作学习在教学中也存在这样的问题：某些合作学习只是流于形式，小组探究问题时，有个别学生并不是真正在学习，学习效果收效甚微。

如何提高小组合作学习的有效性，促进学生自主学习，以保证课堂学习效率呢？

一、树立威信，培养能力

组长是学习小组里的关键人物，是一个重要的角色。组长是学习小组里的组织者，组长能力的强弱关系到小组合作的成功与否。在建立小组初期，教师要培养一个能力强的组长。如何培养组长？教师可尝试以下几点。

（一）树立组长的威信

组长要成为组里的"领导人物"，自然要有一定的威信。威信何来？

1. 团结组员，打成一片

组长在小组里与其他同学打成一片，不会因为自己是组长而觉得自己高高在上。遇到特别调皮或者学习成绩落后的同学，要有耐心，能关心帮助他们。

这样的组长，自然会受到组员的欢迎。如果孤芳自赏、骄傲自满，其他同学就会渐渐疏远他。

2. 树立榜样，形象良好

组长在小组里的各种表现一定是最棒的。例如，课上认真思考，积极发言；课后按时完成作业；努力完成老师交给的各种任务；同学遇到困难，积极帮助；任何时候不怕脏不怕累，在同学心目中树立良好的形象。

3. 教师拥护，树立威信

教师要时时刻刻注意保护组长的个人荣誉、树立威信。当组长表现好时，应该在班上大力宣扬，树立榜样的同时，又能让其他学生看到他阳光、积极向上的一面。尽管有时组长做得不够完美，在全班学生面前教师也不要太苛刻，委婉地暗示他要改进，鼓励他继续做好，但是在背后一定要与他谈心，鼓励他改正不足，做得更好。

（二）培养小组长的管理能力

一个小组就是一个小集体，各个学生的学习能力、学习习惯都不同，而且彼此的性格也有所不同，有的温顺一点，有的胆小一点，有的调皮一点，有的任性一点……要保证学习活动的有序进行，小组长要有管理小组的能力，及时处理和化解组里的小矛盾，调整好组员的学习情绪，调控好组里的学习活动，以保证小组合作学习的有效性。如何培养组长的管理能力？

1. 授予方法，提升能力

如何有效管理小组，教师应该把一些有效的管理方法和经验授予组长，对组长明确要求。在小组合作学习中，当组员出现开小差或不参与的情况时，组长要及时阻止，使他们回到小组学习中来；当组员不认真倾听时，组长要及时提醒；当组员不认真改正错的答案时，组长要当场督促其认真纠错……组长就是小组合作学习的调节剂，使小组合作交流能顺利进行。

2. 及时了解，加强监督

教师要定时召集组长召开组长会议，每周至少要召开一次。在会议中，教师要让组长反馈各小组合作学习的情况，及时了解每个学生在小组合作中的表现和学习态度。同时，各组长提出的、遇到的各种问题，教师也应及时给予各种建议和帮助。只有做到了定期了解情况，加强监督，才能不断提高组长的管理能力。

二、任务分明，各司其职

有的小组在合作学习中会出现各种情况，如有的学生不参与小组交流活

动，有的学生不专心听讲，有的学生则无所事事，等等。这是因为没有做好学习任务的分工，导致学生的学习目的不明确。在每个小组中，除了组长充分发挥他的指挥作用，其他的组员应该人人有事做。比如，有的学生负责动手操作；有的学生负责收集大家的意见，动笔做记录；有的学生负责组织发言；等等。人人有事干，小组就不会出现懒懒散散的现象。这样，小组的学习活动就会变得充实、有序，从而提高小组合作学习的效率。

比如，笔者在教学"圆柱的体积"一课时，让学生在小组合作学习中探索、推导圆柱的体积公式。在小组合作时，引导每个小组要有一人负责动手操作，一个负责记录发言情况，一人负责组织各组员发言，组长负责对学习活动进行调控和总结，等等。这样的安排，让每个学生都有事可做，调动了每个学生的学习积极性，从而提高了学习效率。

三、交流到位，相互促进

在小组合作学习中，往往会出现以下情况：有的小组冷场；有的小组出现争执，过于喧哗；有的小组却在讨论其他的话题；等等。教师要引导学生学会合作学习交流。由于合作学习是几个人共同完成的活动，它不仅是一种学习的过程，而且也是一个交际过程。所以教师要引导学生要互相帮助、团结友爱。同时多鼓励学生踊跃发言，会讲的先讲，不会讲的后讲。教师也要教育老爱出风头的学生学会谦让，多留些机会给其他胆小的学生发言，以提高他们学习的自信心。这样就做到了人人都敢于发言，人人都善于发言。在培养学生"会说"的同时，也要培养学生"会倾听"。善于倾听别人的意见，集思广益，虚心学习，有不同意见时，及时提出，让大家一起来思考、探讨。

四、激发兴趣，投入学习

小组合作学习的过程是一个先要把已有的知识经验从头脑中调动出来，再对当前教师提出的问题进行深入的分析、研究、归纳、总结的过程。当教师提出一个问题后，如果急于让学生进行合作交流，那么学生还没来得及弄清问题就进行思考，旧知识、旧经验调动不起来，造成解决问题的力度和深度不够，就影响了合作学习的效率。所以，要留给学生足够的思考空间和思考时间，以保证合作学习的质量，提高学生合作学习的兴趣。另外，问题的提出也要有技巧。问题太难，学生望尘莫及；问题太容易，又没有合作学习的价值。所以，合作交流的问题一定要难度适中，让学生兴致勃勃地去学习。

比如，笔者在教学"长方体"一课时，让学生先观察自己带来的长方体的实物，再让学生通过拼一拼、看一看、摸一摸、数一数、贴一贴的方法，最后在小组内交流长方体有什么特征。学生把自己喜欢的长方体的生活用品带到数学课堂中来，会感到特别的兴奋。同时，通过各种的动手实践活动，学生的学习热情高涨，学习兴趣增强。整个学习交流活动的设计让学生有足够的时间和空间去思考，并让他们在小组里能充分地交流、讨论、学习。学生的学习积极性被充分调动起来了，你一言我一语，讨论得很热烈。这样的处理，小组合作学习的效果更显著，能促进学生的自主学习，提高课堂学习效率。

五、落实评价，促进交流

《义务教育数学课程标准（2011年版）》指出："评价的主要目的是全面了解学生的学习历程，激励学生的学习和教师的教学。"因此，评价在课堂上具有很强的导向功能。有的小组合作学习交流出现散漫现象，正是因为缺少及时而有效的针对小组学习的课堂评价。

对小组的评价有以下几种形式。

（一）教师对小组的评价

教师对小组的评价要做到及时性、鼓励性和差异性。在课堂上，教师要抓住合适的时机进行评价。评价的及时性就是指教师评价小组时要抓住时机，给学习小组一个及时的、恰当的、鼓励性的评价。当某个小组里的一个学困生能积极参加小组的交流，学习行为有所进步时，教师要在小组里、班里及时对这个学生的进步给予肯定；当某个小组交流的专注度和投入度有所提高时，交流的效率也有所提高，教师也要给予充分的表扬；当某个小组敢于提出自己独特的见解或质疑时，教师应该充分地给予表扬，使学生思维的火花开得更灿烂，培养学生的创新能力。教师的鼓励性评价语言应该是多元化的，避免单一，而且评价语言要做到真情实意。评价的多样化，更能鼓励学生积极参与小组合作学习。

（二）小组内学生间的相互评价

合作学习小组内学生的相互评价可以是组长对各组员的评价，也可以是组员对组长的评价，还可以是各组员之间的相互评价。学生对自己及别人的学习活动和学习行为的及时评价有利于学生及时了解自己在小组合作学习活动中的学习表现，正视不足，可以帮助学生及时改正。

（三）小组之间的评价

教师鼓励学习小组之间的相互评价，有利于促进各小组的竞争，使学习小组更团结，形成良性的发展。

总的来说，教学中小组合作学习不能形式化、走过场，要充分发挥小组合作学习的实效性，促进学生自主学习。这样，不仅能够体现学生学习主体的地位，而且能更好地促进学生对知识的掌握，让学生都能亲身经历知识的形成过程。更重要的是，它还能培养学生的合作能力和交际能力，从而更好地提高学生学习数学的兴趣，提高数学课堂的学习效率。

参考文献

中华人民共和国教育部.义务教育数学课程标准（2011年版）［M］.北京：北京师范大学出版社集团，2012.

合理运用微课技术　提高数学教学效果

东莞市塘厦第二小学　刘业生

微课（微课程）是指在10分钟以内，教师围绕某一个学习主题，以知识点讲解、教学重难点和典型问题解决、实验过程演示等为主要内容，使用录像设备和录屏软件等拍摄制作的微视频课程。在数学教学中，我们如果能合理地加以运用，它就能有效提高我们的教学效率。我们科组去年成功申报了以微课技术为主题的市级课题，经过一段时间的实践研究，我们发现合理使用微课技术能有效改变数学学习方式，实现开放式教学。

一、课前运用微课：让学习自由发生

微课，是以课堂教学的疑点和难点内容为核心制作的短小精悍的视频（一般不超过10分钟），它不受时间和地点的限制，可以随时随地地学习。它有以下几个特点。

（一）以学生为中心进行录制，质量要求较高

微课的观看对象是学生，在录一个微课前，教师必须做到认真备课，读懂学生，以学生的已有知识和学习习惯为基础，设计微教案和制作微课件。在录制微课前，教师需要把要讲的内容熟练掌握，要讲的每一句话了然于心，要做到一切以听课对象（学生）为中心，在制作微课时力求做到重难点突出、流程清晰、语言易懂、画面清晰、形象生动。可以说每个微课的质量要求都是比较高的，它对学生的课前学习能起到一定的帮助作用，让学生做到先学后教，实现教学方式的改变。通过一段时间的实践，我们发现事先观看微课视频预习的学生，在课堂上的学习状态都比较轻松，接受能力都比较好。

（二）内容比较精练，学生可以随时学习

一般的微课录制时间都是控制在10分钟以内，这个与小学生上课注意力持续时间（10~18分钟）相接近，非常符合学生的心理规律和认知特点。微课时间虽短，但内容含量高，它既有新授又有配套练习部分，可以在课前学完后，课中学，课中学完后还可以课后学；既可以当成新授用，也可以当成复习用；

既可以用于课堂播放，也可以让学生在家里自学。它播放简单，而且可以随时回放，不懂的地方可以反复观看和研究，这样可以真正做到随时随地学习。在教学四年级下册"小数的近似数"这一难点知识时，我录制了节节微课，通过Q群共享，让学生下载观看，学生在家自学以后，基本已经掌握了求小数的近似数的方法。在课堂上，我再组织讨论、演示、练习，一节课下来，班上绝大多数学生都能完全掌握该知识点，只有几个后进生学习比较困难，课后加以辅导后，让他们回家再次观看视频，加深理解，收效良好。

二、课中运用微课：让学习锦上添花

微课的诞生有效改变了教师的教学方式和学生的学习方式，但这并不意味着就否认以前的教学方式。课堂上，该讲的还是要讲，该练的还得要练，该讨论的还是需要组织讨论，只是我们在这些过程当中根据需要可以合理利用微课技术，让我们的学习锦上添花。在研究中我们发现：微课到底何时用于课堂教学和怎样运用到课堂教学一直是困扰老师们的地方。运用不当，将会影响基本的课堂教学，导致教学内容无法完成、课堂管理和教学混乱等。实践后发现：在课堂中我们应本着"该用的时候大胆用，需要的时候必须用"这一原则，在课堂教学中合理利用微课技术，确实能提高学习效率，学生对这种学习方式还是比较感兴趣的，"翻转课堂"模式还是有一定的生命力的。到底什么地方可以用呢？我们有以下几点发现。

（一）重难点的地方可以用

在教学中，对于一些重难点知识，学生接受得比较困难时，我们可以根据需要制作微课视频，除了让学生课前学习，在课中讲解时还可以重点观看某一知识点的视频，让学生做到难点的突破。例如，在教学四年级上册"角的度量"时，学生在量角时往往分不清内外刻度，在教学前，我用手机加白纸录制了一个量角的视频，边演示边讲解量法。当讲到量这个知识点时，我让学生直接观看视频，学生认真看完视频后，再让学生自行尝试量角，整节课学生学习效果很好，我也教得非常轻松。

（二）实验和验证时可以用

在新授过程中，除了自我探究、小组合作解决问题等方式，有时候还需要用实验来验证，而有的实验在课堂中操作起来比较困难，单靠PPT演示效果又不理想时可以运用微课来解决这一问题。在教学"1亿有多大"这一实践课内容时，这节课需要来量白纸的厚度，数量比较多，操作起来不是很方便。针对这一情况，我事先把整个实验过程录制成一个微课，通过播放视频，让学生观看后展开讨论，进行数学推理和验证，最后得出结论。整个教学环节既省时又省心，教学效果也非常不错。

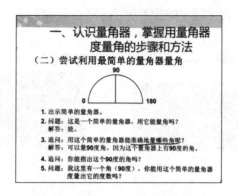

（三）释疑和辨析的时候可以用

学生在学习中对于一些概念和定律的理解往往需要时间消化，在新授后，很容易对概念和定理产生混淆，这时候需要老师专门安排时间为学生释疑。释疑的方式有很多，在实践中我们发现运用微课来释疑效果很不错。在教学"乘法分配律"这一内容后，学生往往错误百出，对定律一知半解，对定律的运用张冠李戴。针对这一现象，我特意录制了一个简便运算题型大归类的微课视频，把常见的题型和错误加以归纳对比，让学生观看视频，结合错题加以反思和订正，及时出题再次练习，通过这样的方式来加深学生对乘法分配律的理解，收效良好。

例：提取		例：分解	
a c b c		102×99	102×99
$75 \times 23 + 25 \times 23$	$83 \times 99 + 83$	$= (100+2) \times 99$	$= 102 \times (100-1)$
$= (75+25) \times 23$	$= 83 \times 99 + 83 \times 1$	$= 100 \times 99 + 2 \times 99$	$= 102 \times 100 - 102 \times 1$
a b c	$= 83 \times (99+1)$		
	c		

（四）讲解练习的时候可以用

在传统的练习讲解中，我们基本是借助投影把学生错题比较多的地方加以讲解，这样的效果也是不错的，但对于一部分后进生来说，由于对老师的讲授方式产生了审美疲劳，部分学生在听错题讲评时往往精神不集中，订正的热情不高。在教学四则运算这一知识点时，部分学生由于对运算顺序和格式掌握不好，导致出错比较多。针对这一问题，我录制一个习题讲解视频，我先用手机

把学生做题出现的错误拍下来，放在PPT里，利用录频软件录制，边讲解边在错题上直接订正，录制好后让学生观看视频，学生自觉订错，我可以抽空检查和当堂辅导，这种方式比以前的投影讲评方式省时省力。

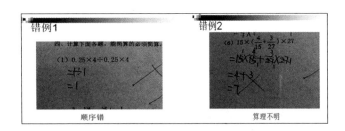

三、课后运用微课：让学习延续和提升

在数学教学中，知识的及时巩固和拓展是非常重要的，我们可以借助微课技术并结合网络资源，设计出学生喜欢的在线学习习题，让学生自由学习，实现学生学习的拓展和延伸；通过发达的网络平台为家长和学生搭建交流平台。

（一）在线学习平台让学生的学习丰富多彩

传统的课后学习巩固方式多数为书面作业（习题或试卷），学习方式比较单一，学生的学习热情有待提高。结合学生的年龄特点，我们可以设计一些学生喜欢的在线习题（如闯关游戏、数学乐园等），利用网络和多媒体，图文声像并茂，来提高学生的学习兴趣，巩固、深化所学的知识。我们完全可以利用网络平台来实施在线作业。除此之外，网络资源非常丰富，我们可以进入"一起学习网"来布置和完成在线作业。实践发现班上大部分学生对在线作业比较感兴趣，都能及时完成每天的在线作业。在线作业能与书面作业有效互补，提高和巩固学生所学的知识。

（二）微课群和QQ群为家校互动搭建平台

现代的教育更注重家校合作，发达的网络技术让我们可以随时做到互动、合作交流。我们班应学生和家长的需求分别组建了"班级学生QQ群"和"班级家长QQ群"，我们还充分利用微课掌上通平台组建班级家长交流群，我可以与学生和家长随时交流互动。这样的交流平台不限时间和空间，把学习延续到课后，大家互相交流学习，共同进步。我可以把学习资源（如微课视频、习题等）随时通过微课掌上通平台和QQ群发送给家长和学生，让学生及时学习。

我们认为翻转课堂不仅是形式上的改变，更是一种观念上的变化。它提倡先学后教，倡导学生自主学习，微课给我们带来的观念上的改变会随着教育改革的不断深入而更加明显。随着现代科技的迅猛发展，未来的一段时间"微课热"将会继续，微课在现代教学中发挥的作用也将会越来越大，但我们应该清醒地看到，微课是一把双刃剑，它也有不够好的一面，如微课对制作技术和质量要求较高，不是每位教师都能熟练制作微课；微课制作比较耗时，可能会加大教师的工作量；部分学校和学生家庭由于条件限制没有电脑和网络，无法制作和接收微课。因此，我们应该因地制宜、因时制宜、因人而异，合理运用，正确引导，让微课技术为小学数学教学更好地服务，通过合理运用微课技术，来提高数学学习效率。

参考文献

［1］孙春育.对微课热的"冷"思考［J］.中小学数学, 2015（4）: 19-21.

［2］浦陈霞.网络，学生学习的开放平台［J］.小学数学教师, 2014（9）: 15-17.

面对困境 另辟蹊径 提升数学素养

——初探小学数学高年级教学中思维品质的培养

东莞市清溪镇中心小学 刘颂丽

思维品质即思维的智力品质，是每个人在思维活动中表现出来的不同点，是用来衡量每个人思维水平不同的标准。数学思维品质即在数学思维发生和发展中学生表现出来的不同点。在多年的教学中，经常可以发现有的学生比较灵活，反应快，举一反三；而有的学生比较迟钝，反应慢，思路狭窄，这就是思维品质的差异。

一、学生思维品质培养的困境

我通过对部分班级学生的调查得出，现在的小学生数学思维呈现的特点如下。

（一）思维的懒惰性

惰性思维指的是主观性非常依赖，从而缺少积极主动去思考问题的能力。在学习上表现为：有一部分小学生在解题时不能一下抓住问题的本质，思路狭窄，他们不愿意去分析问题、思考问题、研究问题，在没有理清条件与问题的逻辑关系的情况下就开始解题，根本不能做出正确的推理与判断。还有一些学生对于数学知识的理解不够透彻，导致不能合理地应用所学的知识。例如，把一个25度的角放在放大3倍的放大镜下看，它的大小是（　　）度。很多学生就写75度，根本没有经过思考就写下去了。又如，用一些数学公式、原理、性质、规律等来解决问题时，通常要思考很长时间或者与同伴讨论或者问老师才能得出答案，不能自己独立完成，过于依赖同学与老师。

（二）思维的呆板性

思维的呆板性指的是保守、固执、不求改进的思维。例如，有一部分学生受教师平时的教学和一般解题思路的束缚，形成了思维定式，不够变通，不够灵活。对于同一个问题，他们不会想着去寻求多种解题方法；又或者只要稍微改变一下条件或问题，他们就不会做了。他们只会套用模式解题，缺乏应变能力。例如，计算4.5×99+4.5，有的学生就会做成4.5×（100−1）+4.5，他们受到了4.5×99=4.5×（100−1）这种简便计算方法的影响。这个例子就说明有的学生只是为了完成任务，呆板地做题。

（三）思维的保守性

保守性思维只有继承，没有创造；只有模仿，没有革新。大部分学生受到各种条条框框的限制，处于保守、封闭的状态，导致他们草率、盲从，对问题没有好奇和质疑的态度，缺乏创新的能力，排斥新的学习方法。例如，一个三角形的三个内角的度数比是2：3：6，这是一个（　）三角形。有些学生就非要计算出每个角的度数，然后再做出判断。其实这道题目可以这样想：2：3：5时就是直角三角形，而现在是5<6，直角<6，所以是钝角三角形，但是实际上很少学生会这样思考。

从调查结果可以看出，大部分学生都比较懒惰，依赖别人；在解决问题时都局限于现有的思维方法，呆板地做题；对于创新性的题目更加无从下手，在遇到补充条件回答问题这样的题目时，所提问题都是千篇一律的，毫无新意；等等。面对这样的困境，必须另辟蹊径，找到解决问题的途径。

二、学生思维品质培养的建议

数学思维品质有着后天塑造性，是在人的思维发展进程中形成的，所以，数学思维品质是可以培养的。对此，我就提出了对小学生数学思维品质的广阔性、灵活性、批判性三个方面的具体建议。

（一）"一题多变"，培养学生思维的广阔性

思维的广阔性是思维活动的广度。它表现为可以全方位地去分析问题、思考问题，寻找解决问题的方法，思路比较开阔。一题多变是指在不改变原有问题的基础上，改变了结论或者条件的其中一项，将某一问题改变为循序渐进的问题系列。通过解答不同的问题，拓展不同的方向，就可以加深学生对问题的理解，如：

六（1）班有男生20人，女生15人。一般我们会提出如下的问题：

（1）男生人数是女生的几倍？

解：$20 \div 15 = \frac{4}{3}$。

（2）女生人数是男生的几分之几？

解：$15 \div 20 = \frac{3}{4}$。

（3）男生的人数比女生多几分之几？

解：（20-15）÷15＝$\frac{1}{3}$。

（4）女生的人数比男生少几分之几？

解：（20-15）÷20＝$\frac{1}{4}$。

以上四道题是在分数教学过程中较常见的题型，当学生分别算出结果后，教师就用红色粉笔将黑板上的女生15人框起来，告诉学生把这个作为问题；将男生20人和刚才求解出的四个答案作为条件，即六（1）班有男生20人。

（1）男生人数是女生的$\frac{4}{3}$倍，求女生有多少人？

（2）女生人数是男生的$\frac{3}{4}$，求女生有多少人？

（3）男生人数比女生多$\frac{1}{3}$，求女生有多少人？

（4）女生人数比男生少$\frac{1}{4}$，求女生有多少人？

同样的方法，教师用红色粉笔将黑板上男生20人框起来，告诉学生把这个作为问题，即六（1）班有女生15人。

（1）男生人数是女生的$\frac{4}{3}$倍，求男生有多少人？

（2）女生人数是男生的$\frac{3}{4}$，求男生有多少人？

（3）男生人数比女生多$\frac{1}{3}$，求男生有多少人？

（4）女生人数比男生少$\frac{1}{4}$，求男生有多少人？

通过一题多变，原来两个条件的题目变成了12道不同的题目，并向学生揭示了分数中乘除法转换的关系，也让学生更进一步地理解了数量之间的关系，根据新的数量关系寻求新的解决方法。在教学中，我们要多次进行这种训练，拓展、探索和研究问题，这是数学教学的意义所在，也是培养学生广阔性思维的有效途径。

（二）"多角度思考"，培养学生思维的灵活性

思维的灵活性是思维活动的灵活程度。它表现为能灵活、自如地运用知识，善于变通，善于根据题目的已知条件和问题做出相对应的解决方案。如果培养好学生的数学思维的灵活性，就可以让他们在面对问题时，临危不惧，积极思考，针对所遇到的复杂问题做出具体的分析，从不同的角度、不同的方法去思考，如：

已知：A船每小时行50千米，B船每小时行40千米，现在两船从相距160千米的甲、乙两地同时出发，经过两小时后，两船相距多少千米？在解这道题时，大多数学生只能想到一种情况的解决方法，实际上这道题有四种实际情况：

（1）两船同时相对而行，相遇后又拉开了距离。

解：（50+40）×2-160=20（千米）。

（2）两船同时相背而行。

解：（50+40）×2+160=340（千米）。

（3）两船同向而行，A船在前面B船在后面。

解：50×2+160-40×2=180（千米）。

（4）两船同向而行，B船在前面A船在后面。

解：40×2+160-50×2=140（千米）。

这种多角度思考问题的训练，可以帮助学生有力地克服思维定式的影响，比较哪种方法更简便，哪种方法更适合，使他们可以从不同角度、不同方向，去思考问题、分析问题，最后选择最合适的方法解决问题，达到事半功倍的效果，从而培养了学生思维的灵活性。

（三）"概念辨析"，培养学生思维的批判性

思维的批判性是指思维活动中独立分析和批判的程度。它表现为善于思考、善于提出问题、善于检验结果，发现错误、改正错误，能够在解决问题的过程中不断总结经验，进行回顾和反思，如：

在教学人教版六年级下册"负数"时，有一个学生说：负数就是在一个数的前面加一个负号。很多学生都说这句话是正确的。但是其实这句话是错误的，它是一个假命题，如果在一个本身就是负数的数前面加一个负号，它就变成了正数了。又如果这个数是0，在它前面加一个负号，它还是0，0既不是正数，也不是负数。只要构建一个反例就可以推翻这句话了。又如，在一张长6厘米，宽4厘米的长方形纸上剪半径是1厘米的圆形小纸片，最多可以剪（ ）个。有些学生列式：6×4÷（3.14×1×1）≈7（个），遇到这种情况，应该让学生讨论交流，经讨论后，学生想起在学习圆的认识时，圆是曲线图形，

在裁剪时会有多余的材料,所以材料不可能全部用上。紧接着就让学生动手操作,画一画、剪一剪、说一说,最后得出正确结果是6个。

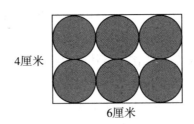

通过对概念的辨析,不仅可以使学生准确地把握相关的知识,更重要的是使他们逐步养成用批判的态度来对待每一个问题的习惯,从而发展其思维的批判性。

综上所述,面对现在的小学生数学思维呈现的特征所表现出来的困境,我们确实有必要另辟蹊径,寻求解决的方法。而小学生数学思维品质的培养,这个问题比较复杂,在遇到解决数学问题时,他们的思维能力表现出很大的个体差异,作为一线教师的我们必须深入钻研教材,研究学生,在教学中注意运用启发诱导的教学方法,就一定会有良好的教学效果。所以我认为学生思维品质的培养是大势所趋,势在必行的。培养学生良好的数学思维品质,使学生养成积极钻研的学习习惯,切实提高学生的思维能力和数学素养是数学教学的意义所在。

参考文献

[1]陈晓冲.函数教学中数学思维的研究[D].武汉:华中师范学院,2008.

[2]王莉.小学生数学思维品质现状及对策——以YC市YF小学六年级为例[J].内蒙古教育,2016(1):39.

[3]吴冰心.简谈小学数学教学中批判性思维的培养[J].考试周刊,2016(43).

[4]王潇潇.浅谈一题多变在小学数学中的应用[J].赤子(上中旬),2015(20):209.

[5]李文娟.浅谈小学数学思维灵活性的培养[J].数学学习与研究,2012(20).

有"智"教 更"慧"学

——基于互联网平台下的数学课堂教学模式的探索

东莞松山湖中心小学 何晓瑜

将互联网等产业与信息通信技术相结合,包括传统产业,促进移动互联网的整合;云计算、大数据和物联网,包括教育,在新的领域创造一种新的生态。

对于一名小学数学教师而言,是一种机遇,更是一种挑战。对于如何利用好互联网技术与学科的完美融合,让教师更好地教,学生更好地学,从而促进教学方式变革,以提高学习的效率,是目前必须思考和探索的一个重要的问题。未来的互联网环境的教学,网络、微课、交互、大数据等基本是标配,因此,我对现有的教学软硬件资源方面做了一些尝试。软件上,我们利用手机APP录制微课,以实现微课的制作与发布、作业的布置与批改、大数据的收集与整理等;硬件上,我们实现教师平板和学生平板进行课堂交互,构建了一个完善的互联网教学的环境。

一、运用"微课交互"实现学习方式的变革

过去,一些传统的数学课堂教学往往过分强调教师的主导作用,总是满堂灌,满堂练,忽视了学生接受和学习的心理变化。教师先讲解了知识的要点和知识的结构,然后讲解了实例、测试、改正、批注、改正,将一个个数学知识装进学生的脑袋,然后学生模仿实践,通过机械重复达到熟练掌握技能的目的,它不能培养学生的创新精神,不能挖掘学生的潜能。学生学习也很努力,但是收效却甚微。近两年来,随着互联网的发展,微课已经成为现在教育教学方法最热门的研究内容,它对于提高教学的效率有着革命性的作用。

(一)利用微课,实现课堂翻转

过去的课堂主要包括知识的获取和知识的内化两部分。知识获取是指教师在课堂上的教学。知识的内化意味着学生通过作业巩固知识和技能。从学生的

角度看，学生真正需要老师的帮助，正是他们在完成相关练习和作业的时候，老师不在自己的身边给予帮助和指导，对于知识的内化得不到一个及时的反馈。在倒装式课堂中，知识获取是指学生通过信息技术，利用信息化的教学资源（主要是短片）进行学习，然后在课堂上通过师生之间的有效互动，实现学生的内化。在知识上，学生可以培养自主学习和协作学习的能力。在教学中，利用手机软件，直接利用平板或手机打开提前做好的PPT课件，边讲解边操作，录制好微课，操作简单，图、文、声并茂，并利用"作业平台"教师端分享功能发布出去，学生利用自己的账号通过电脑、平板或者手机登录即可进行观看。把教学的内容进行了相应的前置，在课堂上留出更多的时间与学生互动交流，让学生能够自主学习，提高教学效率。

例如，我在教学人教版五年级下册第89页"同分母分数加、减法"一课时，前一天发布微课到作业平台，学生在家打开手机观看微课学习"同分母分数加减法"的计算方法，并在视频的最后我留下思考题：为什么分母相同的分数可以直接相加减？准备将这一问题在课堂上进行交流与分享。课堂中我先是回顾微课内容，让学生间交流学习情况，而后的教学交流中，我重视的并不是计算的方法，而是计算的原理，我分别让学生用各种办法进行验证："为什么这样算？"学生通过画图、分数单位的叙述等方法进行了验证。

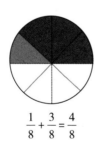
$$\frac{1}{8}+\frac{3}{8}=\frac{4}{8}$$

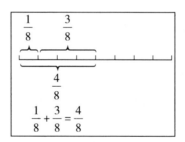
$$\frac{1}{8}+\frac{3}{8}=\frac{4}{8}$$

1个$\frac{1}{8}$ +3个$\frac{1}{8}$ 等于4个$\frac{1}{8}$，也就是$\frac{4}{8}$

随后，我们课堂进行了相关练习，学生用平板完成检测，最后环节，我把有层次的习题以PPT的形式发送到学生的平板，学生可以独立完成作业，我可以巡视，对后进生进行个别辅导，对优生进行点拨。

我们通过微课把知识教学进行前置，播放的并不一定都是技能型的知识，也可以是与本课相关的，有联系的一些方法和思想，这类翻转，我们一般称之为"小翻转"。

再如，在教学人教版四年级上册"平行四边形面积"一课中，我采用了"小翻转"的教学模式，先提前录制了微课"转化"，视频中并没有把平行四边形面积的计算方法直接告知学生，而是让学生先从微课中感受转化思想，并由此得到启发，再进入本节课的教学。有了这样的思路，在课堂上，学生迅速指出如何将平行四边形转换成矩形或正方形。通过小组协作，他们很快找到了一种方法来转换它，并且互相交流分享学习的过程，课堂教学效率大大提高，教学效果良好。

翻转课堂，我们过去也做过，如课前预习、课前指导等，这些都是翻转课堂的一种表现，培养了学生"先学"的理念，翻转课堂不仅提高了教学效率，而且对培养学生的自主学习能力和探究学习能力具有重要作用。合作学习用于提高个体和群体的学习效果。在微课与课堂整合的过程中，教师应掌握学生的学习状态，重新呈现课程的重点和难点，有效地组织学生进行讨论，让学生更好地理解和掌握知识，达成教学目标。

（二）利用微课，实现学生知识体系的有效补充

我们知道，微课以短小精悍、生动有趣而得名，前面谈到我们可以利用微课实现对课本重点知识的提前学习，实现翻转课堂的教学模式。既然微课有传递信息的功能，我们就不要局限于对书本重点知识的传递，还要对补充知识以及课外习题讲解等对学生的知识进行必要的补充，特别是对于后进生是一种行之有效的课后辅导的途径，以完善学生的知识体系。

例如，我们在学习用字母表示数的时候，经常会把$2a$和a^2混淆，鉴于此，我特地录制了一段微课，让课堂上还没有完全体会的学生继续观看学习。简易方程中，和倍与差倍的问题理解是一个难点，我们也可以借助微课让学生在课后也能得到老师的帮助。

另外，课本中的"你知道吗？"部分的知识，往往是老师和学生都会忽略的知识，虽然课时上没有安排教学，但是，我认为不应该让这些内容沉睡于课本中，我利用微课给学生对这部分的知识进行补充。例如，五年级上册的"你知道吗？——数字黑洞"、五年级下册的"你知道吗？——用短除法求最大公因数"，我都采用了这种方式，让学生通过微课了解知识，感受数学美的同时提高学生学习数学的兴趣。

同时，对于学生作业错误率较高的题目，为了反馈及时，我利用手机把题目拍下来，并用手机录一段作业评讲的微课推送给学生作业平台，对于有需要的学生可以在家长的指导下，打开观看完成对知识的巩固，大大节省了课堂解说的时间，提高了学习效率。

二、利用数据的整理，实现"因材施教"

在过去，课堂上完成一道练习题，教师总是习惯性地说："请做对的同学举手。"这就是一个简单意义上的数据收集的过程，通过简单的举手动作，掌握学生对知识掌握的大体情况。也就是说，教师在提出一个问题后，学生尝试去解决问题。从学生尝试解决问题的行为中，教师可以发现学生理解了哪些内容，以及哪些内容是不理解的，然后再基于此对教学行为做出相应的调整。同样，学生在尝试解决问题的过程中，也能加深对问题的理解。随着信息技术的不断发展以及信息技术软硬件应用频度与深度的加大，将形成海量的数据。我们已经进入了大数据时代，利用互联网技术，就能在最快的时间内实现数据的收集与整理。

例如，我在教学"异分母分数加、减法"一课的时候运用了翻转课堂教学模式。首先，允许学生在家观看迷你课程，并在"作业平台"APP上布置相关的客观题（选择、判断）让给学生进行自学检测（如下图）。

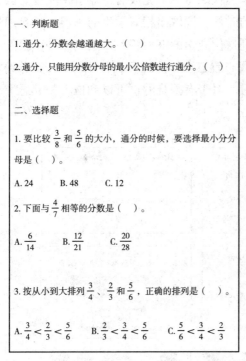

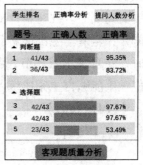

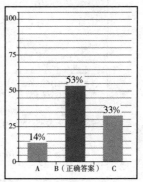

我在后台了解到学生在家检测的成绩的统计数据，发现学生对于两个分数进行通分时找公分母已经没有困难，但是对于找三个分数的公分母存在一定的困难，这促使我在第二天的教学中把这一内容进行了重点教学，并在课堂上，让学生利用平板再次进行客观题的检测，发现学生对通分的概念理解部分基本掌握。

由此可见，利用互联网技术的数据的收集与整理功能，对于教师了解学生的状态具有一定的科学性。教师由此调整自身的教学，实现教师更好地教与学生更好地学，从而提高学习的效率，真正实现"因材施教"。

三、利用互联网实现师生互动、生生互动

在课堂教学中，如何运用互联网技术有效地提高师生之间的教学效果，

提高学生学习的积极性，是一个值得关注的问题。在网络学习环境下，教师可以根据学生的多种角色，积极干预学生的学习过程，发挥主导作用，对提高学生的自主学习能力，提高教学效率起到了明显的作用。课堂上，我关注与学生的互动，学生间的互动。例如，我在教学"最小公倍数"一课时，学生在已经掌握了找两个数的最小公倍数的方法的基础上，我发布练习到学生的平板，让学生找12和30的最小公倍数，学生在练习本上完成后，通过拍照提交的方式，把作业提交到线上。我在讲评的时候，调取出相应学生的练习，并且通过屏幕分享功能，让全班学生都能看到这位同学的书写练习，达到一种全班互动的状态。同时，在自主学习环节，我布置自主学习任务，将练习PPT发送到学生的平板，使学生能够自主完成练习。对于有困难的也可以和他人一起思考交流共同解决。（PPT内容如下）

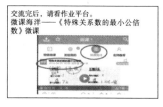

　　同时，学生也可以把自己完成的练习通过网络分享给老师和其他同学。这种通过PPT下发的形式，使不同层次的学生达到不同的实践水平。在自主学习的过程中，教师可以通过巡视、训练后进生，真正帮助后进生吃得饱、吃得好，提高教学效率。

　　信息技术在教学活动中的运用，不是对传统教学的完全否定，而是对传统教学的扬弃，是对传统教学的继承和创新。随着科学技术的发展，教学技术也应及时改进，用先进的教学技术培养新世纪的优秀人才是当务之急。"互联网+"

教育势在必行。当前，互联网的日益普及和多媒体技术的不断发展对我们每一位教师都是一个机遇和也是一个挑战。我们只有不断努力跟上未来教育的步伐，才能在当前教育变革中立于不败之地。

参考文献

［1］张跃国，张渝江."翻转"课堂——透视"翻转课堂"［J］.中小学信息技术教育，2012（3）：8-10.

［2］金陵."翻转课堂"翻转了什么？［J］.中国信息技术教育，2012（9）：18.

例谈如何在小学数学课堂中开展估算教学

东莞松山湖中心小学 黄帆

我们以人教版义务教育数学教科书三年级下册第四单元"两位数乘两位数"为例，探寻估算在数学教材中的呈现形式及特点，进行分析思考，以寻求教学对策。

一、研读教材，估算无处不在

本单元口算乘法在先安排例1整十、整百数乘整十数的口算教学的基础上，再安排例2两位数乘两位数的估算以及做一做。先编排口算是为估算的教学做好准备。笔算乘法先安排例1不进位的笔算乘法，再安排例2进位的笔算乘法。无论是进位乘法还是不进位乘法，都穿插了估算的教学。练习十四的第7、8题是对两位数乘两位数估算的巩固练习。

（一）纵向梳理，承前启后

纵观小学数学教材，估算内容的编排具有一定的体系。学生在学习两位数乘两位数估算之前已经有关于估算的知识储备。

二年级编排了加减法的估算，知道把具体的数据看作接近它的整十、整百的数来计算，三年级上册编排了多位数乘一位数的估算，三年级下册还编排了除数是一位数的除法估算。教材这样编排不仅为学习第五单元两位数乘两位数的估算奠定了基础，而且为今后的估算学习做好了铺垫。四年级的教材编排了三位数乘两位数的估算以及除数是两位数的除法估算。

二年级是初步认识估算，三年级是系统学习估算，四年级是在此基础上的进一步发展。很显然，两位数乘两位数的估算在教材编排体系中具有承上启下的作用。

（二）横向观察，相辅相成

1. 口算、估算和笔算相互融合

本单元的口算乘法主要包括两个内容：

第一个内容是整十、整百数乘整十数的口算。例1：邮递员每天送300份报纸和60封信,分别求出邮递员10天、30天要送多少份报纸,要送多少封信。让学生运用已有知识探讨整十、整百数乘整十数的口算方法。

第二个内容是估算,即两位数乘两位数的估算。例2:利用"有350名同学来听课,能坐下吗?"的问题情境引出估算,让学生探讨两位数乘两位数的估算方法。

把估算编排在口算整十、整百数乘整十数的后面,既便于学生理解掌握估算方法,又可以进一步巩固口算。

口算、估算和笔算常常一起出现,如:

教育部审定2013年《义务教育教科书·数学》人教版三年级下册"两位数乘两位数"第63页的例1,不进位的乘法。一套书12本,每本24元,一共要付多少钱?教材先让学生估一估大约要付多少钱,再请学生独立试算,并在小组内交流自己的算法。然后,各组向全班展示本组的算法。教材这样编排的目的是让学生先估算,对笔算结果的取值范围进行合理的估计。

第65页的例2,进位的乘法。有两个小朋友下围棋,求棋盘上一共有多少个交叉点?教材以小组合作学习的画面,呈现不同的计算方法:

学生1:$19 \approx 20$,$20 \times 20 = 400$,大约400个。

学生2:$20 \times 19 = 380$,$380 - 19 = 361$。

学生3:$19 \times 19 = 361$。

学生1和学生2用估算来解决问题,但在估算的过程中使用到了口算的方法,是对口算的进一步巩固,前面两个学生的估算能大致判断第三个学生笔算的结果是否正确。

教材这样编排使口算、估算和笔算融合在一起,不可分割。

2. 估算与生活密切联系

估算来源于生活,在解决生活实际问题中起到了重要的作用。本单元无论是例题,还是巩固练习,无一不让学生感受到估算与生活的紧密联系。

教育部审定2013年《义务教育教科书·数学》人教版三年级下册"两位数乘两位数"第63页例1,提出了一个"买书一共要付出多少钱?"生活中常见的问题。利用估算知识解决了这个实际问题,让学生感受到估算就在身边。

教育部审定2013年《义务教育教科书·数学》人教版三年级下册"两位数乘两位数"第59页"做一做","算一算一页大约有多少个字"这也是生活中经常遇到的问题,让学生顿悟:原来我们在不知不觉中运用了估算的知识来解决实际问题。

由此可见,估算与生活密不可分。

二、分析思考，有的放矢

我们发现教材对估算教学的编排，坚持由易到难、循序渐进的原则，而本单元估算教学又有承上启下的作用，且把口算、估算、笔算整合成一个有机体，形成"你中有我，我中有你"的整体构思。这既是教学的需求，更是生活的需要。生活中，时而要口算，时而要估算，时而要精确的笔算。因此，我们在教学中必须把握教材的编排意图，注重学生已有知识经验，突出估算意识培养，提高估算能力。

三、寻求对策，落到实处

通过研读教材、分析思考，根据学生的实际情况，落实估算教学，从以下三方面展开。

（一）在情境中增强估算意识

估算是帮助人们解决问题的工具，只有在解决问题的具体情境中才能真正体现出它的作用。教育部审定2013年《义务教育教科书·数学》人教版三年级上册"多位数乘一位数"以第59页"有350名同学来听课，能坐下吗？"的问题情境为例，很明显，解决这个问题用估算的方法比较简便。如果问题情境改为"一共有多少个座位？"，此时用估算的方法就不再适合，而应该选择精确的计算。

把估算教学置入现实情境之中，是《义务教育数学课程标准（2011年版）》所提倡的，为学生学习估算提供了相应的生活实例和问题情境，有利于增强学生的估算意识。

（二）在类比中掌握估算方法

类比思想是指依据两类数学对象的相似性，将已知的一类数学对象的性质迁移到另一类数学对象上去的思想。三年级上册已经学习过多位数乘一位数的估算，在此基础上学习两位数乘两位数的估算，可以让学生运用类比的思想方法展开探究。

例如，教育部审定2013年《义务教育教科书·数学》人教版三年级上册"多位数乘一位数"教学第59页例2，可以让学生先求"阶梯教室一室每排22个座位，有9排，大约有多少个座位？"估算22×9，这是三年级上册已经学习的知识，学生自然会做。接着，修改信息："阶梯教室二室每排22个座位，一共有18排，有350名学生来听课，能坐下吗？"此时要先给学生充足的时间独立思考，再小组讨论，最后全班交流。教师引导学生把多位数乘一位数的估算方法迁移到两位数乘两位数的估算中。可能有的学生这样想：18接近20可以看作20，22×20=440；也可能有的学生这样想：把22看作20，20×18=360；还可能有的学生这样想：把18看作20，22也看作20，20×20=400……让学生通过独立思考、尝试探索、讨论交流，运用类比的思想方法掌握两位数乘两位数的估算方法，同时获得数学活动经验。

（三）在活用中提高估算能力

本单元教材，不仅在口算乘法中专门安排了估算的教学内容，还在笔算乘法中展示了估算方法，切实体现了"加强估算""提倡算法多样化"的课改理念。教师要充分利用教材资源，扎扎实实地组织数学活动，让学生学会估算的方法。教学中要注意处理好口算、估算、笔算三者之间的关系，要做到"三算"互相促进，达成共同提高的目标。

教学练习题：①买28本字典，每本21元，带650元够吗？②21个箱子，每个箱子装28本，能装得下560本书吗？出示三种估算方法：

$28 \approx 30$ $21 \approx 20$ $30 \times 20 = 600$	$21 \approx 20$ $20 \times 28 = 560$	$28 \approx 30$ $21 \times 30 = 630$

启发学生：选择哪种估算方法比较合适？先给学生充足的思考时间，再小组讨论，最后全班交流。教师引导学生体会：①购买物品的时候，估小了，可能带的钱就不够了，最好估大一些，这样才可以把想要买的东西都买到。②装书的问题要估小，不然就装不下。估算的方法是多样的，有时会估大，有时会估小。所以，在实际应用时，应根据具体的问题选择相应的方法，以便得到最接近的又符合实际的估算结果。知道什么时候选择什么方法进行计算更合理。这样，可以培养学生根据实际问题选择恰当的算法的能力，从而发展学生的数感。

特别值得强调的是，估算意识和能力需要逐步培养。这就要求教师深入钻研教材，把握教材编写意图，根据学情，寻求有效的教学策略。有意识、有计划地给学生提供估算的机会，让学生运用估算检查计算结果，运用估算解决实际问题，让学生在实践中领悟学习估算的必要性，逐步形成估算的意识，提高估算能力。

参考文献

［1］王鲜凤.新课程下小学估算教学的现状［J］.小学数学教师，2014（1）：6-9.

［2］刘金燕.论提升小学1～3年级数学估算教学有效性策略［J］.新课程（小学），2017（2）.

情境教学有效性的探索与思考

东莞市黄江镇中心小学　卢改云

小学数学课堂教学，从学生的生活实际出发，需要创设大量的数学情境，而在追求数学课堂真实、有效和高效的今天，我们需要对创设教学情境的目的重新认真思考：我们创设一个情境的目的是什么？我们创设的情境是否有必要？我们怎样创设有价值的教学情境来提高数学课堂教学的有效性？笔者有以下四点思考。

一、创设的情境要符合学生的真实生活

建构主义理论认为，学习是学生积极参与活动的过程，学习应该与某些情境相关联。在真实的生活情境中学习，有利于学生把已有的知识和经验渗透到新知识中。以这种方式获得的新知不仅易于保存，而且有利于学生对知识的掌握和运用。创设情境进行教学还可以把原本枯燥乏味的数学知识变得生动有趣，增强学生学习数学的兴趣和动力。

（一）"虚拟"的情境要有真实感

数学情境源于生活而又应该高于生活，它就像影视作品一样，大多经过了艺术加工，许多情境都是虚拟的。但是，即使经过加工的情境也应该让学生有一种真实感。

我在教学人教版五年级上册第32页"商的近似数"的时候，创设了这样一个情境：学校附近的天和商场有个卖水果的摊位打出了这样的广告："苹果，10元3斤。"我问学生："你知道一斤苹果大约多少钱吗？"这是一个虚拟的情境，为了计算的需要对数据进行了微调，但这样的情境没有一种虚假的感觉，依然有它的真实感。情境可以根据教学的需要，结合学生生活进行虚拟，但不是随心所欲地编造，一看就是"假"的情境要不得。

（二）无法兑现的情境是不可取的

有些教师为了激起学生的学习兴趣，在教学中跟学生随意"许下诺言"，一旦教学结束，也就什么都没有了，这样的情境是不可取的。

有位教师在教学"用除法两步计算解决问题"的时候，创设了一组与学校和班级有关的情境。其中有一个情境是这样的。老师兴奋地对大家说："现在有一个特大好消息，是什么呢？请看！"然后出示情境"NBA篮球明星易建联送给学校一批篮球，其中120个平均分给四到六年级各班（他们学校这几个年级都是4个班）。"老师问："你们从中获得了什么数学信息？""你们最关心什么？"许多学生答道："我们班可以分到几个？"老师问："想不想知道？你们能解决这个问题吗？"学生在老师的引领下很快解决了这个问题。应该说这是一个很好的情境，学生非常关心自己班级能分到几个？解决问题的热情很高。但是，一下课学生却发现其实班级中一个篮球也分不到，此时学生会怎样想？是有一种被欺骗的感觉还是他们也知道老师的好消息原本就是"忽悠"他们的。以后再创设这样的情境学生的兴趣还能被激发吗？无法向学生兑现的情境大多不是好的情境。

课堂教学中创设情境都是为了学习数学，这些情境虽然源于生活，搬进了课堂以后，需要进行必要的加工。但"虚拟"不等于"虚假"，虚拟也要符合实际，一看就是"编的"或是上完课就知道是假的，学生是否会产生一种数学都是编造出来的想法？

二、创设的情境要贴近学生的实际生活

《义务教育数学课程标准（2011年版）》指出：数学教学要紧密联系学生的生活实际，从学生的生活经验和已有知识出发，创设生动真实有趣的情境。原有教材中的修路、加工零件等情境离学生的实际生活比较远，学生没有兴趣。新课改以来，教师逐渐体会到创设贴近学生生活的情境能够有效激发学生的学习兴趣，越来越多地根据教学目标和教学内容创设一些情境，让学生亲身经历知识的形成过程。创设生动自然、紧贴教学内容的情境，能让学生较快地进入最佳的学习状态。

（一）贴近学生就要创设学生熟悉的情境

教材给我们创设了许多情境，但是它不可能符合所有地区所有的学生，所以教师需要对有些情境进行再创造。创设贴近生活的情境已经成为教师的共识，但是有的教师往往走入了另一个误区，把教师自己熟悉的情境当作学生熟悉的情境，从自己的角度理解"贴近学生"。例如，教学"百分数的意义"的时候，有的教师让学生比较几位球员在一场淘汰赛中主罚点球的命中率，引入学习百分数的意义，这样的情境，教师都很熟悉，但是，如果学生对"淘汰赛、点球"等术语不太理解，对学生而言是陌生的情境，这样的情境其实并不

贴近学生，只能说是贴近教师的生活。同样的内容，我们可以创设学校里（最好是自己班级中）几位同学在篮球场上进行投篮比赛，比比谁投中得多的情境，这样的情境与学生的生活紧密相连，学生熟悉，因此也就能够激发学生学习的兴趣和探究的热情。

（二）贴近学生就要创设"因地制宜"的情境

创设情境我们需要特别关注教学的对象，不同生活环境和地区的学生，他们有不同的阅历、不同的爱好。因此，我们也需要创设不同的情境，让学生体会到自己感兴趣的、想知道的内容就在身边，而了解他们需要用数学知识。

有位教师在东莞上人教版四年级下册"小数的加法和减法"一课，这位教师不是东莞人，所以她一上来就问学生："听说你们东莞有几个旅游景点非常有名，你们能给大家介绍一下吗？让我和来听课的教师都来了解美丽的东莞。"学生听了教师的话，感觉到自己是东道主，介绍东莞的旅游景点的劲头上来了，自然而然就说到了东莞的松山湖和可园，然后教师顺着学生的回答出示了一张表格：

景点	2016年	2017年
松山湖（万/人次）	355.8	366.6
可园（万/人次）	36.26	40.8

教师指着表格说："你们有没有发现这两个景点的人气是越来越旺了？"学生看到来东莞的游客越来越多，自然有一种自豪感，学习的热情也就被点燃了。教师很自然就把学生带入了小数的加法和减法的学习中，原本略显枯燥的数字也变得有趣起来，学生自然全身心投入了学习。

（三）贴近学生就要创设符合学生年龄特点的情境

创设的教学情境要同学生的生活、兴趣息息相关，因此要跟上时代的发展，了解学生中当前流行要素，也就是说要跟学生"意气相投"，并根据学生的不同年龄而有所区别：对于低学段的学生而言，在他们身边的人、事、动画都是他们喜闻乐见的内容，教师要多创设游戏、童话故事等情境。例如有位教师教学人教版一年级上册"8、7、6加几"时先利用"有8位小朋友要去人民公园玩，后来又增加了5位小朋友，一共有多少小朋友去公园玩？"这样一个生活中的情境把学生引入新课；然后用讲故事"小鸟找屋"把算式与答案联系起来巩固新授知识；最后，通过蜜蜂采蜜图让学生提问进行拓展练习。一节课中学生的心始终被教师创设的情境紧紧抓住，他们体会到了数学的趣味、数学的美。对于高学段的学生，教师可以创设一些与他们自己或同伴密切相关的事情，如学习中的体育、文艺等活动、生活中的购物，等等。

课堂教学要真正贴近学生的生活，跟学生的生活紧密联系；创设的情境要符合学生的年龄特点，教师需要走进学生，了解学生关注的"热点"、流行元素。不同学段的学生创设的情境应该是各不相同的，只有找准了学生兴趣的切入点，学生学习的兴趣才会被激发。

三、创设的情境要有明确的指向

真实的生活信息量过多，有数学的，也有其他方面的，我们创设的教学情境应该要有明确的指向性，必要时要经过一定的过滤加工，这样才能更好地服务于数学教学，达成教学目标。

有位教师在教学人教版五年级上册第99页"组合图形的面积计算"一课的时候，创设了装修房子的情境。教师问学生："你们家装修过房子吗？""装修房子要考虑哪些问题？"教师的目的是要让学生回答，要考虑装修面积的大小，从而引入组合图形面积的计算，但是由于教师的问题没有明确的指向性，学生的回答是五花八门的："买水泥。""买木材。""请信任的装修工。""可以找自己的亲戚，比较放心。"……学生的兴致很高，争着回答，但教师需要的答案却迟迟没有出现，数学味没有了，数学课成了生活常识课。

装修房子的事的确是经常发生，教师没有进行必要的加工与提炼，问题太过笼统，造成学生的思考没有明确的方向，学生说着一些漫无边际与教学无关的事情，浪费了宝贵的课堂教学时间。如果对这个情境进行必要的加工与提炼，把"装修房子要考虑哪些问题？"改成"老师家客厅都想铺上地砖，需要买多少地砖呢？"学生就很容易想到需要知道客厅的实际大小，首先需要知道客厅的长和宽。这样就将一个生活问题转化成了数学问题，学生就会运用已有的数学知识来解决问题。因此，创设的情境要源于生活，但要进行过滤和加工提炼，这样的情境才能更有效地为教学服务。

四、创设的情境要有利于教学

为教学服务的情境才是好情境，否则一切都是"镜花水月"。因此，情境的创设不仅仅是激发学生的兴趣，更重要的是给教学提供帮助。

有位教师在教学人教版三年级下册第46页"笔算两位数乘两位数"一课时，创设了一个简单的情境，她首先展示了自己班中的阅读角，然后出现了对话框：每本图书25元，一套有12本。老师开始提问："你获得了哪些数学信息？""你能提出什么数学问题？"然后教师板书学生的问题："一套图书一共多少元？"让学生尝试列式。学生出现了三种做法：①25×10=250（元），

25×2=50（元），250+50=300（元）；②20×12=240（元），5×12=60（元），240+60=300（元）；③列竖式计算。

"两位数乘两位数的笔算"的重点和难点是对算理的理解，如果没有创设情境，第一种算理是：2个25相加的和是50，10个25相加的和是250，250加上50也就是10个25加上2个25，一共是300。这样算理比较难理解，但有了情境之后，我们可以这样解释算理：把12本书分成2本和10本，25元一本，2本就是50元，10本就是250元，12本书就是50元+250元，一共是300元，学生理解起来就容易多了。

这堂课紧紧围绕一张主题图进行教学，把简单的一张主题图的作用发挥得淋漓尽致。情境图的作用有很多：使计算有意义，培养学生分析提炼的能力……但是情境的核心价值是有利于学生的数学学习，帮助学生更好地理解数学知识，或许上述这样的情境不够新，也不够靓，但是它非常简洁、有效。情境应该"短小精悍"，直奔主题，迅速为教学内容服务，这样的情境才是有价值、有实效的情境，这样的课堂才是高效的课堂。因此，情境的优劣主要还是体现在是否真正有利于数学问题的解决上。

建构主义认为，学习总是与情境相联系的，在实际情境下进行学习，有利于知识的建构，但创设教学情境不能搞形式主义。教师要根据教学的实际需要，紧紧联系教学内容，关注教学对象，创设与学生生活紧密联系，有真实感的，真正有利于数学问题解决的情境，有效激发学生学习的积极性，提高课堂教学的有效性。

参考文献

［1］中华人民共和国教育部.义务教育数学课程标准（2011年版）［M］.北京：北京师范大学出版社集团，2011.

［2］皮连生.学与教的心理学［M］.上海：华东师范大学出版社，2009.

［3］余文森.课堂教学［M］.上海：华东师范大学出版社，2006.

先简后繁　张弛有度

——以六年级数学例题为例谈先简后繁策略运用

东莞市大岭山镇第二小学　程 卫

数学思维生长遵循由简入繁的规律，随着学生年龄的增长，学习的深入，方法的习得，逐步建立系统数学认知，由数学实体问题向抽象的数学概括发展。当前，我们的数学课堂为最大可能地向学生传递数学知识，可以利用化繁为简的策略，从简单入手，然后逐步展开。化繁为简既是在忠实地执行教材本身，又结合学生的认知特点，同时兼顾数学的本质属性，能从简单的数学问题中让学生总结出问题的共性，推而广之，解决复杂的数学问题，这样综合分析后，采取的简化策略，称之为化繁为简策略。

当前，小学数学学习，一般是依据特定的情境，收集相关的数学信息，提出一个数学问题，然后进行分析归纳，得出一般性的结论，让学生"举一反三"式应用，这个过程称为解题完整流程。在问题情境中，会出现繁芜信息干扰学生，而能力相对弱的学生容易走进误区，在"信息森林两手空空、满脑浆糊"地转悠，课堂效果可想而知。到底该如何化繁为简？怎样化繁为简？成为数学教师关注的重要问题。本文以六年级教材例题为例，呈现化繁为简应用的优势。使用化繁为简的策略，一般有以下几类。

一、简化数字便于建模，回归复杂构建梯度

新授过程中，我们想让学生关注数学问题的本身，但是课本出示的例题为追求贴近生活情境，真实再现生活场景，所列举的数据相对复杂。众所周知，小学生的注意力容易分散，会纠结于一些与既定目标不符的环节，这样复杂的数字成为学生学习首要关注的焦点，"太难算"成为学生遭遇此类问题的第一反应。

纵观小学众多例题，通过对比分析后得出，在高年级，计算较复杂的题时，因为数据较大，学生在分析题意时，很难撇开数据去分析题目，复杂的数

字导致学生分析题意时专注程度降低。在面对复杂的学生情况时，为兼顾差异，教师首要任务不是分析，而是简化——简化数字！简化后，简单数字让学生第一时间抓住最佳"知识接触点"，直接着眼于对数学本身的思考，让学生注意力集中在问题的一般共性上，当学生分析解题思路，形成模型，推而广之的时候，再全面考查学生在解决同类数学问题中的全面性，提供复杂数据，兼顾计算和例题训练的模型，水到渠成。

在教学人教版六年级下册第61页"用比例解决问题"时，课本是这样出示问题的（如下图）：

图中的数字不算难，但大部分学生比较难将它与比例联系起来，学生的注意力被数字计算分散，不能全力去探究真正的问题核心——用比例。

如果将问题这样出示：王奶奶上个月用5吨水，交水费15元，李大娘家上个月用水10吨，该交水费多少？简化后的数字，既可以用口算回顾以前的知识，也可以变为口头描述问题：

（1）5扩大两倍为10，同样15也要扩大两倍就是30。（类比的思维）

（2）5吨水用15元，每吨用3元，单价不变，10吨水肯定要更多的钱，看起来像（正比例）。

（3）总价除以数量等于单价，单价一定，所以是正比例。

简化数字后，学生关注的焦点回归到这节课的核心问题——如何运用比例。通过简单数字比对，发现其中同类量构成比例，然后根据列比例的方法，顺利列式、解答。用几分钟时间回归到例题本身，"繁—简—繁"的过程体现在"个性—共性—个性……"这样的螺旋上升式的数学思考中。

从上面的例子可以看出，学生喜欢用简单的数学模型去归纳一般性解题思路，从简单的数字计算中得出普遍性数学思考。通过这样的流程，形成模型后，再难的数字纳入此类题目中，学生也不会被干扰，而是先关注解题的方法，后考虑计算难易程度，从而不被繁杂的数字所困扰，顺利从方法入手转向数学解答。类似上述的数字简化，在"圆的面积""圆柱表面积、体积"这样新授课中，都可以简化数字，从易入手，强调先理解后概括。在练习中，复杂的数字成为全面考查学生数学习得的契机，顺势回归课本原来的计算，在简单和复杂中顺利取舍，兼顾计算和建模，既照顾计算薄弱学生的建模难点解决，又提高练习梯度设计，一举多得。

二、简化文字便于理解，回顾生活调节课堂

在当前的文字题呈现过程中，为追求生活性，将大量的信息纳入例题中，在某种程度上是增加了数学课堂的容量，但是在我们迫切希望学生建模的时候，这样的文字用"繁文缛节"来形容一点都不为过。

在众多例题中，这样的词句："通过多年的努力，我国将人造卫星……""自1978年改革开放以来，王村人均收入一直在增长……"这样的交代背景顺带进行"知识普及"的语句不胜枚举。诚然教育是综合性过程，数学学习只是其中一部分，但我们在构建重要例题模型时，先关注数学本身，后关注教育渗透，效果更好。众所周知，小学生的注意力非常难集中，这样一个简单的文字理解，哪怕是例题中出现班名，都可以绕几分钟！思维活跃，想象力丰富的学生，思维可能随人造卫星飘到我们很难想象的地方，再"拽"回来又是一个"不美丽的挽救"！面对学生可能会脑洞大开或者信息量较大难以短时间解释展开的文字，简化成为必然：大刀阔斧地"修理"例题，简化至学生能一目了然的地步，不用再纠结于这样的文字，开门见山地直奔数学味十足的关系分析、模型构建、列式计算……当学生顺利地接受数学问题后，通过练习与思考，在小结全课时，再将例题中的其他内涵呈现出来，调节一下课堂气氛，为接下来的更深层次学习缓冲一下，就起到了事半功倍的效果。

很多时候，数学例题的表述为追求生活化而将问题完整的表达，这样能真实地反馈数学在生活中的运用，但是有一些描述只是停留在为特定的目的繁复表达，势必会影响数学思维的深层次探讨。数学的最终目的是促进数学思维生长，用抽象的数学模型解释生活，而不是"僵硬"地复制生活，在例题中构建

数学思考体系，再将体系作用于接下来的解题。当学生接受这样的模式后，课堂就是这样的：繁文缛节、僵化、俗套的描述被简化，我们在学生注意力集中的前10分钟内深化数学思考，在简单练习后，出示情境复杂、表述"崎岖"、内容丰富的数学练习，既有挑战性，又丰富了课堂，更能让学生自己将数学思考融入生活，这样的方法在教学例题、练习、提高的过程中都可以运用。将质朴的数学思想放在简单模型建立过程中，将思想教育放在掌握知识后，相互调节，作为补充。

三、简化过程便于运用，回归课本丰富解法

一般数学的教学过程都不能简化，过程的严谨与否直接影响到内容教学的成败。数学课本上解题过程都是经过实践验证的一般性，但是对于实际情况而言，在差异性较大的班级，有些解题过程不一定适用。

在人教版小学六年级数学第十二册"比例尺"的教学中，当学生在选用比例尺画图学习时，课本提供的过程在教学中会让很多学生茫然。课本提供的过程如下：

教材本身是让学生在初步感知、判断、选用线段比例尺，培养数感，选取比例尺后，计算数值比例尺。这个过程非常合理，大多数学生能顺利习得，但

面对数学能力薄弱居多的学生占主体班级时，这就成为难点，适时简化流程成为必然。这个过程中：第一步判断线段比例尺属于在已有经验上的顺势而为，无可厚非；关键在于第二步的设置，非常"突兀"地抛出解题过程，在学生没有自由选择数值比例尺经历时，思路混乱会演变成教学"混沌"，教学过程就停滞在这个断点上，后续的教学比较难开展。

结合学生的学情和内容要求，采取这样的简化：

第一步：忠于教材。从以往知识经验入手，配合本节课知识点，既形成最大程度统一，又培养数感。

第二步：引入短除式。学生在已有经验中，短除法是最快寻找公因数的路径，而这类例题中，数据往往是两个数据（长和宽）或者两个以上（几段距离），比例尺在同一幅图中是相同的，也就出现最大公因数教学端口。将题目转变为求8000和6000的最大公因数，一般学生都会直接找到1：1000或者1：2000这样的比例尺，还可以更加直观地在短除式的结尾处得出图上距离。

第三步：归纳阶梯流程。通过例题、练习对比，发现这样类似解题中，选取比例尺就是1：最大公因数，最大优势是可以灵活调整比例尺，使图更加美观。

第四步：丰富解法。这个题还可以在短除式的基础上，直接用80、60同时除以最大公因数20，使用线段比例尺1厘米代表20米，还可以将数值比例尺与线段比例尺在该类题目中灵活运用，不必要再用其他方式来推广这样的题目。

简化过程是基于在丰富解法基础上，为在已有知识经验起点上获取最大学生习得的统一。结题多样化过程是在学生已有知识的基础上，个人不同选取的解法也不同，学生更习惯在自己舒适的学习区域去展开学习，教师在学生不能触及的位置，给予学生流程上的简化，是必然选择。但是，保留适当跳跃空间，为学有余力的学生准备，也为思维延伸留下余地，这也是教材和教育的必然选择。在学生都能理解的基础上，适时释放空间，增加解法跳跃，会让数学课堂数学味道更加浓郁。

四、结语

化繁为简是数学教学过程中不可缺少的一部分，但简化后顺势回归同样重要。一张一弛，在数学课堂上顺势而为，在合适的时间、合适的内容上灵活运用这样的手段，会使自己的课堂操控性变强，能在有限的课堂时间将简约的模型建立，从而为后面的举一反三、梯度练习、思维延伸做好铺垫。

参考文献

［1］兰小芳.小学数学应用题教学策略探讨［J］.教师，2018（3）：71.

［2］马龙腾，赵丽娜.基于数学学科特点，谈小学数学教学过程优化策略［J］.课程教育研究，2017（21）：166-167.

［3］刘霞，郑洪霞.采用简化策略，提高学生解决问题的能力［J］.中华少年，2016（22）：273-274.

［4］梁岩明.小学数学课堂教学优化的若干策略［J］.新课程（中旬），2011（12）：109.